HISTORIA MÍNIMA
DE CUBA

古巴简史

[古巴] 奥斯卡·扎内蒂·莱库纳——著
刘晓珊——译

OSCAR ZANETTI LECUONA

华中科技大学出版社
http://www.hustp.com
中国·武汉

湖北省版权局著作权合同登记 图字：17-2018-357 号

Original title: Historia mínima de Cuba
© El Colegio de México, A.C. 2013
All rights reserved
The simplified Chinese translation rights arranged through Rightol Media （本书中文简体版权经由锐拓传媒取得 Email:copyright@rightol.com）

图书在版编目（CIP）数据

古巴简史 /（古巴）奥斯卡·扎内蒂·莱库纳著；刘晓珊译 . —— 武汉：华中科技大学出版社，2020.11
（拉丁美洲历史文化读本）
ISBN 978-7-5680-6627-3

Ⅰ. ①古… Ⅱ. ①奥… ②刘… Ⅲ. ①古巴-历史 Ⅳ. ① K751

中国版本图书馆 CIP 数据核字 (2020) 第 180007 号

古巴简史   [古巴] 奥斯卡·扎内蒂·莱库纳 著
Guba Jianshi   刘晓珊 译

策划编辑：亢博剑　刘晚成
责任编辑：陈　然
责任校对：李　弋
责任监印：朱　玢
装帧设计：璞茜设计

出版发行：华中科技大学出版社（中国·武汉）　　电话：（027）81321913
　　　　　武汉市东湖新技术开发区华工科技园　　邮编：430223
印　　刷：湖北新华印务有限公司
开　　本：880mm × 1230mm 1/32
印　　张：12.25
字　　数：229 千字
版　　次：2020 年 11 月第 1 版第 1 次印刷
定　　价：45.00 元

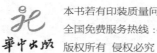

本书若有印装质量问题，请向出版社营销中心调换
全国免费服务热线：400-6679-118 竭诚为您服务
版权所有 侵权必究

致我的孙女们：
卡米拉、德西雷、亚历杭德拉和塞西丽娅。
这部历史也是属于她们的。

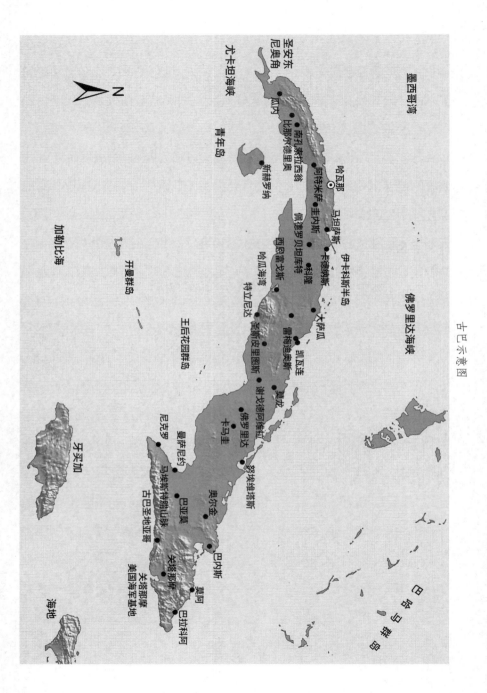

前言

　　本书[1]应墨西哥学院出版社推出的"简史"丛书要求，围绕丛书的宗旨和总体特征，以古巴的历史进程为线索，简明扼要地介绍了古巴的基本情况，同时分析了其历史发展中遇到的主要问题，并提供了必不可少的信息以便于读者能够充分理解。本书内容尽可能按照这样的方式展开，这有一定的教学意义，并给那些对古巴历史有兴趣的读者带来愉悦，同时也希望本书能为想更深入了解古巴历史的读者提供一些参考。

　　然而，应当指出的是，关于古巴历史的研究很难实现这些目标。一方面，岛屿史学并不特别倾向于采用综合法——尤其是在近几十年里。因此，如果想用一种新视角去看待那些新近发生的事件，

---

[1] 本书西班牙语原版于2013年首次出版。——译者注（如无特别说明，脚注均为译者注）

无疑需要参考大量的文献，但也因此可能会遗漏某些相关的问题。另一方面，虽然不时会有富有争议性的解读和看法（这是所有史学都面临的情况），但就古巴而言，在过去半个世纪激烈的政治对抗中，这种有争议的解读往往还具有特殊的内涵。

为了克服以上困难，本书在编写过程中遵循了一定的惯例，并已经找到了解决方案，这点读者在阅读本书时能有所感受，在此不妨加以说明。从事件的选择和设计的篇幅中可以看出，作者对内容已经做出了判断，同时，他也避免做出单方面的评价，以便读者能够从不同的角度看待问题，从而更好地发现相关问题的成因。本书好比一份总结，或是对截至目前所积累的知识的归纳，而并不是尝试提出新观点，这不可能在如此短的篇幅里实现。

本书着重讲述古巴历史进程中最主要的内容，并按照时间顺序展开，这一顺序与以往史书的时间划分基本一致，并且试图减少其中的不连贯性。无疑，这必然要付出"长期"的努力，还要特别关注经济和社会结构的形成和转变，同时也不能忽视那些在不同的场景——特别是政治领域中导致这些变化发生的原因。由于这是一部关于国家历史的书，因此，本书将国家的建设与发展放在了首位，并力图涵盖政治、思想和文化等方面。如此复杂多样的事件，串联成了一个作者所期望的连贯的情节，而这一连贯的情节——再强调也不为过——只是关于古巴历史的其中一个版本。

最后，作者在著书时已经考虑到读者可能并非古巴人，因此，他希望读者通过阅读这本书，对古巴历史产生兴趣，最好能够引发更深层次的了解——甚至思考古巴所经历的事情。基于这一期望，我们在本书的结尾收录了一份参考文献，由于文献来源多样，其中许多无法直接引用，而这同时也让我们认识到，在一定程度上，自身知识仍有不足。

目 录

1 自然环境和土著   001
   地理序言   001
   最早的居民   006
   土著社群   010

2 征服和殖民化   019
   最美的……岛   019
   殖民入驻   023
   人口增长与衰退   028
   帝国的一部分   032
   殖民地经济基础   038
   社会：组建与发展   048

3 克里奥尔人社会 061
波旁王朝的重商主义 062
社会生活：进步与冲突 069
哈瓦那：英国的袭击和占领 075
开明改革 079
进步的表现 085

4 种植园经济与社会 093
极盛的原因 094
种植园和经济 102
人口动态和人口结构 111
社会结构和社会冲突 117

5 国家成形前的变革 129
被搁置的独立 130
改良主义方案 136
文化进程和身份认同 145
兼并主义 154
希望的终结 161

6 独立之路 　　　　　　　　　　167
谋划起义　　　　　　　　167
十年战争　　　　　　　　170
现代化的过渡　　　　　　180
政治选择　　　　　　　　188
1895 年革命　　　　　　 195
美国的干预　　　　　　　203

7 一个受监管的共和国 　　　207
奠定基础　　　　　　　　207
罕见的单边增长　　　　　214
社会分化和政治解体　　　220
民族主义觉醒　　　　　　229
革命之风　　　　　　　　242

8 共和国危机面面观 　　　　249
改革的道路　　　　　　　250
民主的兴衰　　　　　　　258
共和国的衰落　　　　　　265
独裁与暴动　　　　　　　279

9　革命　289

　　临时政府：行动和定义　290
　　生存的挑战　295
　　建立新秩序　304
　　经济建设　310
　　社会变革　315

10　社会主义经验　325

　　制度化　326
　　规划发展和社会文化进程　330
　　外交政策和国际主义　340
　　整改　347
　　特殊时期　350
　　变革时代　361

　　后记　365

-1-

自然环境和土著

自然条件和地理位置对于古巴的发展历程有着显著的影响,甚至因此让人产生了地缘政治宿命论的解读。姑且不论情况是否如此极端,必须承认的是,如果我们对古巴自然环境的独特性有所了解,哪怕仅仅是为了简要地回顾古巴的历史,对理解其中的一些历史事件,也会颇有裨益。同样,对于土著的了解也十分重要,忽略这一群体的社会和文化影响力将是一种错误。即便他们人数不多,也早已消失,但恰恰是因为土著的出现,才翻开了古巴历史的篇章。

地理序言

和其他安的列斯群岛一样,古巴岛也是在早期的构造运动中产生的，在经历了交替的沉没和抬升之后，才最终呈现出现在的地形轮廓。实际上，古巴不仅仅只是一个岛，而是一片群岛。除了主岛，在这条岛链上大约还有 1 600 个岛礁和岛屿，而在这些岛屿中，还包括一些比小安的列斯群岛的面积还要大上几倍的小岛。

古巴处于安的列斯弧的最西端，位于北纬 19°～23°，西经 74°～85° 之间，同时地处墨西哥湾入口，距离北边的佛罗里达南部小岛群大约 150 公里，西南与尤卡坦半岛相距大约 210 公里。凭借如此得天独厚的地理位置，古巴这座大安的列斯群岛中最大的岛屿被称为"通往新世界的钥匙"。而在加勒比群岛中，与古巴相距较近的是伊斯帕尼奥拉岛①和牙买加岛，分别相距 85 公里和 146 公里。作为一个岛国，古巴有时候能够免受某些地质运动的影响，但正是因为其地理位置所具有的战略意义，古巴同时也成为强权帝国实现其野心的对象。

古巴群岛的总面积为 110 920 平方公里，领土的绝大部分都集中在古巴岛。该岛东起迈西角，西至圣安东尼奥角，东西横跨大约 1 200 公里。然而，其最大宽度不超过 190 公里，甚至有一些地区的宽度不足 50 公里，几乎没有一个地方到海岸的距离超过 100

---

① La Española，加勒比海第二大岛，仅次于古巴岛，位于古巴岛东南面、波多黎各以西。

公里。这种地形轮廓赋予了古巴绵长的海岸线,其中有不少海湾、海港以及其他有利于海上通行的地形——虽然在部分区域会有浅滩和礁石屿群阻断海路,但绵长的海岸线仍然为古巴的国际贸易提供了显而易见的便利。

古巴的地形以平原为主,基本上占了国土面积的 2/3,同时,三大山脉——位于东部的马埃斯特腊山脉、最西端的奥尔加诺斯山脉和中部的瓜穆哈亚山脉,它们的高度相对适中,除了对人们进入东南沿海的某些地区有所影响以外,并没有给内部交通造成明显的不便。与此同时,古巴的河流网络由大量短小且径流量小的河流组成,这些河流通常从岛的中部流向南部或北部沿海,这并不会给地表环流带来很大的阻碍,除了少部分河段,其他河段基本上都不可以通航。有几个地区的地形以盆地和喀斯特地貌为主,这有利于在地下形成洞穴系统和水流,从而增加了古巴的水资源。这一系列地表特征,再加上养分充足的土壤,尤其是平原上的大片黏土,为古巴提供了广阔而肥沃的土地。

从纵向上看,古巴基本处于北回归线以南,又因其地形平坦,无明显起伏,因而在气候上具有明显的相似性。靠近海洋使古巴年平均温度控制在 25℃ 左右,夏季温度也仅比年平均温度高出 $4\sim5$℃,而冬季温度变化则更小。如果在 12 月至次年 3 月期间,没有来自北美洲的周期性冷空气影响岛屿的西部和中部,那么古巴的冬季基本上难以察觉。此外，由于大部分耕地都只高出海平面几米，在气候上又缺乏差异性，适合种植的作物种类有限，因此在农业上，古巴仅限于种植热带作物，部分农产品需要从温带地区进口。气候方面，最多变的要素当数降水，降水的频率和强度决定了古巴存在着两种季节：5月到10月的雨季以及11月到次年4月的旱季。周边海域的大量水体蒸发，使得湿度通常保持在一个较高的水平，同时降水强度也增加。尽管受不同地域和季节变化的影响，降水呈现出明显的差异，但古巴年平均降水量都在1 200毫米以上。

由于气候的特殊性，对古巴岛影响最大的自然灾害就数飓风了；而另一个灾害——地震，一般只多发于东部的南海岸。热带气旋通常发生在雨季，无论是降水强度还是风力通常都很不一样，而在最具破坏性的一次风暴中，风速超过每小时200公里。虽然可能在好几年内，古巴都不会受这些自然现象的影响，但是也曾出现过几次在同一季节里遭受多起巨大灾害的情况，而且因为由于古巴岛形状狭长，飓风带来的伤害往往会集中在岛上某个地方。

古巴的植物群非常独特，既有干旱地区特有的仙人掌，又有蕨类，以及潮湿地区的植物，可谓多种多样。最初的植被主要是热带森林，生长得十分茂密，以至于一位惯于夸大其词的编年史学家说，可以在树荫下从岛的一端走到另一端。随着时间的推移，不同人群来到古巴的同时，也给这片土地带来了其他植物，尤其是农作物；这些外来物种丰富了古巴本已多样的植物品种，虽然从某种角度而言，这也对本土的植物造成了冲击，但无论什么物种都会与气候条件相适应。在动物群方面则呈现出了另一种情况：最初的动物群包含各种各样的昆虫、鸟类、软体动物、鱼类和爬行动物，但哺乳动物的情况则有所不同，体型较大的哺乳动物的种类并不多，何况，在欧洲人到来的时候，除了主要以小型啮齿动物和食虫目动物为代表的海牛类动物，其余大部分都已经灭绝。后来，从外部引入了大小牲畜、家禽和其他家养动物，但同时也引入了鼠类等有害物种。

虽然，地理学家经常从以下四个自然区域：西部、拉斯维亚斯[①]、卡马圭[②]以及东部，归纳古巴特有的共性，但这四个区域之间的差异无疑是明显的，这种差异更多的是人类开拓居住地和土地开发的结果，而不是来自其景观的独特性。

---

① Las Villas，此处为自然区域概念，指的是位于古巴中部，主要以山地为主的区域。其中跨越圣斯皮里图斯省、维拉克拉拉省、西恩富戈斯省的瓜哈姆亚山脉也位于该区域。
② Camagüey，此处为自然区域概念，是以平原为主的一个区域。该区域涉及的省份有谢戈德阿维拉、卡马圭、拉斯图纳斯和奥尔金。

最早的居民

古巴没有真正意义上的原住民。最早的人口可能出现在约一万年前,是美洲印第安人社群长期持续迁徙的结果,直到欧洲人到达时,这种迁徙仍在进行中。想要对这个过程以及原住民的特征有所了解,基本的前提是:其地理区域框架与现行的行政区域划分基本没有关系,实际上,加勒比海周边地区的情况普遍如此,而且以非常显著的方式变化着。这种关于岛上人口聚居如何出现的假设现在已经普遍被接受,而这种变化则为此提供了重要的支撑。据此还可以推断,最早的居民应该来自大陆的北部,可能是沿着墨西哥湾和佛罗里达海岸抵达古巴的。

在大约一万三千年以前,即最后一个冰川时代期间,有一个大岛出现在古巴和邻近的半岛之间,位置大致与现在的大巴哈马浅滩重合,与佛罗里达相距约70公里,但实际上,它与当时面积更广阔的古巴地区的距离更近——大约20公里。有一些假说宣称,出现的这块陆地可能是第一批移民乘简陋的筏子抵达古巴海岸的中转站。即便人们对于最早居民的来源仍然争论不休,但可以确定的是,他们是由一小群狩猎者组成的;由于被古巴的大型哺乳动物吸引,这群人带着旧石器时代的器具前往古巴狩猎,这些大型哺乳动物——如加勒比僧海豹(学名:*Monachus tropicalis*），在当时温和的气候条件下仍然大量存在于该纬度地区。然而，这些原始居民显然在西班牙征服美洲之前就消失了，因此，他们的存在只能通过考古证据来证明，而这些证据主要来源于在东北部山区的悬崖和洞穴中发现的大量燧石片和其他打磨过的石头器具，以及在岛屿中段的沿海地带发现的一种物质，这种物质在伊斯帕尼奥拉岛甚至小安的列斯群岛上的遗迹中也出现过。

关于古巴土著社群，其历史是由编年史学家记载的，尤其是巴托洛梅·德·拉斯·卡萨斯（Bartolomé de Las Casas）修士。为了辨别不同的社群，这些记述者对其进行命名，而这些保留至今的名称，有时会被考古学家沿用，有时却会被推翻。考古学家的研究为了解这些群体所具有的物质文化提供了最重要的知识来源，而在这些研究当中，不仅引入了全新的分类体系，同时还对这些群体的特征加以提炼。在沿用传统名称的土著文化中，最古老的应该是瓜纳哈达贝人（guanajatabeyes）的文化，该小型社群定居在偏远的沿海地区，如古巴岛最西端的瓜纳阿卡维韦斯（Guanacabibes）半岛，这些是西班牙征服者几乎没有接触到的地区。这些群体使用中石器时代的器具，以采集为生，尤其是捕鱼业。根据放射性碳定年法测定，他们抵达古巴的时间约在 3500 年前，可能同样来自佛罗里达。在古巴的土地上，另一个人口更多而且分布更广的社群是西波涅（siboney）。有人指出，西波涅人可能是一直沿着加勒比西南海岸到达现在的洪都拉斯和伯利兹区域，再从该区域出发，穿过中美洲最东端和牙买加之间的岛链，最后迁移到古巴的。这同样是一个拥有中石器时代技术水平并以采集或占有为主的群体，但也许是因为原始社会发展进程缓慢——又或许是出现了新一波的迁徙浪潮——西波涅人不仅拥有了更先进的石器工具，甚至好像还可以制作某些陶瓷制品了。第三个土著社群是泰诺人（taínos），他们是人口最多的群体——虽然该名称的适当性备受争议，但是泰诺人的存在和特征早已被更详细地记录在案。这是使用阿鲁阿科语族——或者称为阿拉瓦克语系的一个分支，他们起源于亚马孙河流域，应该是顺着奥里诺科河（Orinoco）到达加勒比地区的；在抵达河口以后，这些社群便沿着安的列斯群岛，跨过一座又一座岛，最终在大约公元800年到达古巴。考古学家对该人群做了一个区分：取名为亚泰诺人的群体最先开始人口迁移，后来成为古巴土著人的主体；而原本被称作泰诺人的群体，则是在西班牙征服美洲的前一个世纪才开始从邻近的海地出发迁移至古巴。因此，泰诺文化的概念虽然偶尔会被理解为一个由同类事物组成的整体，但实际上，这个概念所包含的一系列相同或不同的表达，在大部分的加勒比海海岛中都可以明显地被感知，并在伊斯帕尼奥拉岛发展到了最高水平。

对于土著人口数量的估算，不同的时期波动很大。目前，结合编年史学家的证明材料和种族学上的经验，尤其是根据考古学家发现的遗址的数量、分布情况和大小，现已达成的共识是，在欧洲人到来之前，土著人口的数量可确定在 10 万到 20 万之间。这些原始居民在空间和数量上的分布都很不均匀。瓜纳哈达贝人的数量不过几千，分布在沿海地区和古巴最西边的小岛群上，由约 30 至 40 人的小群体组成，到了狩猎和捕鱼时节，则基本变为 5 至 10 人的群体。关于西波涅人口的证据不仅多，还更广泛地分布在西北海岸至东部的考托河[①]流域一带，包括岛屿中部的多处山区和现在的卡马圭省南部的沼泽海岸上。

大部分的土著都由泰诺人组成。根据考古学家的记录，泰诺人的定居点从岛的东部一直延伸到西部，直至马坦萨斯[②]湾周边甚至更西边的地方。过去，人口最集中的地方可能是马尼亚文[③]的东北部，但是，在古巴的中心地带也发现了大型遗址，特别是在莫龙[④]周边的布奇隆斯大型遗迹，最近在那里发现了无数的房屋残骸，还有在泥堆中保存甚好的器具和其他木质装置，这也是截至目前，

---

① Cauto，古巴最大河流，发源于东南部马埃斯特腊山脉北麓，注入加勒比海瓜卡纳亚沃湾。
② Matanzas，古巴西部北岸重要港口城市，距离哈瓦那大约 100 公里。
③ Maniabón，古巴东部港口帕德雷港下辖的一个区。
④ Morón，位于古巴中北部的谢戈德阿维拉省的一个城市。

在安的列斯群岛区域发现的唯一的遗迹。然而，这些最大的人口聚居地也有可能是最后一波泰诺人移居的结果，因为早在西班牙征服美洲之初，泰诺人已广泛分布在巴拉科阿[①]区域、关塔那摩[②]山谷和该岛最东部的其他地区。据拉斯·卡萨斯修士称，在这些地方曾发现超过一百座建筑物的村庄，这似乎也印证了某些考古学证据。

土著社群

和人口数量的分布一样，这些群体的物质和社会发展水平也不均衡。在最早的中石器时代遗迹中，发现了瓜纳哈达贝人曾使用贝壳用品等的其他证据，这些证据包括一组非常多样化的器具——凿子、刮刀、钩子、箭头等——全都经过切割、打磨和摩擦，此外，很可能还包含其他未能保存至今的木制用品，包括独木舟等。有了这些器具，他们可以到海边捕鱼、捕捞软体动物、捕猎小动物以及采集水果和食用块根——用火煮熟然后食用——这些方式只够人口增长率低和寿命短的小社群维持生计。在这些条件

---

① Baracoa，位于古巴东南部，属于关塔那摩省的一个沿海城市。
② Guantánamo，古巴东南部的一个省。

下，还可以推测出他们以游牧为主要生活方式，并且按照性别和年龄进行基本的劳动分工。他们的定居点一般都选在洞穴和岩石庇护所——在这些地方也发现了墓地，即便某些发现表明似乎还存在着其他露天住所，这些露天住所可能是从简陋的棚屋中剥离出来的。

随着岛上不断出现这些具有中石器时代特征的地方——同时也分散在中部和东部地区，更复杂的器具也逐渐出现。此外，还能看到带有燧石尖和其他用具——杵、锤等——由坚韧的岩石材料制作而成，用于加工种子和果实；还有用抛光石制成的花瓣状的斧头，很可能用于砍伐树木。这些器具都被认为是西波涅文化特有的，在一些地方还混杂有陶瓷碎片的出现，它们是一些简单的陶器，而从制作工艺和形状上看，它们可能是用于烹饪食物、存放液体和储存蔬菜的，同时，这也表明了这些群体可能已处于发展演化的后期阶段，基本以占有的方式生存。传统认识中陶器制造与农业实践之间的关联性，使得一些记述者认为这些社群可能发展了某种农业——实际上，他们把这些社群视作"原始农耕者"——这意味着社群的居住点更稳定。就算这是些可移动的居住点，房屋也是临时的，但这些房屋是由木头建造而成的，屋顶上还带有大片的棕榈叶，足以容纳几十个居民。按照记述者的说法，劳动专业化程度的提高和合理化，有助于形成"饲养员"、狩猎者和捕鱼者群体，小型遗迹或许也可以证明这些群体的存在，同时也可能是临时站点或停靠点。这些群体与主社群分离数月，必然加深了分工，同时促进了动植物的驯养，而这项工作通常由最稳定的核心人群完成，很可能大部分是妇女。

泰诺人在物质文化、社会组织和精神世界上留下的遗迹更为丰富，因此，人类学家、考古学家和历史学家对这种文化进行了更细致的研究。通过已发现的众多墓地，已经可以相当准确地得出这些土著人的体貌特征——男性平均身高1.58米，女性平均身高1.48米，具有蒙古人种的特征，并且习惯通过一种手法使头部变形——使头颅变得扁斜——这一点编年史家已做过很细致的描述。

泰诺人被归类为农业陶工社群或生产社群，拥有种类繁多的新石器时代的器具和石质装置，通过涂漆、切碎和打磨、抛光，制作出一系列提高生产效率的专业器具，同时这些器具也帮助他们制作装饰品或仪式用品。他们的陶器发展也同样显著，通常使用绕制法制作用于烹饪和储存的、大小形状各不相同的容器，有时还会配上富有艺术感的装饰。在制作过程中，他们会将各种材料，如贝壳、石头、木头结合起来，以制作更复杂的器具，用于切蔬菜的礤床儿或刮刀就是一个很好的例子。根据编年史家提供的资料，木制品中的最佳作品是大型独木舟——这些土著人利用它从一个岛屿航行到另一个岛屿。同时，构成村庄的复杂的房屋也体现出他们制作手艺的成熟，不仅有用细棍搭起的棕榈屋顶的圆形建筑物——这些被称作"卡内房"的建筑显然适用于群居，还有较小的屋子和辅助使用的烧烤架。在居民数1000至2000的村庄中，这些建筑通常以不同程度的组织方式围绕在被叫作"巴泰"的空地上，而这块空地则通常用于举行宗教仪式和其他社会活动。

　　这些定居点中的群体，除了会利用该地区的动植物，还会寻找最适合种植的土壤，尤其是种植苦木薯或木薯的土壤，这是该土著社群饮食中的主要组成部分。泰诺人实行刀耕火种的农业经营方式，即通过砍伐和焚烧毁掉部分森林，这一方式导致了水土流失，这可能是后来西班牙征服者沿着岛屿行进时发现的那些带草原景观的原因。他们先会将土地清理干净，然后用尖木棍或挖棒将土翻松，再把翻松的土堆积成一座座小土堆，随后将木薯插条种入这些小土堆中，这是相当高产的耕作方法。除了木薯，他们还会种植红薯——也被称为甘薯，还有芋头、辣椒、玉米、菠萝——或凤梨，以及花生；同时，他们还会种植棉花和其他一些纤维作物，这是初期纺织工艺品的原料，用以给部分女性制作最基本的服装、睡觉用的吊床、渔网和其他物品。而农业生产也包括种植烟草，这些烟草的用途让哥伦布的同伴们非常惊讶——烟草可以从干燥的卷叶中吸食，也可以在某些宗教仪式上将这些叶子搅碎直至变成可吸用的粉末。

苦木薯是土著人食物的基础，以至于土著人对它产生一种文化情结。关于这点，一些记述者称，这几乎是所有安的列斯群岛和其他加勒比沿海地区的特点。把苦木薯的根磨碎后，除去它的有毒液体，然后将其脱水干燥，直至将它变成粉状，再将粉揉和，放在一个大黏土平底容器——饼铛中煮熟——这样就制成了薄饼——木薯面饼。正如我们所说的，泰诺人的饮食因为不同的农作物而变得丰富。如果我们相信拉斯·卡萨斯修士提供的关于哈瓜海湾沿岸养殖场的证明材料，便可以推论，除了狩猎和捕鱼之外，泰诺人还有一种更精进的多样化占有型活动作为支撑，可能包括饲养一些动物，尤其是鱼类。各种各样的食物来源以及更有效的开采，使得食物的剩余成为可能。对于这些过量的食物，有一部分进行了再加工，如木薯面饼，这些加工后的食物能在一定时间内保存。这可能为工艺制作和另外一些不直接即时对生存有所影响的活动走向职能专业化提供了空间。此外，有编年史家还证实了易货交易的存在，这些都反映了一个更为复杂的社会的运作。

在生产领域取得的发展，使得土地的加剧开发成为可能，这增强了社群的稳定性，带来了明显的定居化过程。根据考古发现，可以确定人口网络已经存在，而其中的某个村庄似乎成了致力于分工更具体的小型聚居中心，这与家族式家庭结构和亲属关系应该有着一定的关联性。根据一些印第安编年史，我们可以推断出，在泰诺人社群中,占主导地位的仍是母系关系,尽管也有迹象表明,可能会向以男性为中心的形式转变。在任何情况下,部族结构将亲属以及社群成员之间占主导地位的合作关系联结起来,在面对任何不可预见的、可能打破社群仍旧脆弱的生产基础的情况时,这种关系至关重要。

尽管考古学家已经积攒了很多带有神奇魔力或宗教功能的物件,这些证据也可以在中石器时代文化中找到,例如位于松树岛(又名"青年岛")上的埃斯特角洞穴里的象形图,但我们对于泰诺人社群的精神生活仍知之甚少。根据墓地中发现的丰富的陶瓷碎片、食物、器具和珠饰,我们可以推测当时的人们信仰万物有灵论,这关乎一种超越死亡的存在;同时,也有一些记述者指出这可能是对祖先的某种崇拜。编年史学家留下了泰诺人经常举办的一种仪式的证据,这种仪式叫"柯呼拉",是在一类巫师——"巫医"的指导下发展起来的,他们似乎也做占卜和充当治疗师。同时,巫医可能也负责一种名叫"塞米"的神灵的神像制作和看管,其中一些神像非常小,可能是供个人使用的,但也有一些尺寸非常大的神像,如在巴拉卡阿的格兰铁拉发现的一尊。而这些神像的形状,有时则会让人想起关于烟草崇拜的猜想。在广场空地"巴泰"上,经常会有舞蹈表演或"阿雷托舞",按照冈萨罗·费尔南德斯·德·奥维尔多(Gonzalo Fernández de Oviedo)的观点,这些舞蹈记录着神话，同时再述"已经过去的好事与坏事"，并通过这种方式保存在集体记忆中。

　　在一个对其成员之间的义务和责任有所规定的社会中，部落组织显然在家庭关系中占有一席之地，也意味着其威望受到认可。尽管编年史学家可能已经阐述过从实行西班牙社会自有的严格等级制度起，泰诺人所奉行的职责和职权，但毫无疑问的是，在领导层级的土著人身上，体现着等级、清晰明确的职责甚至某些特权。除了上文中提到的带有神奇的宗教功能的巫医，我们发现酋长的地位也具有优越性，他们掌握了部落的领导权，能够掌管数个村庄。印第安编年史表明，酋长为终身制，其继承则是通过一个建立在血缘和结盟关系上的复杂系统来决定的。在19世纪，因为国家组织形式的一次错误转变，以至于有人猜测在岛上边界相对分明的部落中，存在着一种地域分布，但根据目前的知识，这种观点是无法被支撑的。然而，这并不能排除部落和村庄或多或少占有一定区域的可能性，且这些区域在狩猎或农业上具有一定优势。因此，在这些社群之间也有可能发生冲突和战争，我们目前已经发现了不少这些社群拥有的武器的遗迹——大棍、斧头、标枪等——甚至还有一个相当于"工匠"的社会群体，和战士加以区分。然而，所有的历史证据都明显地反映了泰诺人和平的态度，这也可以从他们对西班牙人的欢迎接待上看出来，同时，显然也使他们更容易被征服，而这一点与他们后来的反抗并不相悖。

在征服所带来的巨大的文明冲击中，最先受影响的是大安的列斯群岛的土著人——以及当中的古巴土著人——相比大陆上的其他兄弟社群，尤其是中美洲和安第斯地区的社群，前者的技术和生产发展，以及社会组织都要原始得多。因此，他们的抵抗能力更弱，这不仅反映在战争和文化领域，还导致这个群体以相对较快的速度消失，这点我们将在后面的内容中谈到。尽管如此，这些文明对于古巴社会的历史影响仍旧超出想象，特别是在语言方面。土著人留下的遗产尤其体现在地名上，尽管其他一些源于阿拉瓦克语的词语也用于命名空间、物体或活动，例如那些附属于甘蔗园的建筑物，而这些地方在古巴一直被称为"巴泰"。所有的土著建筑都由木材制成，因此难以保留，但随着建筑材料的使用，以及对气候的适应，茅草屋成了古巴农民几个世纪以来的住所，并且现在仍然可以在该国的某些地区找到。有些器具则保留至今，例如，其中的吊床已在世界范围内普遍使用，更不用说烟草了——这已经是现在普遍的吸烟习惯的基础，而直至今天反对烟草的声音仍旧存在。

-2-

征服和殖民化

古巴是克里斯托弗·哥伦布（Cristóbal Colón）于 1492 年在美洲踏上的第二块土地，然而，它却在近 20 年后才开始真正被西班牙人占领。入侵岛屿领土的速度和土著人抵抗据点减少的速度都较快，几乎与殖民者为了巩固政权而采取的长达 4 个世纪之久的行动同步。

最美的……岛

哥伦布于 1492 年 10 月 27 日远远地望见古巴大陆，并于次日登陆，即对应现在的格里高利历①的 11 月 7 日。经过两个月的

---

① 即公历。

跨洋航行，且在巴哈马群岛中流浪了几个星期后，在这个安的列斯群岛中最大的岛上发现的壮观景色给这位远征军司令留下了深刻印象；他在日志中写道："从未见过如此美丽的景色。"这位热那亚航海家沿着古巴的东北海岸航行了整整一个月，随后继续前往邻近的海地——又名伊斯帕尼奥拉岛，并同样对其进行了探索考察，就在这个地方，哥伦布结束了他的旅程，开始扬帆返回西班牙。

1493年底，哥伦布带着一支由16艘船和1000多名船员组成的舰队返航，而所谓的征服历程便由此开始。探险队的目的地是伊斯帕尼奥拉岛，在这个岛上，这位远征军司令曾在第一次航行结束时用他的一艘沉船残骸建起一个简陋的堡垒，并留下了一小批驻军。虽然堡垒和驻军都已消失不见，但哥伦布确信，在经过的岛屿当中，伊斯帕尼奥拉岛是人口最多且最富足的岛屿，因此，他打算以此作为作战基地。

在早期的君主集权化进程中，西班牙凭着长期"再征服"的经验以及阿拉伯科学和技术上的精神财富，对于美洲扩张这一挑战在欧洲国家中无疑是准备得最充分的。然而，新世界毕竟是崭新的事物，以至于许多用于征服它的方案都必须在行进中制定。沿用威尼斯和葡萄牙的方案，哥伦布的计划最初是为了在新的土地上设立一个办事处，从而与当时他认为与美洲相邻的亚洲建立起一个贸易网络。在卡斯蒂利亚君主制的严密控制下，航海家、官员和其他参与者实际上受薪于王国，因此该计划必须在短期内赚取足够的利润支付给王国、哥伦布及其债权人所筹集的费用。因此，这位远征军司令——如今也是总督——在两个方向上做出了努力：一是利用该岛的资源建立伊斯帕尼奥拉岛的后勤基地；二是继续在加勒比海周边探索，直到抵达中国或者找到去中国的最佳路线。然而，这两项努力的成果都与预期不一致：伊斯帕尼奥拉岛没有呈交所要求的收益和赋税，他们也没有到达亚洲。更糟糕的是，部分定居在岛上的西班牙人发生叛乱，且没有一个贵族愿意来新大陆工作；而哥伦布不得不选择向叛乱分子提供土地和印第安人，以保障生存和能够继续寻找黄金。随着办事处的理念与弗朗西斯科·德·博瓦迪拉（Francisco de Bobadilla）所做的决定不断出现分歧，博瓦迪拉被派去调查这些混乱的情况和治理岛屿，在保持原有任务分配的同时强化王国特权。1502年，修士尼古拉斯·德·奥万多（Nicolás de Ovando）被任命为伊斯帕尼奥拉岛都督，这意味着新殖民计划的开端。指挥官奥万多带领着大批队伍——实际上，是大批的殖民者抵达，其中首次包含了70多个家庭。这个决定的效果是立竿见影的：人口从当时已有的4个村落开始不断扩张，形成了一个由14个城镇组成的网络；同时，土著在矿地和牧场的分工方式也得到了普及，他们可能还受到了这些"绅士"传教,这一点是以"大授地制"①这一法令形式正式确立的。1505年,文森特·亚涅斯·平松(Vicente Yáñez Pinzón)被授予"职位"以征服邻近的岛屿波林坤(Borinquén)——而征服在3年后由胡安·庞塞·德·莱昂(Juan Ponce de León)完成——这是殖民化意图开始扩张的充分体现。

在此之前,古巴只是作为众多探索领土之一出现在这一进程中。哥伦布本人在他的第二次旅行中几乎走遍了岛屿的南部,但当他接近西部边界时,他决定返回伊斯帕尼奥拉岛,而在此之前,他并没有向同伴宣称所探索到的地域是"大陆"的一部分。但对于其中一名同伴,制图师胡安·德·拉科萨(Juan de la Cosa)来说,这并没有构成障碍;很快,古巴便已作为一个岛屿出现在他那著名的新世界地图上。实际上,当时其他航海家对于古巴的岛国性质也已经了解得很清楚了;文森特·亚涅斯·平松甚至也可能进行了环岛航行——哪怕古巴最终是在1509年由塞巴斯蒂安·德·奥坎波(Sebastián de Ocampo)拿下的,当时奥万多在一次远征中委任奥坎波前往征服古巴,而此次行动正式揭开了征服的序幕。

---

① 又名"监护制"。西班牙将殖民地一定区域的土地和印第安人委托给征服者进行监护,监护人有权在自己的监护区内征收贡赋和无偿征用印第安人服劳役,同时负有宣传天主教福音,教化印第安人皈依天主教的职责。

殖民入驻

1509年,迭戈·哥伦布(Diego Colón)行使继承权,继承了其先父所担任的印第安总督职位,并行使统筹管理职务。在西班牙国王斐迪南二世所下达的指示当中,曾重点突出要"了解古巴的秘密",其实这不过是要求确认岛上是否存在黄金,同时对该岛进行开发。在王国和新远征军司令之间的意见分歧消除之后,这个计划被委托给了富翁迭戈·委拉斯开兹(Diego Velázquez)——他居住在伊斯帕尼奥拉岛上,并且拥有长期的从军服役记录。1510年底,委拉斯开兹带领300人在古巴以东的关塔那摩湾附近上岸。最初,他们在前进的道路上遇到了印第安人的反抗,而这是因为印第安人此前已经接到了来自伊斯帕尼奥拉岛上瓜哈巴的一个土著酋长哈图伊(Hatuey)的提醒,知道了征服者的横暴行径。但由于欧洲军备的先进性,印第安人的反抗很快被镇压,而哈图伊也被抓获,后来被活活烧死以示震慑;随着时间流逝,这个事件使他成为一个民族标志。

继在巴拉科阿建立了第一个城镇亚森松(Asunción),以确保与伊斯帕尼奥拉岛能够取得联系以后,委拉斯开兹决定占领古巴其余地区。在东部,尤其是人口稠密的马尼亚文地区被征服后,这位先遣官组织了三支特遣队分头前往该岛的西部：其中一支乘坐双桅船航行穿过北海岸，另一支则沿着陆地穿越整个国家，而第三支则在他的亲自指挥下，乘小船沿南海岸航行。由潘菲洛·德·纳瓦埃兹（Pánfilo de Narváez）领导的陆上支队在前行过程中实施了各种暴行和掠夺，最严重的是对考那奥（Caonao）土著部落的大屠杀，拉斯·卡萨斯神父曾目睹了那次暴行，这给他的内心留下了不可磨灭的印记。3年之后，古巴领土已基本被占领；除去最先拿下的巴拉科阿，还新增了另外的6座城镇：在1513年建立的巴亚莫；建立于1514年的特立尼达（Trinidad）、圣斯皮里图斯（Sancti Spíritus）、太子港（Puerto Príncipe，即现在的卡马圭）和哈瓦那，以及建于1515年的古巴圣地亚哥（Santiago de Cuba），而古巴圣地亚哥在不久之后便取代巴拉科阿成为殖民地主要权力机构的所在地。

在征服军队不过几百人的情况下，这样的人口势头乍一看似乎是荒谬的，而实际上，根据法令和既定惯例，征服者要想获得土地和印第安人，就必须获得"居民"的身份，即在某个城镇拥有开放的房子和固定的住所，这是委拉斯开兹从1513年开始给征服者提供的好处。与此同时，该城镇由一个委员会管理，而按照卡斯蒂利亚的市政传统，委员会显然拥有行政权和司法权，且仅向该岛的都督汇报。委员会由镇长和镇议员组成，这些人有的是选举产生的，其他则是任命的；同时，委员会也可以指定一名代理人，在面向王国最高当局的时候代表委员会。这些特权在未来也许会变成摩擦和冲突的根源，但在当下，却让城镇成为最合适的统治工具，不仅加强了对已征服领土的管控，同时也可以开始对其进行开采。

在委拉斯开兹担任先遣官的古巴政府中，一些王室官员也进行了干预——皇家收税官、会计师、出纳官等——他们的职权主要集中在税收领域。对这种统治结构来说，宗教权威有着不可或缺的补充作用，在征服的过程中，如果想要原住民服从，便要对他们强加新的信仰，使福音传播渗透进土著的文化根基，从而确保对他们进行精神控制。为了整合这支征服队伍，委拉斯开兹招募了4名修士，在第一批居民点建成之初，他就在巴拉科阿设立了一个主教团；这个主教团后来搬到了古巴圣地亚哥，一直由非居民身份的教士执权，这种结构一直持续至1529年主教米盖尔·拉米雷斯（Miguel Ramírez）在岛上定居。

作为殖民化进程的重要支撑力量，最初建成的城镇必须对周边地区的资源进行最大限度的开采，这决定了这些城镇必须分布在具有一定土著人口的地区，实际上这也是矿产资源集中的地方，尤其是黄金。同时，这些地区还拥有交通便利的优势，多种因素复杂地交织在一起，导致原有居民点多次搬迁。同样的情况也发生在哈瓦那。起初，哈瓦那建立在南海岸，这可能是因为有利于探索大陆，后来则搬迁到北部，即奥坎波在沿海岸航行期间曾停下修理船只的海湾边上。征服者和王国最看重的利益无疑是黄金，而黄金主要分布在一些河流沿岸的沙滩上。在殖民统治的第一个十年末，正值年收入接近10万比索之际，殖民者对这些黄金矿床的开采利用似乎已经达到了峰值，然而，所有的迹象都表明，黄金开采业衰退得相当迅速。另一项更为急迫的经济活动是农业，因为征服者必须确保他们在这片土地上生存下去。可是，适应热带气候的欧洲作物十分稀缺，使得农业供应主要依靠土著人的农作物，而西班牙人很容易就习惯了这类作物。事实上，委拉斯开兹提供的"居民"身份并没有停留在表面，而是落实到印第安农业中特有的品种，比方说大量的木薯，这清晰地表明了最早的殖民地农业体系中的剥削性质。欧洲对移民所做的贡献主要是在畜牧业，在这期间畜牧业似乎有一次爆发性的增长：1515年，估计有超过30 000头猪，但这不是牧场养殖的结果，而是因为这些动物，包括牛，在茂密的古巴森林中繁殖能力惊人。

殖民经济具有早期的商业意味，这点在殖民者修建黄金冶炼厂的目的和用途上显而易见。除此之外，牧场的产出除了要满足岛上居民——包括土著和殖民者的需求，还有一部分在很早的时候就开始用于贸易交换。因此，从早期的农牧业开发中获取的产品,对征服的新计划发挥着至关重要的作用。在西班牙的殖民战略中,古巴不仅仅是一个目标,更是在开拓"大陆"的进程中至关重要的一步。西班牙人刚在岛上定居下来,就派出了由埃尔南·科尔特斯(Hernán Cortés)带领的一支庞大的探险军队,出发前往附近的墨西哥海岸展开探索,他们的船舱中放了超过30万磅的古巴木薯,除此之外,还有培根、咸肉等其他食物。作为"新西班牙"①的关键性征服以及对于大陆上的其他计划而言,古巴起到了大后卫的支持作用,这个过程一直延续到1539年赫尔南多·德·索托(Hernando de Soto)出征佛罗里达,而此时,岛上最初的那批生产设备已将近报废。

　　在殖民地最初的经济组织形式中,人力资源的开发是具有决定性作用的一个因素。西班牙征服者来到新世界后变得富裕,但这绝不是他们的个人劳动成果。殖民计划的成功在于拥有组织当地人口劳动的能力,而如何让一些不习惯被命令的社群去干活,则变成一个需要解决的问题。当然,最为快捷的方法是使用武力,但这具有一定的限制性,因为只有在某些特定的情况下,印第安人才会臣服于王国的奴役。尽管某些时候,征服者会编造支

---

① 新西班牙:前西班牙在美洲的殖民地总督辖区的总称。1521年设立。其范围包括现今的美国西南部和佛罗里达、墨西哥、巴拿马以北的中美洲、西印度群岛的西属殖民地,委内瑞拉和菲律宾群岛也一度属这个辖区。

付酬劳的借口,但实际上,唯一有效的替代方案是大授地制:印第安人被分派给征服者,征服者则通过强制手段征用他们的劳动力,而征服者唯一的任务就是教化他们信奉基督教。在形式上,大授地制比奴隶制更为温和,但它同样是一种严厉的奴役形式,尤其是这些背井离乡的受奴役者,是在离开了社群的情况下,被指派去淘金场干活,并被强迫接受与他们的文化截然不同的工作制度的。

人口增长与衰退

这种制度对土著人口造成的影响是灾难性的。除了在征服期间数千个土著人丧生之外,还有比这个数量高出更多的土著人在殖民环境下屈服投降。在艰苦的条件下过度劳作,再加上营养不良——这是由于生活物资匮乏,导致劳动力向农业以外的其他任务转移;随着社群的分崩离析,印第安人也被剥离出他们的文化,而后很容易就成为最具杀伤性的流行病的受害者。征服者来自一个人口密集的大陆,由于频繁受到瘟疫的袭击,身体对疾病的抵抗力已大大增强。相比之下,这些与外界联系相对较弱的土著社群,免疫力十分低下。其中,天花、麻疹、伤寒和其他传染疾病肆虐,严重危害了土著社群成员的健康。由于殖民化经常会将男性和女性分开从而切断了家庭关系，面对如此大的伤亡人员缺口，想要填补的可能性更是微乎其微，因此，人口开始急剧下降。

编年史学家和其他的消息来源都可以证明，当时的确发生了非常剧烈的人口缩减，以至于在很长的一段时间内历史学家都认为，土著早在16世纪中期便已经在古巴消失。诚然，在1553年岛上废除大授地制并实行新法令时，印第安人只剩下几千个，其中一部分在公然反抗后逃到了山上。这当中的大部分人口聚集成村落，即在城镇周边建立起小村庄：靠近哈瓦那的瓜纳瓦科阿（Guanabacoa），与圣地亚哥相邻的艾尔凯尼（El Caney），巴亚莫（Bayamo）附近的希瓜尼（Jiguaní）。由这些村庄衍生出的城镇和郊区，有一部分时至今日仍旧存在。但事实上，在那里定居和少数分散在其他地方的土著人，在被不同地区的人口不断稀释的同时，也被西班牙的文化同化，因此，只有极少数位于偏远地区的土著人可以长久地保留其原有的特征。除此之外，随着征服的开始，西班牙人强奸印第安妇女的情况时有发生，由此也产生了混血人种，而随着这种情况继续蔓延，到后来，在土生白人的脸上也能察觉到一些印第安人的相貌特征了。

在本地人口下降之前，西班牙征服者一直使用黑人奴隶。尽管在1515年黑人才第一次明确出现在古巴史上，但事实上，很可能从征服开始，黑人就一直跟随着西班牙人出现。在中世纪末期，非洲奴隶在安达卢西亚已经很常见了，甚至在塞维利亚等城市的居民人口中占了很大的比例。此外，在已征服的几个大西洋岛屿中，葡萄牙人也加强了对黑人奴隶的使用；随着黑人奴隶数量的增多，通过奴役劳动来制糖成为种植园的特点。因此，在不考虑拉斯·卡萨斯提出的建议的情况下，西班牙人开始用非洲人来替代印第安人也就不足为奇了。最初引入的奴隶大多被用于淘金场，此外也有用作家庭佣人的，还有一些很早就被用于农业和城镇建造。据某些数据统计，直到1535年，大约有一千个黑人在岛上生活，这个数字可能与欧洲裔居民的数量相当。

西班牙的人口数量是一个很复杂的问题。在征服开始后的几年内，就有几百个移民去往古巴——他们主要来自伊斯帕尼奥拉岛，这批人口对于当时陪同委拉斯开兹前来的三四百人而言是一个相当大的补充。随后，移民到古巴的人数持续增加，最高可能达到5 000人；但由于组建探险队征服大陆意味着人口外流，因此居民的人数还是经历了显著的起伏。仅去往墨西哥，就有大约500人与科尔特斯同行；不久之后，又派了一支超过一千人的特遣队伍跟随纳瓦埃兹，前往埃斯特雷马杜拉去镇压那场激烈的动乱。无论是因为新的探险还是受到来自周边地区的鼓动，这些地区的人们在岛上的金矿枯竭之后大多选择加入中美洲、秘鲁和部分南美洲地区的征服军队，人口外流以势不可挡之势持续着。

这些外流人口几乎都没有回流，可能是因为他们决定在新近征服且最有发展空间的领土上定居下来，也可能是在征战过程中失去了生命，比如在赫尔南多·德·索托的 600 名同伴中超过 2/3 在佛罗里达探险中丧生。阻止人口外流的措施虽严厉但无效，正如 1526 年由印第安人理事会所颁布的一项非常激进的法令一样收效甚微，依照法令，对所有未获得批准擅自离开古巴岛的人都判以死刑并没收他们的财产。

在德·索托的探险之旅遭遇不幸过后的一段时间里，主教迭戈·德·萨米恩托（Diego de Sarmiento）以宗教访问的形式走访了整个古巴。根据他的描述，1544 年居住在岛上的西班牙人不超过一千人，计算的方法是用其中的五个人乘以他们所认识的每一位居民。其中一个城镇即特立尼达，里面的居民几乎都已经离开了，而在其他的城镇人口也非常稀少，以至于他们一直生活在担忧之中，因为他们面临着遭到印第安人造反队伍突袭的风险。这是反抗力量持续存在的一种表现——反抗他们遭到的非正义的羞辱，其中最有名的发声人是土著酋长瓜马（Guamá）。尽管人口减少影响了整个岛屿，但对于不同的地区，影响力并不一样。巴拉科阿在 1538 年被造反的印第安人烧毁之后几乎消失了；至于圣地亚哥，就算具备资本条件，但实际上也只是一个村庄；人力和物力的匮乏也影响了岛屿中部的太子港和圣斯皮里图斯，以及幸存下来的另一个城镇拉萨瓦纳（La Sabana）——后来改名为圣胡安德洛斯雷梅迪奥斯（San Juan de los Remedios）或者雷梅迪奥斯（Remedios），这是在最初的七个城镇建立之后以某种自发的形式出现的城镇。只有巴亚莫和哈瓦那，尤其是后者，暂时逃脱了普遍衰落的浪潮，这股浪潮后来使得安的列斯群岛的大部分岛屿面临变成"废岛"的危险，其中邻近的一些小岛甚至已经呈现出"废岛"的模样了。

帝国的一部分

到了16世纪中叶，征服者已经成功地遍布整个新世界。在向南行进的过程中，佩德罗·德·巴尔迪维亚（Pedro de Valdivia）在智利的中央山谷中插上了卡斯蒂利亚的旗帜，而巴斯克斯·科罗纳多（Vázquez Coronado）和德·索托的远征军则从不同的路线穿过了北美的大草原。西班牙人从拉普拉塔河的河口出发，沿着巴拉那河一直前行，到达巴拉圭的中心位置并建立了亚松森市；几乎在同一时间，弗朗西斯科·德·奥雷利亚纳（Francisco de Orellana）和迭戈·德·奥达斯（Diego de Ordaz）正在考察南美洲的其他几条大河。已征服的领域除了这片宽广的土地，倘若再算上加勒比海群岛，那几千人拥有的巨大扩张潜力就让人不得不惊叹。但是，对于那些最荒凉最偏远土地的开拓，甚至对居住其中的人强加压力使之服从，并不意味着在这片辽阔的大陆上可以行使有效的权力。

起初，关于印第安人的事务是由天主教国王在卡斯蒂利亚理事会的协助下处理的，但在 1517 年，他们的孙子卡洛斯一世（Carlos Ⅰ）登上西班牙王位之后，政府的职能变得尤为复杂。作为哈布斯堡家族的长子，在不久之后卡洛斯便宣布就任德意志国王，因此，以征服美洲为起点的建造西班牙帝国的设想，得以在一个以欧洲为主要场景的广阔统治版图中变得更为具体。然而，殖民地问题也愈演愈烈，这就是为什么国王决定在 1524 年建立一个对新世界有完全管辖权的印第安人理事会的原因。除了颁布法律以规范"海外"生活以外，理事会还将作为最高法院监督在殖民地参与管理的官员。而适用于印第安人的法律虽然基本都被遵守了，但在偏远地区却并不总是如此。在这种情况下，为了引入税收来源以满足欧洲连连战事的资金需求，这个王权集中的殖民计划面临着巨大的困难。这些困难，首先来源于征服者本身，他们有着清晰的领主意志，要求获得更大的殖民地自主权，尤其坚持保留大授地制和自主开发土著劳动力的特权。种种矛盾，最终导致在铁拉菲尔梅爆发了激烈的冲突——甚至在秘鲁也发生了武装起义，相比之下，古巴的情况则缓和很多，但也并未达到可以忽视的程度,如同那次被称为"经验计划"的冲突那样。这个计划源于1526年,当时是在拉斯·卡萨斯神父和其他神职人员的谴责之下发起的,该计划允许方济各会的修士在大授地制未实施的区域,将印第安人集中到农业殖民地中去。当时的都督冈萨罗·古兹曼(Gonzalo de Guzmán)对这个计划并不知情,最终其继位者——强势的土著居民村落领主曼努埃尔·德·罗哈斯(Manuel de Rojas)对该计划进行了处理,并决定将这部分土著重新分配。尽管面临这些挑战,君主集权制的推行最终还是打开了新局面,并引入了更为有效的管理结构,例如在新西班牙和秘鲁建立的新总督制度逐步取代了原有的总督制度,即在哥伦布的儿子死去以后,原授予哥伦布家族的特权也随之终结。自1537年起,古巴的都督由国王直接任命,同时古巴岛隶属于一个听证会,听证会应政府的要求将地点设在了伊斯帕尼奥拉岛的首都圣多明各。王权在印第安人事务中的统治地位基本上是绝对的,又因为国王得到了教会的支持,由教皇赋予天主教国王权力,并由王位的继位者继承权力,因而西班牙国王有权提名教会的显要人物,在美洲征收什一税,同时制定教会条例,并在美洲生效;作为交换,教会人员需承担起在殖民地维护教会的职责。

在经济领域,自1503年以来,天主教女王伊莎贝拉一世在塞维利亚创建了中央贸易局,负责垄断殖民贸易和确保各项税收到位。除了要负责组建熔化和记录黄金的官员网络，征收赋税，以及进行商业交易谈判，贸易局还充当商业法庭的角色。同时，其活动范围还不断扩大，后来还包括航海员培训、航线设计和地图绘制。然而，在所有这些职能当中，最重要的职能是操纵垄断，即把往返于新世界的所有物品和人员统一集中在塞维利亚，即后来的加的斯。

随着从美洲运向西班牙王室金库的财富越来越多，其他欧洲大国很快就起了垂涎之心。因此，法、英等国的航海家决心打破中央贸易局重商主义的排他性，他们开始在加勒比海水域航行，通过混淆视听的方法进行走私和劫掠，这种行为还经常得到各自君主下发的特许书的保护。1521年，法国的一名海盗让·弗罗林（Jean Florin）成功掠夺了两艘由科尔特斯派往伊比利亚半岛的船只，其船上满载着蒙特祖马的珍宝。受到卡洛斯五世在欧洲连连发起战事的刺激，这种袭击频繁发生，不仅西班牙的商船被攻击，一些殖民地城镇也被打劫。作为回应，西班牙人开始建立瞭望台，并对部分港口进行了加固，同时命令往来新世界的船只必须结伴而行，以更好地抵御海盗的袭击。返航西班牙的路线被称为"西印度之路"，它借助了墨西哥湾暖流，这一暖流的优势在多年前便已被西班牙的航海员发现。其中，哈瓦那完全位于其避风港湾的海岸上，这得天独厚的位置为海上航行提供了一条最佳路线；也正因如此，经常有船只进港停靠，甚至在此停留一段时间以组队结伴出发，而后再开启跨大西洋之旅。当然，这种情况也为海盗所熟知，1537年，他们便袭击了几条停靠在哈瓦那海湾上的船只，拉开了后续洗劫城镇的序幕，这些场景还会在古巴圣地亚哥、巴拉科阿和岛上其他沿岸城镇重演。作为保护措施，圣地亚哥建造了一座小堡垒，而在哈瓦那，则建起了一座高度足以俯瞰海湾入口的瞭望塔——莫罗要塞，并在城镇边缘设了一道防线，名为"力量防线"，然而这个名字夸大了其真正的防御能力，这在1555年得以证实。法国海盗雅克·德·索雷斯（Jacques de Sores）对哈瓦那实施了当时最为轰动的劫掠，在击败"力量防线"上不屈不挠的防御驻军后，索雷斯登上堡垒，残酷地洗劫了该城镇。

最初，反复的袭击和掠夺是古巴人口减少的重要原因，但从长远来看，这种情况却帮助西班牙王室了解到该岛的战略价值，也正因为如此，西班牙最终才将该岛从注定被遗弃的悲惨命运中拯救了出来。正如面对新世界殖民化所带来的其他问题一样，西班牙一直在这个试验场上总结各种成功和失败的经验教训，从而对帝国进行保护。尽管西班牙在当时是最强大的国家，但其军事实力却十分有限，因此，防御都是按照当时的经济和战略优先顺序来布置的。防御的首要任务是保护西班牙与新西班牙和秘鲁这些财富来源地之间的交通，即使这意味着要放弃某些土地，例如后来一些被其他欧洲国家占领的安的列斯小岛。防御系统便是以这种方式逐步建立的，后来才逐步发展到采取实际行动，即主动出击，而这对于保护最重要的区域是必不可少的。对于古巴而言，最重要的是哈瓦那，而哈瓦那也已经被认定为"通往新世界的钥匙"，尽管为了确保岛屿殖民地的完整性，殖民地当局也会或多或少地对一些必要的城镇进行保护。

自1561年组建的舰队体系最终确立以后，西班牙便按每年一次的周期维持着宗主国和殖民地之间的联系。在通往美洲的航程中，船被分为两组：一组通往新西班牙，另一组则通往铁拉菲尔梅（秘鲁），但在返回伊比利亚半岛时，两组船队会在哈瓦那海湾会合，此后，哈瓦那海湾便成为所有航海活动必经的停靠港。之后，哈瓦那成为古巴政府官员的集中地，官员的任命均依据其军事才能。第一位官员是迭戈·德·马萨列戈斯（Diego de Mazariegos），他恢复了城镇的设防，将力量防线重建为一个坚固的城堡，这个工程耗时数年；同时，他还建立了一支固定的驻军，对居民进行军事训练，由此产生的所有费用都由新西班牙"留存"的资金来支付。哈瓦那在西印度防御战略中的关键性与日俱增，这归功于先遣官佩德罗·门内德兹·德·阿维莱斯（Pedro Menéndez de Avilés）的方案，他在1568年被任命为古巴都督，对古巴的防御工事进行加固，使古巴成为佛罗里达探险队的后卫，同时也进一步巩固了古巴的实力，哈瓦那港口成为迎风舰队的军事基地——这是一支为了给加勒比海地区的西班牙财产提供动态防护而创建的机动队伍。从此，古巴的地位也得到了进一步巩固。

殖民地经济基础

无论是在时间节奏上还是在实现空间上，古巴战略地位的确立都为其打开了一个全新的发展阶段。毫无疑问，哈瓦那是整个过程的核心。在1570年至1622年期间，古巴城镇居民的人口数量翻了20倍，哈瓦那一跃成为加勒比海地区人口排行第二的城市，若是加上数千名流动的海员、商人、军人、冒险家和找工作的人——他们有时会在城里待上几个星期或几个月以等待船队启程返回西班牙，那么哈瓦那将是排行第一的城市。安置居民和暂住人口的必要性掀起了一场真正的建设浪潮，仅仅在1573年至1578年这5年间，城镇中就有125处新住房拔地而起，这几乎使"住房基金"翻了一番。而住宿只是旅行者多项需求中的一项，除此以外，他们还需要食物、饮料和娱乐。1574年，哈瓦那的小酒馆几乎和居民一样多。为了让客人可以尽情地消遣，哈瓦那并没有限制舞蹈和赌博，甚至可在季节性卖淫活动中"赢取"女奴。旅客和船员给当地市场的周期性需求带来了巨大的压力，同时也使哈瓦那成为整个美洲物价最高的地方。

为了满足舰队的需求而兴起的服务业经济，还有另一个更稳定的支撑，那便是城市防御系统中的物流层面。随着时间的推移，驻军不断发展，尤其是在英国海盗弗朗西斯·德雷克（Francis Drake）的探险结束之后。在1585年至1586年间，德雷克先后抢掠了圣多明各，劫夺了卡塔赫纳①，并威胁到了哈瓦那。毁灭性的劫掠使费利佩二世（Felipe Ⅱ）意识到加强加勒比海防御的迫切性，并将该项任务委派给了最杰出的军事建筑师胡安·包蒂斯塔·安东内利（Juan Bautista Antonelli）。根据哈瓦那的情况，安东内利安排建造了两座堡垒，分布在海湾入口通道的两侧。这道防御工事除了在完成后需要派兵驻守之外，在建造过程中也耗费了大量的人力——建造莫罗要塞耗时30年，参与建造的有数十名泥瓦工、木匠和其他工人，以及大量的奴隶。其中，部分工匠早前就被要求前来修理舰队的大帆船，再加上利用周边的森林资源，一家小型造船厂便开办了起来。在哈瓦那港口成为迎风舰队的军事基地以后，西班牙国王于1589年下令建造18艘架炮护

---

① 这里指的是哥伦比亚的卡塔赫纳市。

卫舰以加强海军支队，从此以后，哈瓦那开始不断制造大帆船、双桅船和其他船只，而阿森纳船厂——又被称作哈瓦那造船厂，成为大西洋最重要的造船厂之一。

建筑建造和维持派军驻守都需要王室持续支付高昂的费用，为了让王室满意，新西班牙的财库每年都会分配一部分钱给古巴。仅在1572年至1610年期间，这些钱的金额总计已超过2 000万雷阿尔，而这还不包括造船合同中要求支付的款项。这些支出意味着一笔相当大的资金将会被转移给参与建造堡垒和造船的人，以及提供石材、木材、食物、工人或出租奴隶的人，也就是说，钱流向了城镇中最富有的居民手中，这一部分人继而又将钱投入到不同的生产领域，最终成为一个重要的寡头集团。

在殖民化的最初阶段，定居下来的征服者就已经提前控制了市政会，并利用市政会的特权，以赐地的形式分配他们所认为的在其管辖范围内的土地。以哈瓦那为例，哈瓦那的面积覆盖了整个古巴西部，而向舰队提供的各项服务兴起所带来的经济机遇加快了土地占有的进程，并在1570年达到了顶峰。赐予的这些土地实际上是王室的财产，随着时间的推移，这些土地将来可能会被征税、切分甚至出售，因此，受赐者都只有进行土地开发的权利。赏赐的土地分为两种类型：一是牧场，面积比较大，用于养殖大型牲畜；二是用于养猪的小饲养场。在西部，这两种土地的开发都是呈圆形布局的——圆形的半径为 1 到 2 里[①]，具体根据情况而定，由于土地的测量需要遵循规则，因此测量的工作，据说通常是由舰队成员负责的。

因此，继黄金开采之后，畜牧业成了古巴最重要的经济活动，因而部分历史记录者将之称为"皮革时代"。由于畜牧业对劳动力的需求很低，因此特别适合在人口下降的环境中发展，因为实际上牛群并不需要在牧场里精心饲养，而只需要主人在它们身上做好标记方便以后捉捕，就可以任由它们在牧场里随意走动。哈瓦那居民以及城镇的其他消费，对牧场主来说意味着要交付一定数量的牲畜给屠宰场，除此以外，为了满足长途旅行舰队的食物需求，腌制品和牲畜成为一个具有吸引力的市场——尤其是牛。实际上，这些牲畜是在所谓的狩猎场捕杀的，这是为了专门获取它们的皮，因为皮革在欧洲的制鞋、家具制造等方面的需求量很大。皮革的出口，至少在哈瓦那的出口，是由舰队促成的。如果那份关于 1564 年哈瓦那港口出口了大约 44 000 件皮草的报告是准确的，那么每年岛上屠宰牲畜的数量一定非常大。

相比发展处于极盛时期的畜牧业，起初由农场构成的相对多样化的农业经营则开始逐渐失去其重要性。然而，随着其中一些

---

① 里：西班牙里程单位，合 5 572.7 米。

较小的农场转为以市场为导向并进行专业化生产，一股令古巴的农业景观发生深刻改变的动力应运而生，这种演变在第一批甘蔗园建立的时候就可以感受到。早在殖民化初期，古巴岛便引入了甘蔗种植，但和伊斯帕尼奥拉岛的情况不同的是，自1520年以来，伊斯帕尼奥拉岛上新增了很多种植园，而在古巴，甘蔗仅用于手工制作供当地人食用的糖塔。到了16世纪末，国王费利佩二世给一批哈瓦那居民提供了4万杜卡多币①以扶持甘蔗园的发展，于是，在城镇周边的20多个农场里，人们开始种植甘蔗进行贸易，甚至出口至伊比利亚半岛。虽然新收入来源的增长受到了奴隶劳动力短缺的限制，但是甘蔗园的数量和产量似乎在持续增长，且一直持续到17世纪末。西班牙对甘蔗园发展的重视，也使古巴的农业结构发生了某些变化，在赐封新的土地时，为了保护土地中的甘蔗种植，会对部分牧场进行分割。

早期的改革得到了推动，且随着烟草的广泛种植，开始表现得更为强烈。哥伦布在其日记中将吸烟的习惯描述为一种土著习俗，然而，这习惯却以相当快的速度在西班牙人中扎根，以至于拉斯·卡萨斯本人也将其视为恶习。在中世纪的欧洲，熏香的使用和一些植物烟雾的吸入确实很普遍，这助长了烟草使用的蔓延。

---

① 西班牙使用至16世纪末的一种金币。

早在 16 世纪末，抽烟方式就已经发生了变化：以卷烟的形式出现，也有人使用烟斗，或者将烟草嚼碎，或用鼻子吸。不仅是富裕阶层，还有海员和其他大众群体——甚至可能连奴隶都抽烟。起初，教会和征服者都对吸烟习惯的蔓延持反对意见，但后来逐渐让步了，这是因为烟草消费已创造了一个令人垂涎的市场；同时，欧洲人也对土著人的烟草种植技术进行了吸收和改良。古巴无疑是最早种植烟草的地方之一，尽管关于烟草种植的可靠证据直到 17 世纪初才出现，但这很可能是因为种植被禁止了一段时间。起初，烟草只是种植作物中的一类，但首次明确提到其种植的记载便已经指出其种植日益专业化，尤其是来自加那利群岛并定居在冲积土地区中的移民的种植技术。冲积土又叫天然烟草田，因为它特别适合茄科植物生长。市政会记录下了当时反复发生冲突的情形，而这群农民——被称为"烟草农民"，入侵赏赐的牧场和饲养场是造成这些冲突的根源。然而，王室看重的是这类作物带来的可观的收入——特别是在 1636 年伊比利亚半岛引入烟草专卖店之后，因此，最终他们将支持的天平向"烟草农民"倾斜，这些农民的居住地和种植劳动便开始受到政府的保护，同时他们种植的作物为皇家财政部所购。17 世纪下半叶，烟草种植已经遍及岛上的各个地区，且烟草出口量通常占古巴总出口量的五分之一。

整个 17 世纪，西班牙国家实力的明显衰退对古巴产生了显著的影响：舰队出航中断，有时甚至中断很长一段时间；维持防御的驻军也中断了，因此岛屿极易遭受海盗和特许海盗的袭击。无疑，这两种情况都会影响社会经济的发展，因此，按照传统的历史概念，这一时期已被定性为危机和停滞的时代。虽然这个标准并非毫无依据，但它显然忽视了最近的研究中所突出的一些事实，例如不断增长的跨殖民地间的贸易取代了舰队的运输，在某些年份，这种情况占到哈瓦那港口海上活动近三分之二的比重；同时，随着利润丰厚的走私交易不断扩张，该国的多个地区也从中获利。因此，虽然 17 世纪看起来黯淡无光，但实际上却是有所增长的，尽管这种增长是缓慢且无规律的，但也足以证明古巴经济和社会中的某些基本特征。其中一个特征便是地区的差异化，随着舰队的发展，哈瓦那地区取得了令人瞩目的进步，而这种进步也将加剧在古巴史上一直存在的不平等。

其实，甚至早在哈瓦那被指定为帝国贸易的强制性中途停靠站之前，第一批城镇相互之间的差异就已经显现出来了，在很大程度上，这是由于每个城镇都利用了各自或多或少的优势，通过开发畜牧业来取代已枯竭的黄金开采。巴拉科阿地处古巴岛最东端的偏远山区，其城镇地位很早就被承认，但它同时也是第一个走向衰落的城镇。特立尼达的情况与之类似，事实证明，它的卡西尔达港口作为征服大陆的停靠站是不安全的,而且相对而言,它的村落也比较小,因此被划归到旁边的圣斯皮里图斯。而同样位于中部,自发形成城镇的拉萨瓦纳运气更好,其北部的沿海平原虽然狭窄,但是更适合畜牧业的发展。至于圣地亚哥,虽然周围的山脉不能为其提供空间以养殖牲畜,但是凭借它在16世纪中叶前所拥有的资本条件,以及其中历史更长的主教府,再加上其港口与圣多明各完美对接,圣地亚哥具有了一定的行政地位。然而,从利益的角度看,圣地亚哥最大的资源在于其附近有一个丰富的铜矿床,起初,铜矿被大量开采和出口,同时,铜也被一家在哈瓦那运营过一段时间的大炮铸造厂所使用。尽管如此,圣地亚哥最后还是失去了其优势地位,因为同时期的一些邻近的城镇,比如旁边的巴亚莫,它地处广阔的考托河流域大平原的中央,拥有发展畜牧业的最佳位置。作为内陆城镇,巴亚莫还受到了一定的保护,在某种程度上它可以免受海盗的袭击,而河流运输也能使之同时与外界保持水体交换。而太子港就没有这种资源,并最终决定放弃其最初所在的沿海位置,以换取"内陆"的安全地带和天然牧场,这个牧场位于一片平原之上,特别适合养牛。圣斯皮里图斯也有类似的优势,但交通更便利,其市政会在土地占有过程中充当主导者的角色,而这主导地位也只有哈瓦那和巴亚莫的市政会才比得上;在不到一个世纪的时间里,圣斯皮里图斯人几乎遍布整个岛屿的中部，但也损害了邻近实力较弱的拉萨瓦纳和特立尼达镇的利益。

在商业活动方面，没有任何一个城镇比得上受到舰队恩惠的哈瓦那。舰队不仅代表着与世界新生市场直接且相对规律的联系，而且还为哈瓦那的生产商和商人提供了全美洲最低的运费。哈瓦那蓬勃发展的经济也为其他城镇提供了机会——尤其是岛屿中部的所有城镇。无论是在当地市场上贩卖，还是通过舰队进行出口，这种买卖流通都意味着要在岛上走过困难重重的路，或者要承担海上航行所带来的更大的风险。因此，这些居民毫无例外地进行贩卖交易，这是当时走私的委婉叫法，而哈瓦那人对于走私这种非法活动也没能完全置身事外。

供应不足和缺乏监管，使得岛屿东部和中部的居民变得活跃，他们成为部分外国商人忠实可靠的商业伙伴；在沿海地区，常常可以看到海盗和特许海盗变成走私者。贸易的蓬勃发展有赖于许多人的参与，比如牧场主、农民、商人，以及民政和教会当局的支持。皮革变成了当之无愧的"贩卖货币"，除此以外，还有其他产品，如咸肉、可可、烟草，因为烟草重量轻且价格较高，特别适合这种地下交易。17世纪初，与异教徒及敌对分子进行贩卖交易盛行，对这种状况的容忍甚至引发了一个政治问题。虽然走私在所有的城镇都有发生，但在巴亚莫发生的比例却高得离谱，以至于在 1603 年，都督佩德罗·德·巴尔德斯（Pedro de Valdés）派了他的一名副官到城镇去遏制这种态势，并起诉相关人员。事实证明，被告发的人几乎都是市政会成员，且其中很大一部分是教会人员和农场主，这些人非常多以至于没有足够的监狱可以容纳他们，因此只能将他们带到哈瓦那。后来在乡村发生的暴动，实际上是巴亚莫人在设法推迟都督副官的出发，以便争取必要的时间让圣多明各法庭撤销案件。情况就这样一直失控，直到数年以后在一次混乱事件中，一名法国特许海盗决定绑架正在该地区作访问的古巴岛主教胡安·德·拉斯·卡贝萨斯·阿尔塔米拉诺（Juan de las Cabezas Altamirano）。这让人猜测是两人在生意上发生了矛盾——而不应该假定主教在其中完全清白。在此情形之下，巴亚莫人丧失了镇定，对这名特许海盗及其大部分船员发起进攻并将他们杀死，这一武装事件在西尔维斯特·德·巴尔博亚（Silvestre de Balboa）的诗歌——古巴文学的奠基之作《忍耐的镜子》中得到了赞美。虽然"这片土地上的人"——正如巴尔德斯都督这样称呼这些出生在岛上的人——这些在某种程度上可靠的人，暂时获得赦免，王朝最高当局决定采取措施以确保更有效地控制他们的殖民地，而随着欧洲其他大国在加勒比海地区设置军营，占领了安的列斯群岛中的几个小岛，甚至旁边的牙买加岛，这项任务变得愈发复杂。

所幸，当时所采取的措施并没有沿袭伊斯帕尼奥拉岛荒谬的做法，即放弃部分岛屿领土，而是更加明智地选择将古巴从1607年起分为两个政府：东部直至太子港的地区由古巴圣地亚哥都督管辖，而该岛的其他区域则继续处于哈瓦那的统辖之下，哈瓦那省长保留最高权力。这项决策给东部地区的管理赋予了一定的自主权，除了能够进行更有效的管控，这片地区也得到了更好的保护和照顾，但由于两个当局的职权范围并没有得到明确的界定，该决策也成为当局之间经常发生摩擦的根源。

社会：组建与发展

岛上的人口自16世纪中叶触底之后，便开始以一种缓慢而持续的方式实现着增长，在17世纪初达到2万人，并在世纪末达到了大约5万人。其中一部分居民，某些时候甚至可能有一半居民都居住在哈瓦那，但所有城镇的人口增长都很明显，尤其是圣地亚哥，1607年政府分离之后，该地区人口的增长速度加快了。巴亚莫成为该岛第二大人口集中地，其人口增速和其他城镇相近，虽然其中一些城镇的增长速度较为缓慢，但所有城镇的人口增长都呈上升趋势；此外，人口增长也促使新城镇的产生。除了那些已有的由土著人村落形成的城镇以外，17世纪末，在马坦萨斯省，圣卡洛斯在与其同名的海湾沿岸建立,此外,还有位于岛屿中央,从雷梅迪奥斯小岛中分离出来的圣克拉拉城。

这样的人口增长很难在自然条件下实现,因此,在这个进程中,具有决定性影响的是移民的输入。白人移民几乎全部来自伊比利亚半岛,但值得注意的是,他们并不仅仅是西班牙人,葡萄牙人也占了很大的比例——可能约有10%,这发生在葡萄牙王国与西班牙联合的数十年里。由于塞维利亚和加的斯垄断了通往美洲的出口,因此,在西班牙裔人口中,安达卢西亚人所占的比例最大,但从17世纪下半叶开始,就被加纳利的人口超过了。根据哈瓦那教区记录的内容可以推断出,在17世纪中期,来自加纳利群岛的居民占了该市总人口的20%,在后期,这个比例还会上升,而这些人主要生活在乡村。在乡村,这些来自加纳利的移民常常以家庭为单位,他们是种植烟草的农民的主要人口。此外,必须注意的是,这些欧洲移民不仅来自旧大陆,也有一些是从美洲的其他殖民地顺着舰队路线迁移过来的,且至少有一次大规模的迁移浪潮;而在1655年英国人征服了牙买加之后,岛上大约有3 000名居民搬到了古巴,几乎所有人都住进了东部地区。

另一项重要的人口贡献是非洲人的被迫迁入。正如上文提及的那样,岛上黑人奴隶的引入始于西班牙的征服,尽管根据最初几十年殖民地的迹象显示，非洲移民的人数似乎非常有限。自1595年国王费利佩二世让位给葡萄牙的佩德罗·戈麦斯·雷纳尔（Pedero Gómez Reynel）之后，奴隶贸易才有所加强和变得正规化，但在当时和后来的文件中，从周边地区不断抱怨劳动力短缺的情况来看，古巴似乎从来没有成为"黑奴贩子"相中的目标发往地。若是想对这些年居住在岛上的非洲人的数量进行统计，这无疑会非常困难，但如果就哈瓦那而言——哈瓦那无疑是奴隶人口最重要的集中地，在这里，奴隶人口一直保持着增长，从1540年的大约200人到一个世纪后的将近9 000人，这个数字包括了数量相当多的自由黑人和黑白混血儿。在对应葡萄牙贩子的交易区里，这些奴隶大多数来自非洲的中西部沿海地区，而且主要是班图[①]人。

自17世纪中叶以来，人口增长受到了反复发生的流行病的影响，这主要是因为定期的物资输送所带来的额外的人员流动。在1651年至1654年间，三次连续爆发的黄热病侵袭了哈瓦那人，情况极其严重，以至于哈瓦那可能失去了一半的欧洲人口。在此前和此后，都出现了关于天花症状的记录，还有它所带来的毁灭性影响。面对这样的致命性事件，有时甚至还会进入危急状态，

---

① 非洲最大的土著群体。

而由于岛上人口的性别结构比例不协调，出生率无法维持在足够高的水平以补偿人口的损失。在殖民统治的最初几十年里，古巴的白人妇女数量很少——尽管其中一位女性的地位很重要——即接替其丈夫赫尔南多·德·索托成为岛屿都督的伊莎贝拉·德·博巴迪利亚（Isabel de Bobadilla），而这一点也同样发生在黑人妇女身上，因为通常来说，奴隶贩卖都会优先选择男性奴隶。很长一段时间以来，王室都禁止妇女单独从西班牙出行，因此，在早期的殖民地里，大多数妇女都是作为士兵或政府官员的家属来到殖民地，而这部分妇女很可能不到白人人口的10%。到了17世纪，移民家庭数量有所增加，情况才有所改善，这是印第安人理事会为了使人口更均衡而推动的一种趋势。然而，岛上的驻军也越来越多，这同时也继续加剧了人口比例的不均衡，特别是在哈瓦那，其中的流动人口基本上是男性。可以想象，对于这些人口缺口的弥补并没有停止，前期是土著妇女，后来则是非洲女性奴隶，由此一来，早期的种族混血便开始了。在大部分情况下，这些结合并没有产生稳定的家庭，但是在岛屿早期的寡头统治中，不止一个杰出人物出自征服者的印第安人性伴侣。

在征服大陆引发的人口外迁以后，留在岛上的定居者成为殖民社会的基础。在这个群体中，印第安人保持着从属地位：他们作为劳动力的重要性逐渐消失，并被黑人奴隶取代，黑人奴隶则成为岛屿新生经济中的关键性要素。殖民地的人群构成根据各自的出身情况被清晰地划分，不仅是阶级或者阶层的差异，性别、种族或者宗教信仰也被作为参照的标准。更有甚者，出色的人群，也常常区别于自力更生的"主体"人群，而"主体"人群又按照他们的行业或者职业进行区分。在第一批居民花名册中，黑人奴隶通常不被视为居民人口的一部分，而那些获得自由的——或称为"自由的奴隶"显然也不在名册之内，尽管他们可能以一种无差别的形式被纳入了"贫困居民"之中。

  人口下降使得主要的居民集聚成了小群体，这些居民群体在市政会的管控下产生，并利用这类机构的特权为自身谋取利益。土地赐封是殖民地精英群体形成的决定性因素——在哈瓦那，将近三分之二的赏赐土地被分给了四个家族，而家族的延续主要是通过慎重的联姻来实现的，联姻旨在维护家族的团结和权力，同时促成最有利的结盟。虽然当时同族通婚盛行，但是寡头政治集团并不反对与地位显要的移民结合，尤其是军人和王室官员，甚至是一些成功的商人。随着哈瓦那服务业和制造业的发展日趋成熟，对于这些新成员的接纳，同时也是某些商人社会地位提升的表现，这在哈瓦那尤为明显。即使土地和奴隶是贵族身份不可或缺的标志，但贸易能使农牧场主具备他们时常缺乏的支付能力。

精英阶层不从事任何体力劳动，体力劳动甚至被认为是不光彩的。这一特征使之与其他白人群体有着明显的差异，白人群体中的手工艺师、农民、商人、记录员和仆人都必须通过自己的劳动来养活自己。他们建造和装饰房屋及堡垒，造船和制造日常生活中必不可少的家具用品，同时也带来了手工业的蓬勃发展。他们显然属于城市群体的中层，但又与处于行业巅峰位置的手工艺大师有着明显的区别。而紧随其后的是工匠和学徒，在这个群体中，有越来越多的自由黑人甚至是奴隶加入。随着商品农业的诞生，在城镇的周边一群小型的农村地主和佃农开始出现，这尤其体现在烟草种植上，但后来，这些人群慢慢往中部靠拢以寻找更适合的土地和天气条件。早期农民的社会形象在17世纪下半叶已经非常清晰，这个群体多数由穷人组成，但随着时间的推移，其中的一部分人能够积累一定的财富。

在这个复杂多样的社会结构下，处于最底层的是奴隶。城市和军事建设，造船以及大量的劳役所使用的劳动力都出自奴隶。在乡村，奴隶会被优先安排到甘蔗园，人数虽然只有一二十人，但是从一开始他们就要负责各种各样的活儿，甚至包括到牧场看管牲畜；此外，在烟草田里也能看到他们工作的身影，因为即便种植烟草的主要是自由人，但是较富有的烟草田主人还是会配一个仆人。劳动力的长期短缺致使产生了堪称罕见的奴役剥削方式，比方说，在某些活计或工作中，黑人被出租或按日计工资，也不排除在年幼或者很年轻的时候就被派去当学徒，以掌握一门手艺。由于工作内容范围广，而且有时候地域分散——无论在农村还是城市情况都一样——关于奴隶的劳动制度会体现出某种程度上的自主性，那些认为奴隶制只是奴隶替大片农场干活的人会对此感到惊讶，但即便如此，也不能从中推断出奴隶不会受到体罚或者其他粗暴的对待。无论如何，这些情况都有利于解放奴隶，而这种解放更多是通过奴隶赎回自己的自由来进行的，而不是因为他们的主人仁慈。就这样，一个由自由的黑人和黑白混血儿组成的阶层慢慢形成了，这些"自由奴隶"最终占据了城镇人口很大的比例，特别是在哈瓦那；除了形成一个重要的手工艺中心，其中一部分人还被授予土地，甚至获得奴隶。

奴隶身份与非洲黑人表型[①]之间产生联系的过程，和在大西洋群岛以及新世界建立奴隶制的过程是类似的。想要确保对个体的控制以使之服从，需要的不仅是强制性力量，还需要对被征服者施加心理压力，让其感受到屈辱，并且为他们所受到的压迫提供道德依据。这就是"种族"这个概念产生可悲意义的过程：先

---

① 表型：又称表现型，是指具有特定基因型的个体，在一定环境条件下所表现出来的性状特征的总和。

是通过了强化规范非洲人的从属地位的条例和法令，同时又在复杂的殖民地社会结构中对他们加以特殊区分。

随着经济的增长，社会差异不断扩大。以寡头家族为首，他们的富有程度开始显现，并体现在生活方式上。他们开始用石头建造房屋，甚至建成了一些两层楼的带有安达卢西亚风格的中央庭院；同时，从他们的嫁妆和遗嘱中可以找到更为高雅的家居用品，其中不乏银制的餐具和刀具，也不乏壁毯和雕刻家具。除此以外，他们还拥有家仆，包括管家、马夫和大量奴隶，从中甚至还能发现音乐家，就像四个黑人——"和他们的笛号一起"——在 16 世纪末由哈瓦那最有名的王室代表胡安·雷西奥（Juan Recio）购得。想要提升社会地位，必不可少的一步是取得"贵族"身份，这一身份可通过为王室提供服务获得，不仅包括服兵役、提供社会服务，还包括提供资金服务——虽然这同时也需要纯正的门第，且不含犹太人、摩尔人或者黑人血统，以确保家族历史无可非议。

随着城镇的繁荣发展，各种规模的市政寡头开始利用具有象征意义的精良军械来显示自己卓越的地位。他们出行改成骑马或坐轿子，在 17 世纪末之前便已经可以看到马车了，同时，他们也会借此机会展示其精挑细选过的服装、武器和勋章。此外，他们还越来越频繁地要求获得应有的对待，包括一整套复杂的仪式，有典礼性的、荣誉性的和表敬意的，甚至最终要求在其名字前面使用"堂"①，也有人要求得到"阁下"的高贵地位。明确地重视每个人所处的地位，意味着社会等级划分的逐步建立；在哈瓦那，寡头政府设法将黑人和黑白混血儿的群体排除在大教区教会之外，而随着居民根据各自对应的阶层搬迁到那些辅助性的教区，城市的分区化也更趋向清晰。这些区别在黑人身上表现得很清楚，例如，在1573年由阿隆索·德·卡塞雷斯（Alonso de Cáceres）法官提出的第一批市政法令中，就有十多项条文用于限制和规定黑人奴隶及自由黑人的行为；对于黑人奴隶，无论他们享有多大的自主性，实际上在任何情况下都体现不出他们的自由，而且在任何环境下，自由黑人和白人拥有一样的地位这一点都不会被承认。

  经济发展和社会分化使得最富裕的阶层提出了一些教育和文化需求，这一点体现在哈瓦那和巴亚莫的市政会对王室代表子女雇用语法教师的支持上，而哈瓦那市政会为了实现该目的最先投入了200杜卡多币。尽管如此，由于受到因日常生活所需物资匮乏而强制推行的实用主义的影响，16和17世纪中可感知的文化表现形式往往很简单，但并不一定很普通。在提到过的一首诗——

---

① "don"，西班牙语，对尊贵男士的敬称。

《忍耐的镜子》中不难发现，遣词造句或者说部分造型艺术的改善空间很大；其中，造型艺术的发展似乎并没有超越某些船只要求的装饰——来自某个技艺精湛但鲜为人知的金银器同业公会的全银丝细工技术，又或者说是教堂的装饰需求有限。教堂的特点是简单，以至于其中那些最突出的装饰都难以与墨西哥或者秘鲁村庄里经未成年人装饰的寺庙相媲美，然而，如果认为这是制度落后的表现，无疑是一种错误。

除了物质性表现之外，岛上教士还形成了一个社会地位无可置疑的组织，17世纪中叶，仅仅在哈瓦那就有100多名修女及200名修士和牧师。但这与大陆的情况不同，在古巴，既没有印第安人需要教化，也没有社群需要保护，而教化黑人信奉基督教，只需要使用领洗池[①]就能轻松解决。当然，教会在岛上也为帝国提供精神层面的帮助，只是这个功能是以一种颇有防御意味的形式实现的——这个过程在它的围墙里进行，正如殖民地本身就在堡垒里一样。教会权力的物质性表现不仅可以在教堂看到，在修道院中也有所体现。在哈瓦那的一些修道院——比如圣弗朗西斯科修道院和圣克拉拉修道院——规模宏大，有相应的建筑提供给

---

① 领洗池：教会中为儿童和成人施行洗礼的储水容器。

主要家族的除长子或长女之外的儿女——这些无法拥有更好的前途或一段好的婚姻的人。此时，宗教机构的发展无疑是显著的，还带有一定的教育性质，修道院不仅是实现灵修的地方，还是教授语法、神学、修辞和哲学的地方。伴随着教区的阵阵钟声，社会生活普遍发展起来，同时，宗教庆祝活动促进了最有意义的文化表现形式的进步，而祈祷也开始有了当地的色彩。世俗教士的富有程度甚至与一些机构相当，因为他们负责管理由精英阶层人物遗赠的丰厚财产，以供举办弥撒和作为宗教基金使用。教会所取得的社会影响力，加上其不同的——有时是不顺从的——世俗和宗教机构，使教会成为西班牙君主国在 17 世纪不同时期为实现集权化而努力的目标。在进步和倒退的交织中，这些有计划的尝试最终在 1680 年的一次教区宗教会议中取得了成功，该会议规范了——有人认为是堕落的——神职人员的生活和习惯；而之后建立的教区网络则以一种更有效的方式去支持和更好地"管理"岛上的灵魂。

随着当地寡头政府经济实力的增强，他们对于市政会的控制也不断加强。为了达到这个目标，他们推行了一项王室政策，决定将大量的职位进行拍卖，这些职位不仅有王室官员，还包括市政官员。渐渐地，市议员变成了一个永久性的职位，而且市长由他们选举产生，如此一来，居民便逐渐不再参与到城市管理之中。

此外，主要家族的后代在宗教领域内获得相应的晋升，也进一步助长了在当地明显形成的权力垄断的趋势。尽管精英阶层依然忠于王室，但当都督和其他官员的决定与他们所认为的特权相冲突时，他们会毫不犹豫地跟这些官员作对抗。都督加夫列尔·德·卢汉（Gabriel de Luján）多次向中央当局抱怨城镇中的头领，有一次他抱怨道："负责人很多，而且所有人都想当指挥，没有人服从。"费利佩三世（Felipe Ⅲ）试图结束这种局面，在1621年，他尝试废除市政会赐封土地的权力，但以失败告终，这可能是这些组织具有权力的主要表现；但是，因为西班牙实力的明显衰弱，使之不得不诉诸移民以满足岛国政府的防卫及其他需求，这最终打击了君主实行中央集权的热情，这一点在后来的法令中也得到了证明。法令规定，将原本由王室支配的部分闲置土地进行分配。但是，古巴岛变得越来越孤立，这并不利于权力的集中化，尤其是在1628年荷兰人在马坦萨斯湾成功截获舰队之后，这条至关重要的贸易通道就经常被中断，有时从宗主国派出的船在好几个月里都没有一艘能到岸；面对海盗和特许海盗日益猖獗的袭击，古巴岛只能依靠自己的力量。

　　西班牙已无法保证古巴的物资供应和市场，甚至仅能做出防卫，到了17世纪末，西班牙已在半纵容半忽略的状态下统治着其占领的安的列斯群岛。在这种情况下，形成了一个能显露出特有的身份特征的社会。都督和其他当局官员多次抱怨和抨击"这片土地上的人":"他们为命不从","如此为所欲为","他们不服从王命"——以上记录都可作为证明。做出类似举动的还有掌管土地和灵魂的人,这也是些保护殖民地的人,他们的举动清晰地证明了岛上土生土长的人担当着关键的社会角色,人们开始称他们为克里奥尔人[1]。

---

[1] 这里特指出生在拉丁美洲的白种人。

-3-

克里奥尔人社会

18世纪的历史,是由西班牙的改朝换代拉开帷幕的。国王卡洛斯二世(Carlos Ⅱ)没有后嗣,在他去世后,法国国王路易十四(Luis ⅩⅣ)的孙子费利佩五世(Felipe Ⅴ),在统治法国的波旁王朝和统治奥地利的哈布斯堡王朝之间的继承斗争中登上了马德里的王位。这场斗争对欧洲的势力平衡造成了非常严重的后果,并引发了一场牵涉很广的军事战争,和往常一样,它所产生的影响蔓延到了加勒比海地区。对于后来摧毁了该地区的一连串长达整个世纪之久的战争而言,这场斗争仅仅是打响了第一枪,其中经济动机比以往任何时候都要明显。在这种环境的影响下,再加上西班牙宗主国采取了更为积极的政策,古巴的克里奥尔社会已经充分成熟。

波旁王朝的重商主义

随着国王登基迎来新王朝,西班牙迈入了一个以新型重商主义政策为基础的现代化进程,旨在重振帝国的经济并更好地利用财政实力。借鉴科尔伯特在法国的经验,西班牙在推动和保护那些能为其带来贸易顺差的项目上发挥主导作用,因为在那时,对外贸易被认为是财富收入的主要来源。这意味着殖民地的地位得到了提升,殖民地的经济必须能够为宗主国注入活力并确保为其生产的产品提供市场。

1702年,西班牙舰队被英荷联手击败的灾难性经历成为国内老一套贸易体系改革的决定性动力:中央贸易局最终被转移到加的斯,负责对海上航线进行复查修正,即对运输船队的职能进行规范,同时加强海军实力,以便为商船往来提供最有效的保护。随着帝国贸易越来越容易遭受其他欧洲列强的压力,这些措施的最终目的是始终保持其贸易制度的排他性。在发生王位冲突之时,西班牙与法国的结盟已迫使美洲对法国几内亚公司开放港口,并准许该公司将奴隶和部分其他商品引入美洲;而此时,英国以结束继承战争为由要求签署条约,其中一项条款是强制规定将开放港口这个特权转给其南海公司。严格来说,获得这一特权相当于获得贩卖黑人的"资格",但是英国人却借此机会设法拓展其商业活动,并有组织地从其繁荣的加勒比海地区殖民地开始,开展新一轮更为激烈的走私。正如在重商主义的观念中,所获得的收益取决于对各种权限的放行程度,西班牙试图采用特许公司的方式,将漏洞封锁在其可操控的贸易壁垒之中,作为一种实现垄断的更为灵活的手段。

波旁王朝的政策在古巴有广泛的应用。18世纪初,古巴岛已经不再只是一块具有战略意义的飞地①,其经济活动也呈现出稳步上升的状态,这引起了庞大的西班牙帝国对该岛潜力的特别关注。在条件允许的情况下,王室对殖民地政府进行了重新安排,使其具有明显的集权化趋势。1715年,王室颁布了一项敕令,任命了一位国王中尉以取代都督,如此一来,就排除了在岛屿政府管理缺位时由地方当局行使管理权的可能性,同时批准执政者享有军权;一段时间之后,这项措施扩展到主要城镇,体现在任命都督时让其权力高于市政会。1729年,市政机构的权力进一步被削弱,它们赐封土地的权力被废除;同时,随着邮政服务的出现,中央政府的行政职能不断扩大。

---

① 飞地:隶属于某一行政区管辖但不与本区毗连的土地。

在经济领域的集权化举措也同样重要。古巴蓬勃发展的烟草生产最先吸引了王室贪婪的眼球。按照标准，部分特别有利可图的生产活动应纳入王室的管控之下，因此，西班牙的烟草生产早已陷入停顿，并委托给了特权公司进行管理。由于古巴烟草公认的质量和 18 世纪头几年出口高峰所带来的生产热潮，哈瓦那和马坦萨斯地区已经拥有大约 20 万家鼻烟厂，这使政府相信 1717 年是将烟草专卖店的管理规定传到古巴的最好时机，此外，政府在这项具有巨大利益的商业活动中，将垄断权授予皇家烟草厂。此后，皇家烟草厂将确定烟草生产的价格和数量，生产的烟草则交由皇家财政部——即作为新西班牙的赋税，并将其出口到西班牙，以便在塞维利亚的皇家工厂中进行加工。由国家经营的这家公司在特立尼达、圣斯皮里图斯、巴亚莫和古巴圣地亚哥均设有办事处，虽然公司不得不从烟草农民手中购买烟草，但都仅限于先前已经固定好的数量和价格；而对于多出的量则一律禁止农民出售。通过皇家烟草厂，王室力求达到多个目的：将原材料控制在相对较低的价格，然后提供给伊比利亚半岛的工厂；设定产量上限，以免外流后以不同的方式助长竞争对手的实力；最后，消除古巴烟草制造业发展的任何可能性，即古巴的任务仅限于供应原材料。

这种垄断的倾向，很快也体现在贸易领域。继 1728 年成立皇家加拉加斯吉普斯夸公司之后，皇家哈瓦那贸易公司也在私人投资者——哈瓦那人、加的斯人以及王室成员的参与下于1740年成立。新成立的公司享有烟草出口的特权，以及糖和皮革销售的独家经营权，同时还拥有进口垄断权。为了换取这些权利，公司负责将军队转移到美洲，建造船只用以供给皇家海军，并承担在该岛沿岸打击走私的责任。为替代日益失效的舰队体系而出现的皇家公司，其贸易企业的身份带来了各种矛盾的结果：糖的出口可能得益于公司贸易的流通，因为最终对其开放了出口权并扩大了出口量；然而，烟草的销售却从来没有满足皇家工厂的需求，也没能满足古巴岛的市场需求，此外，供应古巴岛市场的通常是质量很差的进口产品，且这些产品也供应不足。哈瓦那公司按照最为落后的重商主义的标准运行，它试图通过限制供应来抬高价格，这可以从它在哈瓦那出售面粉桶一事中得到证实，其面粉桶的出售价是从西班牙买入价格的7倍。这种做法带来了异常丰厚的利润，以至于公司能够在很短的时间内将其初始资本翻倍，同时分配高达33%的年度红利，然而，这也成为限制经济活力的一个因素，虽然从资本积累的层面上看，哈瓦那的投资者能从该机制中受益，但从长远来看，这会限制当地经济的增长。

这就是古巴经济在18世纪上半叶所处的环境。尽管受到垄断的限制，但是对外贸易的正规化刺激了商业化农业的发展，从而也影响了农业结构。货币关系的扩散则成为对新现象的一种相当直观的表达,因为货币逐渐取代了"赋税"和租金的支付方式。在市政会赐封土地的职能被废除之后,关于土地"构成"的机制由哈瓦那高等审计法院的一个下属机构确立,同时财产合法化的要求被提出,田产的边界也开始得到更清晰的划分。显然,在农业领域,烟草和甘蔗这些作物的扩张以一种更直接的方式对陈旧的所有权形式施加压力,但是牧场自身通过出售肉类和草食动物而呈现出了更新型的、力度更大的开发形式,通常是通过走私到牙买加、巴巴多斯和加勒比地区的其他欧洲殖民地开办的农场。

在18世纪的前几十年,烟草种植是最具活力的收入来源,遍布马坦萨斯、雷梅迪奥斯、特立尼达、巴亚莫甚至是马亚里东北部的冲积平原。在某些情况下,烟草农民能成功占领这些田地,尽管在西方最常见的是对庄园主和教会的租赁,或对已登记在册的土地进行开发。烟草种植的鼎盛时期提升了烟草农民在殖民地经济中的地位,但地位提升得更多的是商人和地主——有时候这些身份会集中在一个人身上,即那些作为中间商、开发工厂加工大批量烟草的人。

17世纪,制糖通常以手工的方式在小型糖厂进行,由于商业活动的适度复苏,制糖业开始从死气沉沉的状态中振作起来,不仅糖的出口被准许了,某些公司还在奴隶的购买上提供了更多的便利：起初是几内亚公司的当地"代理商"，后来是英国南海公司。最近的研究显示，在启蒙运动中期，为甘蔗园服务的奴隶人数呈现了小幅度的增长，平均为 18 人，然而，当时存在某些工厂——特别是那些由耶稣会经营的工厂，奴隶数量高达 100 多个。类似地，内陆的在营糖厂的数量也从 1690 年的大约 70 家增加到 1758 年的约 300 家，而在 1758 年，皇家哈瓦那贸易公司船只的运载能力已完全不足以将大约 6 000 吨的糖从糖厂运往哈瓦那港口。尽管与其他安的列斯群岛相比，古巴的糖产量依然非常小，但贸易的规模和使用的技术都表明其具有的生产潜力有待更好地利用。

如果说，由第一代的波旁王朝君主所推动的商业活动管理重组和正规化使经济增长恢复了活力，那么政府的集权化和苛刻的商业垄断则扼杀了经济活力。虽然古巴岛政府从皇家财政部处取得的收入依然高于其税收金额，但王室还是能感受到财政压力增大带来的影响，这可能不在于税收额的大小，而是因为税收的执行效力有所提高。贸易的垄断和在其庇护下蓬勃发展的交易往来给古巴岛带来了日益沉重的负担，居民不仅在农产品出口上受到更大的限制，而且长期面临着供给短缺的困境。如果我们认为古巴圣地亚哥居民的抗议是正当的，那么当地的贸易流通就不会按照这种方式进行，因为贸易是受皇家公司代理商支配的，但是代理商并没有将奴隶带到该地区，而只是在城镇的商店里供应"破布烂衫"①。众所周知,面对这种不公平、不对等的局面,走私是最好的解决办法。这些年来,非法贸易在更为稳固和清晰的基础上重燃生机,整个地下网络将该岛的中部、东部地区与牙买加、法属圣多明各甚至13个英属北美殖民地连接起来了。在南海公司的业务受到法律保护的情况下,将奴隶贩卖到沿海的任意一个偏远地区,其价格可能只是贩卖到哈瓦那的价格的一半或三分之一。在这个走私网络的覆盖之下,克里奥尔的生产商和消费者不仅与外国殖民地建立起联系,还接洽到加勒比地区中主要的西班牙资产,由此打通了一条商品通道,从而摆脱了波旁王朝的横征暴敛。如果当时的估算准确,那么,在18世纪中叶,有将近一半的古巴产品被走私出岛,其中包括大约三分之一的皮革和超过60%的烟草。

为了对殖民地资源进行更有效的控制,王室在政府和皇家公司"海岸警卫队"所管辖的范围内不惜动用一切手段打击走私,但这种干扰并不足以遏制非法交易,更确切地说,反而刺激了其发展。无论从什么角度看,国家所采取的这种做法绝不是新颖的,它只是相对有效地扰乱了非法交易的秩序,与其过往几十年的视若无睹形成明显反差。政府想要实行更有序的治理,即使同样带

---

① 借此暗指奴隶。

有强权掠夺的性质，实际上却是以牺牲生产行业的利益为代价来使商人受益，同时在无视国内其他城镇利益的情况下给予哈瓦那更大的特权，因而挑动或加剧了社会的矛盾，社会也随之变得越来越复杂。

社会生活：进步与冲突

即使古巴经济增长有限且财富的分配极不均衡，但经济的发展还是有助于界定各种往往很不一致的利益。对于岛上的许多人来说，波旁王朝的政策无疑是带有强权掠夺性质的，因此，他们不仅没有对君主表示出忠诚，还毫不犹豫地表达了自己的不满。在皇家烟草厂成立后不久，烟草农民的反抗最为明显。事实证明，新制度会影响他们的收入，这引发了位于中部的阿里玛奥、古巴圣地亚哥以及该国其他地区的烟草农民的起义，而在哈瓦那的起义规模最大。1717年8月，大约有500名武装的烟草农民冲入城市，高呼"费利佩五世万岁，打倒万恶的政府！"在占领城市三天之后，他们就引入烟草专卖店一事进行声讨并迫使都督文森特·拉哈（Vicente Raja）和皇家特派使返回西班牙。面对这种情况，马德里的回应是任命另一位态度更为强硬的将军——格雷戈里奥·瓜佐（Gregorio Guazo）顶替都督一职，并带领一支数量庞大的增援部队前往当地驻守。这位新任统治者在实施垄断措施上表现出一定的灵活性，最重要的是，他准许将剩余的烟草出口至大陆上的其他西班牙殖民地；虽然这项措施不过是权宜之计，因为国家垄断限制了寡头集团从烟草交易中获得的财富收入，但是，这也足以安抚那些鼓动起义的中间贸易商和厂地主人。在这种环境下，1723年，烟草农民再次起义，他们愤怒地谴责拖欠工钱和企图赊账购买的行为，但农民并没有获得预期中的支持，反而遭受了残酷的镇压；在击溃了叛乱分子在哈瓦那郊外的抵抗之后，瓜佐处决了11名造反的人，并将他们的头颅置于城门之上示众。虽然烟草农民的起义并非带有分离主义的意图，但是此次事件作为古巴与宗主国之间利益分歧的原始证据，已刻在了群众的印象当中。当身份认同和情感开始呈现出地方性时，加强哈瓦那特权的集权化手段必然会强化区域主义的表达。在古巴圣地亚哥，对于皇家公司滋生事端，市政府表达了它的不满；而在太子港，居民挟持了都督并将他送往哈瓦那，这一举动引起了政府的反击，政府将部分叛乱分子驱逐出境。至于奴隶的反抗，在很早之前就以逃跑和逃亡的形式出现；此外，在这个阶段，重大的爆炸事故也被记录了下来。最具影响力的起义无疑是1731年在古巴圣地亚哥周边的铜矿中发生的那一场。作为"国王的奴隶"的这些工人，大多数都享有某些特权，而圣地亚哥都督企图从他们手中剥夺这些特权，因而激发了工人反抗，在藏匿于附近山区的逃亡者的支持下，他们占领了矿区小镇并驱逐了地方当局。有一支平息反抗的军队被派来支援，于是这些"铜矿工人"撤退到周边山区，在那里他们开始了顽强的游击战，一直到主教佩德罗·莫雷尔·德·圣克鲁斯出手调停，才使这些奴隶重新回到原来的工作环境中。在哈瓦那的制糖业中，劳工强度的不断加大虽然促进了生产力的发展，但同时也导致了部分甘蔗园秩序混乱，甚至引发反抗，例如1726年，当时哈瓦那正遭受着来自英国舰队的威胁，与此同时，在城市东南部的甘蔗园中发生了多起暴动。

克里奥尔寡头集团，特别是在哈瓦那的部分，尽管对王室的集权化倾向表示出各种不满，但他们通常都会选择采用一种妥协的方式以保全自身的利益，这一点在与烟草农民的冲突中表现得很明显。这些当地的寡头有着不容轻视的谈判能力，他们会设法表现出对于缓解日益增长的财政压力的支持，一种方法是通过接受新的税收政策以换取部分其他税收条例的废除——比如糖的出口权的加速开放；又或者在适用条件上施加影响，就好比奴隶的人头税，这一项税从未按照当初设想的方式付诸实践。这群哈瓦那的"显贵"所拥有的独特能力还体现在他们用垄断方式与王室家族建立起的皇家贸易公司。由于这些年战事连连，经常需要使用军事服务和资金服务，因此，他们与王室的联系变得紧密起来，后来，这些联系开始被转化成贵族头衔，授予或出售给那些哈瓦那市政会中最杰出的成员，或者经证实具有忠诚度的官员和部分成功商人。如此一来，一批特殊的克里奥尔贵族被冠以侯爵和伯爵的封号，其贵族式的傲慢不仅使他们的生活方式变得相当奢华，还赋予其宅第持久的建筑表现力，这些宅第与修道院和堡垒相组合，构成了殖民地首府的整体形象。

　　市政精英不仅清楚地意识到他们的利益所在，同时，他们还具有一定的能力去捍卫这些利益，并且相应地实现了自我价值并显示出其社会地位的优越性。先是在哈瓦那，那里几乎所有的寡头集团都有关联，而且具有相似的出身，他们构建了一种共同的身份，形成了某种一致的目标意识，这种意识在市议员何塞·马丁·费力克斯·德·艾瑞特于1761年完成的作品《通往新世界的钥匙和西印度群岛的堡垒——哈瓦那载述：关于建立、发展和实况的概述》中得到了充分的体现。这本书梳理了城市的历史，曼努埃尔·莫雷诺·弗拉希纳尔斯如此评价：这并不是事件和景观描述的一个集合，而是城市人民的记忆。作品中的历史先是重现了居民的美德和成就，也不忘突出他们与伊比利亚半岛的西班牙人的区别。简而言之，这是一段关于"家乡"——这是个艾瑞特反复使用的词语——的历史，并强调了这个克里奥尔人的聚居地——位于哈瓦那和其他城镇，作为"出生地"的概念，其范围上并没有超出辖区界限太多。市政府作为土地所有者的权力中心，对应最重要的是归属感。克里奥尔寡头集团通过市政会行使其政治和法律权威，并利用教会掌管人的灵魂；基于对乡土的依恋和对家园的责任，以及保护这片地方和提升地位的需要，克里奥尔人的身份意识在18世纪上半叶已发展成熟。在两个世纪以来的殖民经历中，随着岛屿的土地被占领，逐渐出现了克里奥尔人——包括白人、黑人或混血儿——这是有别于西班牙人或非洲人的新人群。在哈瓦那、巴亚莫或圣地亚哥，有一种盛行的爱国主义，这实际上是克里奥尔人的一种情感表达，寡头集团在区域社群中的其他成员中提倡这种情感，以便在拥有共同利益的基础上维护其权威。

　　由于土地是地位和财富的原始表达，拥有土地的人能对辖区的其他成员施加影响，租户、工人或者农场主都与大地主维持着一种依赖关系。这种影响甚至波及在城镇谋生的人——此时大多是黑人和自由的黑白混血儿，或是那些从事贸易的人，而城镇中的"上流人士"则构成了他们的主要客户。岛屿内部的居民坚定地按照传统的生活方式生活，使得这种人际依赖关系变得更加稳固。"普通人"经常被认为是随从或者佣人，他们形成了一个包括贫困白人在内的混合人群，除了极少部分土著的后代——大多数是来自加那利群岛的移民，还有士兵、注册海员或者逃命者——他们是黑人和自由的黑白混血儿。根据他们的社会地位和肤色，这个群体被细分为具体的阶层,这一点在教会记录和户籍登记记录中可以查证。

制度的确立也是克里奥尔社会迈向成熟的标志,而制度有时会以原有的管理集权化作为支撑。为了满足社会和教育发展的需要,设立了哈瓦那医师资格评审委员会(1709年),负责评审和核准医师和药剂师的执业资格;在哈瓦那和太子港成立了第一批耶稣会学校(哈瓦那1724年,太子港1756年);引入印刷技术(1720年),在古巴圣地亚哥成立了圣巴西里奥·马格诺神学院(1722年);不久之后,多尼米加神父在圣胡安德拉特兰修道院建立了哈瓦那大学(1728年)。不难发现,无论是在基础教育还是高等教育上,教会都发挥了决定性的作用,并且拥有很多杰出的知识分子,例如当时被认为是美洲最伟大的传教士弗朗西斯科·哈维尔·孔德(Francisco Javier Conde),以及曾在哈瓦那教会学校里教授哲学的新西班牙耶稣会教徒弗朗西斯科·哈维尔·阿莱格里(Francisco Javier Alegre),还有主教本人莫雷尔·德·圣克鲁兹(Morell de Santa Cruz),他著有重要的《古巴岛及古巴教会史》。由于招募的神职人员基本上都出身岛上的名门望族,教会对克里奥尔人身份意识的形成发挥了重要作用,并为其提供了富有意义的象征价值,包括提升当地人的虔诚度,这种情况在17世纪初于尼佩湾水域发现的一幅画像和在圣地亚哥小镇埃尔科夫雷的慈善圣母教堂中得以体现。

为了维护自身利益,克里奥尔寡头集团经常规避王室的强制性规定,甚至对部分王室官员提出挑战,但这绝不意味着他们明确表示过的忠诚已经消逝,在面对国外威胁时,他们必须尽可能多地通过行动去证明忠诚。对于所有的阶层和社会群体来说,古巴对于维护西班牙主权有着不可推卸的责任,就像西班牙君主国致力于捍卫其最珍贵的安的列斯群岛一样。

哈瓦那:英国的袭击和占领

作为西班牙帝国在国防和通讯层面上的战略中心,这种重要的地位使得古巴成了英国一直觊觎的对象。英国认为,征服该岛——特别是哈瓦那和圣地亚哥市,对于巩固其在加勒比海地区的海上统治至关重要。该地区对于英格兰而言,已经不仅仅是抢夺和劫掠的目标;此时,英国王室在西印度群岛上拥有非常丰富的殖民地资源,同时,两地间贸易往来频繁,这可能是——实际上也经常是——驻扎在古巴的特许海盗袭击的目标。18世纪上半叶,欧洲列强在加勒比海地区连续发动了所谓的"贸易战争",在这个过程中,多个古巴城镇成为被袭击和威胁的对象,其中尤为突出的是,在1741年,英国海军上将爱德华·弗农成功占领了古巴圣地亚哥。继同年年初征战卡塔赫纳失败之后，弗农回到牙买加，同时在该地重组兵力，随后在一支增援部队的支持下前往古巴东南部，并在关塔那摩湾登陆。他计划从着陆点出发向附近的圣地亚哥城镇进发，但是，先行派出的特遣队被击败，他们不得不撤退。当时弗农试图在关塔那摩按兵不动，但在这个地方，军队却受到了克里奥尔游击队和流行病的袭击，大量士兵伤亡，军队不得不返程回牙买加。

然而，哈瓦那恰恰是英国实现野心的目标。1761年，西班牙国王卡洛斯三世决定在七年战争期间与法国结盟，在此同时，英格兰已安排好一支最为庞大的军事特遣队，在此时或已越过大西洋，准备袭击古巴的首都。这时，岛上政府负责人是胡安·德·普拉多·波托卡雷罗（Juan de Prado Portocarrero）元帅，他刚刚上任，职责以建设国防和重整政府为主，而后者包括重建烟草厂，该决定以及采取的其他措施，涉及皇家贸易公司的实际清算。

哈瓦那的周围都是堡垒和围墙，一度被认为是坚不可摧的，而这种观念可能使西班牙政府过度自信，因此，政府并没有以一种正确的方式部署防御工事。英国军队总人数近2万人，在30艘战舰的支援下在城市周边登陆。尽管莫罗要塞英勇抵抗，英国人最终还是占领了战略要地，总指挥官路易斯·德·韦拉斯科（Luis de Velasco）也在莫罗要塞中丧生，抵抗以失败告终。波托卡雷罗都督和西班牙主要首领的错误指挥和薄弱的军事能力直接导致了要塞的失守，这与克里奥尔军队——尤其是由指挥官何塞·安东尼奥·戈麦斯（José Antonio Gómez）带领的当地部队，所表现出的英勇善战形成了鲜明对比，但是该指挥官被西班牙政府革职后不久便去世了。该岛首都最终遭受了血腥的征服，而负责其防御的西班牙当局表现出的显而易见的无能，体现出宗主国与克里奥尔精英阶层之间存在着严重的分歧，而对于其中的克里奥尔精英阶层，古巴史学界对之大加赞美。

哈瓦那的寡头集团，尤其是其中最杰出的发言人弗朗西斯科·德·阿朗戈·帕雷诺（Francisco de Arango y Parreño），将"哈瓦那被英国人占领"一事作为该岛历史的一个分水岭，这不是因为它本身是个战争事件，而是因为被英国占领这一点影响重大。虽然英国人占领的时间很短，仅仅11个月，范围也只是从岛的西端一直延伸到马坦萨斯附近的地方，而且并没有改变政府制度——英国都督阿尔伯马尔伯爵保留了都督的头衔，也没有改变其在地方议会中的职能。然而，古巴的经济领域发生了翻天覆地的变化。哈瓦那的经济摆脱了加的斯的垄断，从皇家公司贸易中解放出来，并且不再受到烟草办事处的限制，之后进入繁荣时期。与英国及英国在美洲的殖民地之间进行贸易的港口开放之后，英国的商人和商贩带着他们的消费品、材料和产品——包括纺织品、器械设备和工具，前往哈瓦那市场；而来自美国 13 个殖民地①的商人则提供了谷物和其他食品。此外，在被征服的要塞，大量奴隶被出售。要确定英国商人究竟引入了多少不幸的奴隶来到岛屿，这并非一件易事，但贸易的"收入来源"相当重要，以至于有人认为，哪怕有一天城市沦陷，都还能看到一艘载着奴隶的船只在等待着进入港口。关于出售奴隶的数量，最被广为接受的数字是 4 000 名，也许还少算了一些；但无论如何，这个数量比以往任意一年的数量都高出了好几倍，更重要的是，售价低了许多，而且支付更为容易。当然，如果能够在如此短的时间内将这些注入的劳动力吸收，这就充分证明岛上存在着生产力不足的情况。

  至于哈瓦那的生产者和商人，他们知道如何利用不合理垄断的打破、行政障碍的解除以及市场的扩大，从中获益。在将近一年的时间里，从哈瓦那港口出口的烟草、皮革、糖和蜂蜜的数量之大前所未有，据称，在其码头上有将近 1 000 艘船只停靠，而在此之前，年平均量远远低于 100 艘，而由此带来的繁荣昌盛的景象同样也惠及了岛上非英国统治范围的部分地区。更大的需求量、更好的价格以及与市场的直接联系，使得首都的生产者对国际贸易的做法和要求有了更清晰的认识，对于一些最新的技术也有了

---

① 指英属北美 13 个殖民地。

相当的了解，所有这些都有利于未来制糖业在种植政策引导下的发展和腾飞。阿朗戈·帕瑞尼奥将这几个月定义为"哈瓦那真正复苏的时代"，其中所考虑的或许不只是在英国占领期间取得的短暂繁荣，还有这个时期给殖民地的未来带来的影响。

开明改革

英国短暂的统治于 1763 年 7 月结束，根据《巴黎条约》，西班牙用佛罗里达半岛跟英国换回了哈瓦那。对于西班牙君主国而言，在帝国制度运转的过程中失去关键要塞，所受到的创伤决定了其当务之急是弥补防御体系的漏洞；因此，在西班牙恢复了对古巴完整的统治权之后，早期所采取的措施都明显带有军事性质。新任都督安布罗西奥·富内斯（Ambrosio Funes），这位来自里克拉的伯爵，在一支由 2 000 名士兵组成的特遣队的陪同下抵达哈瓦那，这次派遣到该岛的增援部队，人数之多可谓前所未有。此外，关于加强防御能力的措施，还包括对防御工事网络的深入复查，而在此次复查之后，在首都周边三座新的堡垒拔地而起，其中包括在拉卡巴纳高地上拔地而起的圣卡洛斯大堡垒，后来，英国炮兵就是在这个地方对城镇发起了猛烈的攻击。在古巴任职的众多西班牙指挥官当中，亚历杭德罗·奥莱利（Alejandro O'Reilly）将军地位突出，由他负责殖民地的军事重组。七年战争清楚地表明，仅靠伊比利亚半岛无法保障帝国的安危，因此，将克里奥尔人纳入民兵部队至关重要。在当地精英阶层的支持下，在实施新体系时决定在哈瓦那管辖范围内创建白人军团——不仅有步兵还有骑兵，甚至包括"黑白混血"兵团；同时，在岛上的其他地方也建立起另外4个营地，整个军团队伍的人数超过了7 000人。征兵的规模和那些对于部队的定期训练都意味着克里奥尔社会的军事化程度加深，在往后的时间里，许多寡头的后代担任了军事职务，其中还有一部分晋升为高级军官。

在帝国防御方面，要建立现代化和强化防御体系，需要君主国投入大量的资源。如果没有充足的资金，就不可能维持军队和航海事业的开支，因此，无论想要实施何种加强防御的措施，国库充盈都是不可或缺的前提。新的帝国战略必须对财政和贸易层面上的重大变化进行考虑，同时也要支持生产活动以促进物质的发展，以及为宗主国增加财富。自波旁王朝建立以来，逐步实施的各项改革都与卡洛斯三世密切相关。而从另一个角度看，这些改革措施实际上与18世纪中期欧洲盛行的开明专制的理念相呼应，这种理念主张中央集权的君主专制，其政府受到理性主义原则的启发，依靠科学知识和科技进步推动物质和文化的发展。在新一代开明的政治家——例如被提升为部长级别的阿兰达、佛罗里达布兰卡和坎波马内斯的伯爵等人的帮助下，西班牙君主设计了一套影响深远的政策方案，开始从"印度群岛"中挑选出一批年轻有为的官员，当中很多人都接受过军事训练，并由这部分人取代过去的腐败官僚前去处理殖民事务。

　　扩大王国用以建立权力的财政基础是改革政策的一个主要方向，要实现这个目标，必须以一种最有效的方式去利用殖民地的税收潜力。尽管人们理所当然地认为古巴无法凭借自身的资源去维持其庞大的军事力量——仅仅建造拉卡巴纳的圣卡洛斯堡垒就花费了350万比索，因此，该岛无可避免地要承受税收的压力。在军事设备上投入的资金主要仍来自新西班牙的租赁税费收入，在1764年至1790年间，该收入总计略高于1亿比索，但是，克里奥尔寡头集团相应地也必须承担驻军和当地民兵在装备和部队维护开支上所对应的份额。在里克拉的伯爵掌权后不久，贸易税便被提升到6%，这几乎是以往年份里固定税率的3倍。而几乎在同一时间，商品进出口税也上涨了，此外，也新增了其他税种，如甘蔗酒税等。在某种情况下，一些税收的实施会引发激烈的抵抗，例如对房屋、人口户籍和其他财产征收3%的直接税，这项税收遭到了相当强烈的谴责，以至于在1765年10月不得不停征。但是，寡头集团就此专门进行了交涉，并通过交涉获得了政府所提供的相当大的特许权，例如废除奴隶的进口权，或对新建立的甘蔗园免除征收 10 年的贸易税。此外，他们也知道应如何明确表达对于推动发展的诉求：对从伊比利亚半岛进口到古巴岛上的产品实行税收豁免；终止加的斯的贸易垄断，为奴隶的进口提供便利；以及其他诸如此类国王无论如何都会予以接纳的请求。

  如果说，哈瓦那的沦陷给即将走向终结的舰队体系带来了致命的一击，那么，在收复这座城市之后，首先采取的措施就是逐步解除贸易垄断。1764 年，在哈瓦那和拉科鲁尼亚之间开通了一项月度邮船服务，这有力地突破了加的斯的垄断。第二年，在准许哈瓦那与伊比利亚半岛上的几个港口之间进行直接贸易之后，就解除贸易垄断而言，被撕开的口子越来越大，这种状况很快就蔓延到与加勒比海地区其他西班牙群岛的贸易上，如波多黎各和玛格丽特都受到了影响。这一进程最终于 1778 年以出台条例的形式得以确立，其中明文规定准许西班牙与美洲之间开展自由贸易。这项规定开辟了西班牙主要港口——包括加那利群岛和巴利阿里群岛与美洲之间的交通要道；同时，使殖民地之间的交易往来得以开展，并且在很大程度上简化了船舶资格申请的程序，也免除了针对海上货物征收的若干税种。与此同时，随着古巴圣地亚哥、特立尼达和巴塔瓦诺与伊比利亚半岛及其他美洲殖民地之间的贸易往来也被允许，哈瓦那的海上垄断被终止了，随后，古巴及其他新港口也被纳入了开放贸易的名单之中。除了这些鼓励措施，还新增了其他管理办法和支持自由化的举措；其中，在支持自由化这一范畴内，值得一提的是卡洛斯四世（Carlos Ⅳ）在登上马德里王位的一年后，即1789年，颁布了具有关键意义的奴隶准入令。在这一系列举措中，不容忽视的是在1767年，耶稣会教士被勒令从西班牙在美洲的所有领地中离开之后，哈瓦那的寡头集团在对耶稣会的财产出售中获取了大笔钱款。

受西班牙王室决策的影响，新形成的经济形势同样也有助于古巴经济的发展。这从英属北美十三个殖民地的独立战争中西班牙的参与情况就可以看出来。从一开始——即1776年，马德里决定准许该岛与叛逆的移民进行贸易，以示支持，该项准许在3年后也被套用于法国和荷兰，在当时，西班牙通过与这些国家结成联盟，然后一起向英国宣战。也正因如此，古巴的贸易活动变得频繁。就美国的13个殖民地的情况而言，贸易流通尤为重要，而自从这些殖民地被禁止与加勒比海地区的英国领地进行传统交易之后，古巴就找到了能替代糖和蜂蜜的另一个关键收入来源，以及一个有吸引力的面粉出售市场。必须补充的是，哈瓦那作为战争期间军事和海上行动的基础，决定了岛屿在经济上必须投入超过3 000万比索用于维持军队，其中包括支付在阿森纳船厂制造大型战舰的费用，支撑远赴英属领地参与抗战的军队的开支，以及给到达哈瓦那海湾的舰队提供补给。

在改革性政策中，尤为重要的一个领域是公共管理。在哈瓦那恢复西班牙统治后的 30 年里，历任的都督当中曾出现过一些人物，堪称整个殖民时代能力最出色的统治者，例如安东尼奥·玛利亚·德·布卡雷利（Antonio María de Bucareli）和拉托雷侯爵费利佩·冯德斯维拉（Felipe Fondesviela）。同样的，由何塞·德·加尔维斯（José de Gálvez）制定的一些重大行政改革，通过新建立的印第安人事务部得以实施，古巴成为试验场。设置行政机构就是其中的一个例子，第一个办事处于 1765 年在哈瓦那成立，下设两个分支，分别管理军队和财政，并设有专门的会计、税收和审计部门，对定价有干预权，同时也有一个审判庭，用以惩处违规行为。这是一个具备税收和经济管理功能的复杂机构，旨在某些时期能够帮助政府在管理过程中取得有效的平衡。

即使波旁王朝实施的改革对于美洲大陆而言，其意义极具争议性，但似乎首先给古巴带来了相当大的好处。这或许是因为当中的许多改革措施最先引入古巴，应用的时间更长，可能是因为古巴的经济规模更小且更集中，也有可能是因为其他的某些因素给安的列斯群岛中的殖民地提供了更为明显的好处，但无论如何，可以确定的是在 18 世纪的最后几十年里，伴随着此次改革热潮一股新兴力量在古巴形成，发展得如火如荼，在显著推动了经济增长的同时也激发了社会活力。

进步的表现

1763年,即西班牙恢复对古巴统治30年后,古巴呈现出了截然不同的面貌。贸易自由化的措施对于激励收入起到了有效的作用,特别是针对奴隶引入的政策不断放开,由此给制糖业带来了显而易见的直接而迅速的影响。如果说自征服开始后的两个半世纪内,被带到岛上的奴隶约6万名,那么在1762年之后的30年里,进口的奴隶就有5万多名,折合平均每年大约进口2 000名劳工。在同一时期,食用糖的产量增加了两倍且每年超过15 000吨,虽然这个数量依然很小,但已经让古巴成为加勒比海地区排名第三的产糖岛屿。尽管古巴圣地亚哥和特立尼达的甘蔗园数量不断增加,但它们的规模仍然很小,因而那种显著增长的态势主要发生在哈瓦那地区。这在甘蔗种植地的大规模扩张中得以体现,在1762年至1792年间,这类土地的面积从5 000公顷增加到了60 000公顷。该项举措对于推动传统农业结构的解体起到了决定性的作用,而传统农业结构运行的法定模式确实已经过时。此外,制糖业的扩张也是矛盾产生的一个来源,农场主都渴望拆除牧场和畜栏,改种甘蔗,因此便开始与该片区原有的甘蔗农民发生冲突。虽然烟草办事处会保护种植烟草的农民,但他们对于生产的控制措施同时也使得烟草生产停滞不前,这是因为在1773年创造了

273 000阿罗瓦[①]的收成纪录之后，塞维利亚工厂中囤积了大量的烟草，而烟草的种植因此受到了限制，如此一来，在1780—1790年，用于支付烟草农民的资金出现了严重的短缺。

因此，如果烟草依然是岛上经济的主要"成果"，那么毋庸置疑，糖已成为古巴岛最具活力的收入来源。新建的制糖厂，特别是那些在哈瓦那东部开办的制糖厂，使用了所谓的法国设备——或者牙买加设备——来做加热锅，这种锅只需使用一把火，节省了大量的燃料，以及在制糖厂中使用由金属层包裹的辗轧辊，这样设备就更耐用，压榨效能也更优。1762年，哈瓦那的中型甘蔗园大多雇佣20多名奴隶来耕种约100公顷的甘蔗田，然而，在30年之后，田地已将近300公顷，使用的劳工则有上百人。技术和生产力层面的提升使得制糖业成为该岛经济的真正推动力：不仅集中资本，囤积土地，还维持着对奴隶劳动力源源不断的需求，从而迈入了一个终将改变殖民地模式的进程。

生产的活力在贸易上也有直接的体现。1790年，哈瓦那港口的出口额超过了1 000万比索，比20年前的数字高出10倍，而在同一时期，进口额增加了4倍。克里奥尔生产者受益于贸易垄断的消失，但他们仍然不得不忍受对制糖业尤其敏感的伊比利亚半

[①] 西班牙重量单位，1阿罗瓦折合11.5公斤或25磅。

岛商人的过分行为，因为不管是抵押贷款还是通过信贷购买奴隶和设备，涉及的资金从根本上说都来源于岛上经济实力最强的商人，而他们几乎全都来自伊比利亚半岛，并且与加的斯最大的商行联系紧密。贷款发放的条件通常比较苛刻，不仅体现在期限短且利率高，还体现在作为担保的糖的价格远低于市场价。即使商人不在垄断者范围之内，也会对商业和信贷活动实行封锁控制，试图将该岛的农场主和生产商保持在一个从属的地位。在此背景下，形成了一种充斥着矛盾关系的环境，而这种关系往往会加深殖民地社会内部的分歧。

随着经济的发展，古巴人口也出现了显著的增长。作为卡洛斯三世及其开明的部长官员所推动的行政重组的一部分，1774年，岛上开展了历史上的第一次人口普查，结果显示共有171 620名居民；近20年后，在1792年再次统计时，人口总量已经达到273 729人，人口正以较快的速度增长。同样引人注目的是人口社会构成发生的变化，在第一次人口普查中，白人占了该国居民的56%，但在1792年，这一比例已降到49%，这个差异的产生与奴隶人口的增加有着直接的关系。在这期间，奴隶人口几乎翻了一番，达到了将近85 000人，其人口占比也从18年前的26%增加到1792年的31%，这直观地展现了黑奴贩卖的发展势头。虽然"有色"自由人种的人口增长比例相对小得多——从18%上升至

20%，但是其人口权重却非常高，而在以种植园模式为主的安的列斯群岛社会这一大环境之下，这个比例还是比想象中要低。尽管糖的产量和奴隶的数量不断上升，但毫无疑问的是，这一组数据表明了古巴远远未能呈现出上述那种社会形态。

随着经济发展，市政寡头集团的权力也不断扩大，至少哈瓦那的情况是如此，哈瓦那的寡头在一定程度上改变了原有的模式，而由于其地主身份依然是让他们处于社会优势阶层的基础，在这种情况下，糖逐步成为财富收入的主要来源。凭借在市政会的身份和在教会中的影响力，克里奥尔寡头集团一向具有极高的社会地位，这种社会地位意味着其中许多成员已经"取得贵族身份"并且能够拥有军事指挥权，在这一部分人的手上集中了必要的资源以促使制糖的生产设备逐步走向专业化；此外，咖啡这种在1768年引入的作物，其生产也日益表现出专业化趋势，它与源自波多黎各的同类作物一起，构成了安的列斯群岛地区中，在当地力量的推动下形成种植体系的唯一案例。在18世纪的最后几十年里，这一代的寡头即将登场，肩负起完成这项任务的责任。

制糖业的发展不仅需要资本、土地和奴隶，还需要技术知识作为支撑。这里指的是一种有实用性、并可以应用在英属和法属加勒比海地区殖民地的知识，而这些知识之所以能够被古巴吸收，是因为受到了启蒙运动这一时代背景的影响。随着市场的影响力越来越大，政府的势力重新恢复，在这样的趋势下，"启蒙主义"对于克里奥尔精英阶层而言，不仅意味着一种意识形态，还具有更实际的意义。但是，对现代化的渴望只是这个强大的社会群体所表现出的复杂行为的一个方面——至少哈瓦那的情况是这样——它为了发展成为国际化大都市，经常产生超出自身能力的开销。在首都的生活成本依然很高，尤其是当人们走在最新建成的阿拉梅达德保拉大道①时，总是想要展示出最体面的着装，如果可能的话，还要坐上马车，这反映出的是一种迫不及待想要彰显高贵身份的高傲心态，同时，就像在甘蔗园一样，他们也需要许多奴隶为之服务。虽然国内的其他城镇在规模上相对适中，但当地也试图重现这些风气，"上流人士"还会通过游园会和马队巡游以展现其尊贵的地位。在平民阶层中，盛行的则是斗鸡、纸牌游戏、街头表演、舞会和与宗教节日相关的娱乐活动，这是自由黑人得到释放和获取快乐的主要途径，在某些特定场合还伴有奴隶的特色舞蹈和富有节奏的音乐。

同时，人们也渴望拥有一个井然有序的社会，因而流浪街头和游手好闲的现象受到了打击，这赋予公共场所一定的安全保障。1774 年的人口普查显示，哈瓦那居民的数量已经超过 75 000；当

---

① Alameda de Paula，古巴最古老的漫步大道。

地开始禁止在围墙内建造棕榈屋顶的房子，此外也开始给街道起名，尽管大部分街道还是泥泞的。在该世纪末，在城市里还建起了一座真正的政府宫，这是由拉托雷的侯爵发起并建造的，除了用作都督的住所，还是几个公共管理办公室和城镇监狱的所在地。此外，在1775年，城镇里已经建起了剧场，即罗马斗兽场，在里面有戏剧演出，尤其是喜剧，而喜剧中很有名的是《园丁王子和乔装的克罗里达诺》，这是古巴的第一部戏剧，由哈瓦那的上尉圣地亚哥·皮塔（Santiago Pita）创作。同时，也出现了一种由黑白混血儿何塞·尼古拉斯·德·拉埃斯卡莱拉（José Nicolás de la Escalera）主导的特别画风，他的画作以宗教场景为主，此外他还绘制了一些肖像画，例如，在卡萨巴约纳①伯爵赠送给其领地的教堂中用作装饰的画作。音乐家埃斯特万·萨拉斯（Esteban Salas），其作品也大多是围绕宗教主题创作，他堪称18世纪美洲音乐的巅峰人物，而其一生中的大部分时间都在古巴圣地亚哥大教堂中的音乐圣堂担任老师。值得一提的是，哈瓦那在1777年终于拥有了属于自己的大教堂，虽然这座教堂在设计时只是一个与耶稣会学校相关联的教堂，并没有考虑到这个用途——这反映了伊格纳西奥设计的伟大之处，因为在驱逐耶稣会之后就完成了该新功能的建设。

---

① Casa Bayona，1721年颁布的皇家法令中创建的贵族头衔。

文化领域的进步也在教育层面上有所反映。即使驱逐耶稣会对教育产生了各种负面影响,但也产生了一个令人满意的结果,那便是在原来的哈瓦那教会学校创建了圣卡洛斯神学院以及圣安布罗西奥神学院。该机构由主教圣地亚哥·何塞·德·埃切瓦里亚(Santiago José de Hechevarría)创立,他是古巴本土第一个戴上该岛主教冠的教士。他在学院中招募了非宗教专业的教师,最重要的是,除了教授古典学科,还会教授代数、微积分和实验物理,以及其他可能与实际应用相关的内容。当大学仍然致力于探究各种学术问题的时候,神学院便成了岛上启蒙思想和观念的主要场所。1787年,在古巴圣地亚哥也建立起有类似影响力的国家友好合作皇家经济学会,又称爱国社团,这是起源于巴斯克地区的机构,由于其在推动思想和项目上具有的能力和主动性,逐渐成为西班牙启蒙运动的一种象征性标志。事实上,这群圣地亚哥的土地所有者能在都督的支持下建立起这个机构,便清楚地表明了经济和文化的进步不仅限于哈瓦那。不久之后,通过汇集当地最成功的寡头集团,首都也主动建立起了自己的爱国社团。这个机构被认为是"启蒙运动的古巴女儿",注定要成为发展的真正推动力,与此同时,它也可以视作公民社会的首次体现,是古巴开始迈向现代化的显要标志。

可以想象的是,在克里奥尔社会发展到巅峰之时,创作和思想领域上也出现了其他的表现形式。我们能在卡帕乔神父——何塞·罗德里格斯·尤卡雷斯（José Rodríguez Ucares）修士所创作的巧妙的诗句中，或者从兰姆帕伦（Lamparón）的妙语中，领略到克里奥尔式的优雅；而在圣地亚哥·皮塔的喜剧当中，打造得最成功的人物角色，也许出现在将情感和逐步形成自我意识的社会所对应的规范表现得淋漓尽致的散文诗中。除了在前面提及的艾瑞特和莫雷尔主教的历史著作，还有伊格纳西奥·德·乌鲁蒂亚的作品《古巴费尔南迪纳岛的历史、法律和军事政治戏剧》——如同所谓的投射主义，其中杰出的代表人物有尼古拉斯·约瑟夫·德·里维拉和伯纳多·德·乌鲁蒂亚，他们不仅对该国的财富和进步有着真实的评价，还确切地阐述了其诉求。可见，克里奥尔人已经获得了一种身份认同感，并对自身的利益有着特殊的理解，甚至具备一定的组织能力去争取这些利益。这种在智力上的成熟意味着他们越来越清晰地认识到其需求并不总是与宗主国一致，因此，他们必须提出正当的诉求来满足自身的需求。在一个世纪的时间里，克里奥尔精英阶层团结一致，积极参与到推动自身发展的事业当中。

—4—

种植园经济与社会

18世纪以来,古巴获得了持续的发展,但其所取得的最终成果并非是个意外。尽管在经济领域,古巴明显采用了对大部分安的列斯群岛地区中的热带产品进行出口的方式,但其最大的岛屿却仍然远远落后于其他的姐妹岛屿。1791年,在面积仅为古巴十分之一的牙买加土地上,糖的产量却是古巴的4倍多,更不用说附近的另一个岛屿——法国的殖民地圣多明各岛,种植面积仅相当于古巴的四分之一,却生产出了将近8万吨糖、3万吨咖啡和大量的假蓝靛、棉花以及其他品种的作物。当然,在这些种植园当中所使用的奴隶人数接近50万,是最大的安的列斯岛屿的6倍。由于英国和法国在加勒比海地区拥有丰富的殖民地,因此得以将全世界的糖业贸易掌控在手中。

由于与大型的贸易渠道脱节,并且生产成本相对较高,古巴进一步扩大需求的能力估计也因此受到了限制。然而,实际上的情况与这些预测相距甚远。在十九世纪初,古巴的产糖量逐渐上升,并超过了 3 万吨;1830 年,古巴岛的糖收成量超过 10 万吨,成为世界上毋庸置疑的第一大产糖国,其产量占全球贸易总量的一半。如果留意到当时古巴还出口了 2 万多吨的咖啡和大量的烟草以及其他产品,毫无疑问,古巴在经济上所取得的发展具有不可估量的历史意义。在种植园的商业模式下,通过大量使用奴隶劳动力所取得的这种巨大且富有成效的飞跃性进步,给国家的社会经济发展留下了鲜明的印记,直至今日我们仍然可以感受到当时的境况。

极盛的原因

古巴种植园的发展契机几乎可算是以一种偶然的方式出现的。受到法国大革命浪潮的牵引,1791 年,邻近的殖民地圣多明各发生了奴隶暴动,这是一系列毁灭性战争和冲突的开端;10 年之后,海地共和国应运而生。对于新形成的全球经济形势而言,它代表着一个最富有的欧洲殖民地骤然消失,这个事件直接导致了糖、咖啡和其他热带产品的严重短缺。需求得不到满足所产生的影响马上得到体现：1795 年，在哈瓦那，1 阿罗瓦的糖的售价是 36 雷阿尔，比海地叛乱爆发时的价格高出了 3 倍。

古巴骤然陷入了一个非常特殊的局面。价格失控只是反常现象之一，当最强大的竞争对手因此陨落时，古巴受到的影响不仅如此，随着圣多明各革命的爆发，成千上万的移民开始转到古巴岛，其中一部分人带来了他们的资金和奴隶，另外一些人则带来了那些对种植园农业的发展起到推动作用的宝贵知识。在频繁的战事和西班牙宗主国的盟友关系不断发生变化的影响之下，贸易流通的状态出现了明显的跌宕起伏，这导致殖民经济出现了混乱并遇到了前所未有的困难；然而，当局手上并没有解决方案。若是沿用过往的做法，顿时显得落伍，但也正因如此，社会上的不同领域都不约而同地发生了深刻的变革，其中包括奴隶贩卖、出口贸易、技术、教学方案和各级政府之间的关系等方面。这些挑战多次酿成的危急局面也迫使岛上的统治者做出了大胆的决定。

1790 年，路易斯·德·拉斯·卡萨斯（Luis de Las Casas）被任命为古巴都督，出于家族原因，他与哈瓦那的精英阶层保持着一定的联系，而该阶层中的其余知名人士都迫切地想要建立起这种联系。没过多久，都督便成为甘蔗园主和奴隶主，而在更早之前，他就已经与当地寡头集团的重要成员有着共同的关切和利益。总之，无可置疑的是殖民地需要能够促进经济发展并解决各种问题的制度，例如解决在商人和农场主之间激起的关乎甘蔗园的资金冲突，或者急需修建道路以应对日益庞大的产量和日益偏远的产地。都督在财政监察官当中找到了一位工作细致的伙伴——何塞·巴勃罗·瓦利恩特（José Pablo Valiente），同样，他也试图从整个克里奥尔顾问团队里寻找一位最为精明干练的合作者，这时，弗朗西斯科·德·阿朗戈·帕雷诺脱颖而出，他在其《论哈瓦那的农业发展和推进方法》（1792 年）中，将具有影响力的土地所有者群体的呼声和建议整合成一份具有权威性的纲领。由这些"知名人士"所展开的行动，不但力度大而且涉及面广：1791年，在拉斯·卡萨斯的明确支持下，他们创办了《哈瓦那报》，这份周刊除了报道新闻，还刊登当地作者对群众普遍关注的事项所持观点的文章。几乎在同一时间里，一大群土地所有者在首都建立起了爱国社团，除了通过创办学校和公共图书馆以推动教育和文化的发展，还负责传播农业、贸易和工业等方面的知识。然而，最能促进经济活动的机构是皇家农商署，它创建于 1795 年，是为了使土地所有者与商人两者在诉求上能达成妥协而提出的方案。虽然这两个"主体"代表的是相同的阶层，但是阿朗戈——被任命为永久受托人——设法使生产者占据优势地位，而要取得这项重要成就，就意味着该机构除了要具备咨询和支持的职能之外，还必须成为仲裁法庭。作为当地利益的真正推动者，皇家农商署推动了码头、灯塔、道路及其他公共工程的建设，同时拓宽了民众受教育的机会；显然，它也以农场主的利益为出发点，主张削减传统的高利贷利率，要求降低奴隶的价格，并呼吁取消那些经常造成甘蔗园停工的宗教节日。

　　对于克里奥尔精英的要求和管理，无论是通过制度还是其他方式，都是为了调动生产要素，即便在很多情况下，都没有具备这些要素，但至少也可以得到很好的确定。在上一章节中可以看到，自18世纪中叶以来，古巴的经济——特别是该岛的西部，已经开始遵循种植园制度的某些特有模式发展；那么，只需要消除障碍并收集资源就可以触发该进程的强力加速。奴隶的劳动力问题就是一个很好的例子。在种植园制度下，生产量在很大程度上取决于所施加的工作量。当出现市场按照最大装船量来吸收糖和咖啡的情况时，面对数千名奴隶的需求量，以往的工作安排就变得过时了。因此，在1789年宣布暂时将奴隶贩卖自由化，而此项许可在1791年到期之后又被延长了10年，直到最终对臭名昭著的奴隶贩卖失去控制权，非洲人的引入量在1802年达到了令人难以置信的数字——每年15 000人，而在30年后这个数字翻倍。同样地，奴隶劳动制也经历了重大的变化。在"新规划"的甘蔗种植园里，随着种植园主拥有更充足的甘蔗田，改良过或复制而来的榨糖机，以及日益提升的熬煮和精炼技术，奴隶的工作条件逐渐失去了一定的家长制特征，转而开始要连续工作将近 16 或 18 个小时，这样连续数天，就算偶尔遇上下雨或者休息，奴隶的工作几乎也不会中断。

  土地，作为决定生产活力的关键因素，其所有权制度也发生了深刻的变革。自 18 世纪初以来，商业化农业的增长一直改变着农业结构，这种趋势可通过已开发的农场数量清楚地看出来，在 1778 年至 1792 年间，该数量增长了 48%。从 1792 年起，糖的产量快速增长，大量的咖啡种植园也纷纷建立，这对传统农业组织产生了影响，这是因为新的开发需要土地来推动，而旧的甘蔗园也扩大了甘蔗种植的面积，或者是搬到其他地区，种植园主采取掠夺式的农业生产方式以代替肥力枯竭的土地。不断发展的商品生产无疑对牧场造成了压力，但这可能是该过程中冲突最小的一组，因为以前的"牧场领主"的后代大部分都渴望成为甘蔗园的所有者，或者试图从最为大胆激进的种植者手中收取租金，即使他们并不是自行决定其大量财产的——拆除或分割，他们也尽可能地去推动这项措施的实施。最主要的冲突发生在烟草办事处和烟草农民之间，这是因为办事处并不总能为烟草农民提供有效的支持；此外，较为激烈的冲突还发生在海军与船厂之间，原因是海军出于嫉妒将留存的森林地带保护起来，而这些森林对于船厂而言是生产的原材料。但随着两项皇家法令的连续颁布，海军的反抗也逐步崩溃，一项颁布于1812年，另一项颁布于1815年，在第二项法令中宣布解放山区，为过去伴随着甘蔗园和咖啡种植园的发展而进行的森林砍伐铺平了道路。但毫无疑问，王室对忠于其的哈瓦那寡头臣民最大的让步出现在1819年——对于赏赐土地的完整的所有权予以承认；于是，影响这项重要资源充分流动的最后一道障碍便由此消除。早在两年前，便已颁布了取消烟草禁运的规定，这项自由化举措将使这个生产领域更具活力，但也因此削弱了对烟草农民的保护；1827年，哈瓦那辖区内的近千个甘蔗园遭受牵连，而早在此前，烟草种植就被撤离到了比那尔德里奥的最西端。

另一个流动要素是资产。无论是通过对船队的供给还是皇家公司的投机生意，在先前的经济进程中都已积累了相当可观的财富，尤其是在哈瓦那地区。然而，新建起的甘蔗园为了获得大批的奴隶和现代化程度更高、价格也更昂贵的设备，仍需要非常大的投资，这往往远超出当地土地所有者的能力范围。即使可用的资金都集中在出口产品上，但是由于售价高昂，投资的成本可以快速回笼，众所周知的资金短缺吸引了新西班牙、加的斯和塞维利亚的资金流入，并调动了部分圣多明各移民早期留存下来的财富，甚至相当于采用某种隐秘的方式为北美地区打开了一定的信贷空间。糖和咖啡业务的扩张，以及随后进出口结构的整合，为种植园的"起飞"提供了大部分信贷的商人被给予过分的重视。

在哈瓦那专门为农场提供资金服务的商人，如佩德罗·德·埃里塞（Pedro de Erice），或者博尼法乔·冈萨雷斯·拉瑞那加（Bonifacio González Larrinaga），在3到4年后，已经能够投入200多万比索，在收割季节为许多个甘蔗园提供融资。除了这些贷款，还应当包括向奴隶出售提供6至15个月不等的分期付款业务。根据亚历杭德罗·德·洪堡（Alejandro de Humboldt）在19世纪初逗留古巴期间所观察到的情况，这些业务以及抵押贷款的利率都在12%到16%之间波动；利率加上产品价值被低估后所达成的议定付款额，意味着土地所有者的损失或高达30%。在这种情况下，人们难免对贷款利率高这一特点抗议不断，而在往后的时间里，出现了多个创办"钱柜"或银行的项目，旨在为糖业生产提供资金业务，而那种状况也给这些项目提供了机会。

在海地奴隶叛乱发生以后的四分之一个世纪当中，古巴经济的发展明显得益于随着西班牙卷入欧洲纷争而打开的商业机会。在1793年至1795年间，西班牙与法国交战，随之在1796年至1800年与法国结为盟友，以便与英格兰维持对抗；从1804年起到1808年西班牙与英国再次开火，而最终与之结盟直至1814年拿破仑战败，英国国王劫持了西班牙王室并占领了部分伊比利亚半岛领土。频频战乱一再扰乱了贸易流通，迫使当局采取措施以防止殖民地经济窒息；某些情况下，经由马德里的授权许可或是由岛上的政府代表决策——通信中断给予了这些官员特别的自治权，古巴的港口开放了一定时间以便与当时的盟友进行贸易往来，最重要的是，港口还开放给持有中立立场的船只。这些船只主要来自美国，而美国也因此变成了古巴重要的贸易伙伴，甚至在1798年——即使只维持了很短的时间，该岛与美国之间的贸易量超过了其与宗主国的贸易量。在作为贸易市场和中间商的同时，美国还购买了古巴出口的大部分糖、蜂蜜和咖啡，同时向其供应制成品、设备、奴隶、食品和其他消费品。拿破仑战败之后，费尔南德七世夺回西班牙王位，但此时已根本不可能再次沿用过往的排他性商业惯例，在这种情况下，国王决定准许安的列斯臣民进行自由贸易。在开放进行到一半的时候，西班牙颁布了新的贸易政策，以一项关税非常高的制度取代以往的限制条件，而新制度作为一个贪得无厌的税收体系的支柱，使得宗主国能够在其殖民地的一片繁荣中充分受益。

在18世纪的最后10年，生产扩张开始了，并在跌宕起伏中持续到19世纪中叶——这同样是斗智斗勇的过程。除了调动生产要素和开放商品交易，在新型生产综合体的准备阶段，还需要展开研究，以及在一定程度上具备勇于创新的精神。这个过程一直充满着矛盾，因为它离不开由种植园制度而产生的具有奴隶制性质的野蛮行径，但这并不妨碍它将科学成果加以应用以获得更高的产量，这里的应用包括奴隶本身，为了使奴隶的劳动达到最大效能——无可避免地需要采取办法，例如接种天花疫苗。种植园经济的繁荣反映了糖厂逐步走向机械化的过程，这一过程源于 1794 年，而几乎在同一时间，引入了铁制三角榨糖机和卧式三头锤，并开始使用蒸汽以推动研磨机，后面这一项创新在 1796 年于哈瓦那附近的塞巴波甘蔗园进行了验证。在第一次试验之后，蒸汽研磨机历经多处改良，最终在主要的产糖地区被普遍使用；到了 19 世纪中期，古巴三分之二的甘蔗园都利用蒸汽设备为榨糖机提供驱动力。除了这些技术创新，随后还出现了其他的创新，例如真空箱和离心机，同时值得一提的还有 1837 年引入的铁路——除了能降低运输成本之外，还能推动种植园扩张至远离港口的地区。

种植园和经济

在 19 世纪上半叶，古巴经济经历了一次绝无仅有的扩张，尤其是在糖业方面，1850 年，该岛的糖产量占了全世界糖总产量的四分之一。同样地，甘蔗园的数量也有所增长，从 1830 年的上千家扩张到 30 年后的 1 368 家，虽然甘蔗园的新增数量与糖产量的增幅并没有完全一致，但每家工厂中糖产量的规模呈现出了显著的增长，直至 1860 年，平均每家生产量已略高于 300 吨。而在一段时间内，咖啡生产也开始进入急速扩张的阶段，然而，在1833年创下25 000吨的纪录之后，受其主要市场——美国关税提升的影响而遭到了严重的下滑，随着价格下跌和几场飓风带来的破坏性的后果，这种不利影响被加重。随后，在糖的生产经受打击之后，烟草的种植得以重新定位并开始步入繁荣期；因此，在19世纪20年代中期，那时办事处已关停，此时烟草产量达到将近4 000吨，超过了历史的最佳纪录。另一个得以复苏的产业是铜矿业，一家英国公司在1830年收购了古巴圣地亚哥周边矿产的特许经营权，并将更高产的基地投入开采。

商业化农业的发展与那些年在畜牧业上发生的显著倒退形成了鲜明的对比，特别是牛的头数，在1827年至1846年间下降了40%。而用于运输的役畜需求继续由岛上的牧场来满足，但是供给居民的肉类却呈现出了迅速的增长，并且越来越依赖于进口，尤其是咸肉，仅在1856年至1859年的4年间，从乌拉圭和阿根廷购买的咸肉数量就超过了15 000吨。随着农场土地改用于种植甘蔗，牧场无疑受到了巨大的影响，这不仅反映在农场高昂的日常开支上，还表现在畜牧业的发展得不到任何的支持上。在森林资源方面，自从全面开放森林砍伐的法令颁布之后，森林迅速减少。甘蔗园对木材的需求量相当惊人：先是出于开垦甘蔗田的需要而对森林进行采伐，其方式还比较粗野，通常就是砍伐、晒干和焚烧；其次是出于锅炉燃烧的需要，之前几乎只能单一地使用周边的木柴，直到后期才开始使用甘蔗渣。根据人口普查获得的信息，仅在1846年至1862年的30年间，该岛就失去了约200万公顷的森林覆盖面积。

尽管古巴的经济经历了许多变化，但繁荣始终如一，其成果在整片国土上显而易见。我们已经提过烟草在被糖业从哈瓦那腹地驱逐出去之后，是如何撤离到比那尔德里奥的最西部——一个在土地和气候方面拥有特殊条件的区域。然而，在依然处于发展阶段的时候，布埃尔塔阿瓦霍地区在19世纪中叶并不是最大的烟草产区，产量最大的是东方省。直到1850年，即使其产出的烟叶品质较低，但产量仍占了古巴烟草总量的近三分之二。咖啡种植在蓬勃扩张的阶段，以很快的速度传播开来，以至于在30多年的时间里——从1792年至1827年，岛上建立了2 000个咖啡种植园，咖啡树总面积达到了大约75 000公顷。气味芬芳的咖啡豆在不同的地区进行收割采摘：位于哈瓦那以西的罗萨里奥山脉中的山麓地带和平地区域，靠近圣斯皮里图斯和特立尼达这些城镇的中部丘陵地区，以及在圣地亚哥和关塔那摩周边的东部山区，在这里定居的来自圣多明各的移民是古巴真正的咖啡工匠。在此背景下，后期咖啡业衰退的速度跟兴起时一样快；在1829年至1849年间，出口额就缩减了一半，到了1862年，该国剩余的咖啡种植园只略多于原本的三分之一。在这种趋势下，在西部绵延起伏的平地上，因面临着来自甘蔗的竞争，几乎所有的咖啡种植园都消失了，只有东部高地依然保留着咖啡种植，因为对这个地区而言，这是关乎居民生计的决定性因素。

显然，在过往的记录中没有任何产业的发展能与糖相比。如果说甘蔗园的数量有大幅的增加，每片甘蔗园的平均产量也有提升，那么很容易推测出，甘蔗种植所需要的土地只能是通过猛烈的地域扩张来获得的。最初，这个现象出现在哈瓦那南部土地极为肥沃的圭内斯山谷，随着甘蔗更大量地种植，烟草农民被赶走，但这只是甘蔗园向东部迈进的第一步；这些田地沿着马坦萨斯肥沃的红土地分布，一直扩张到广阔的哥伦布平原，而该平原也成为19世纪中叶古巴种植园经济真正的核心区域。在糖业的扩张上，虽然没有任何一个地区可以比得上哈瓦那，但剩下的区域也绝非不值一提。在特立尼达城市周边山谷的最后一处缝隙中，出现了自发种植甘蔗的现象，1825年该地区为古巴总糖量贡献了10%。当山谷的土地被甘蔗覆盖之后，特立尼达的土地所有者将目光投向了附近的西恩富戈斯镇——该镇建立于1819年，在哈瓜海湾边上，他们与哈瓦那的投资者以及当地部分商人，将资产聚集在一起，此后海湾以北的平原便成为该国最大的糖产地之一。类似的情况也发生在雷梅迪奥斯镇，虽然其进程与特立尼达不同，但同样也辐射到了周边地区。古巴圣地亚哥是另一个重要的产糖中心，该市的土地所有者——因为之前在此种植了咖啡，所以只能在群山的另一边及附近的关塔那摩山谷开办甘蔗园。此后，种植园也扩散到了其他地区，但这通常都是小型的甘蔗园，有时就仅仅是装上简易的榨糖机，这种情况发生在巴亚莫辖区或更往北的奥尔金镇周边等地区，同时也少不了太子港——和圣斯皮里图斯一样，依然是以畜牧业为主的地区，同时，也有少数甘蔗园建在了城市附近的区域。

如果没有铁路，种植园不可能建立在如此宽广的地域中，而只能在远离港口和商业中心的地区进行扩张。岛上陆地运输条件不佳一直是官员和土地所有者的苦恼，难怪一群有影响力的哈瓦那地主会设法说服接替皇家贸易法庭的促进委员会，以求在哈瓦哈和圭内斯之间修建一条铁路，很快，这种新颖的交通工具在英格兰就展示出了它的作用。古巴继1837年第一条线路开通之后，其他线路也陆续开通了，几乎所有铁路都分布在该岛西部的糖业发达地区。在这些线路当中的布局设计几乎没有出现变化：将种植园土地与最近的港口连接起来，不管是马坦萨斯、卡德纳斯、西恩富戈斯、古巴圣地亚哥抑或是卡巴里恩的港口。虽然，通过这种方式使得铁路线的公里数增加了，但想要建立起一个连接该国主要城市的铁路网络却仍然是一个漫长的过程，造成这一结果绝非偶然，因为组建这一线路网络的各家公司都希望能拿下某个糖业贸易中心的载运权。这些贸易中心的企业主表明，最重要的一点是确保与外部市场的联系，而不是与国内不同地区之间的联系。当经济主要集中在糖业上时，要加强区域之间联系的动力——这种动力在18世纪中叶相当充足，而在出口享有特权的商品流通过程中，该动力却不断削弱，同时作为补充，还往往给拥有强大竞争优势的进口商品开放了当地市场。

与生产领域相比，古巴在对外贸易层面上所做出的改变同样重要。自1791年以来，即使战争造成了一片混乱，但贸易依然快速增长，并且在1818年颁布法令准许自由贸易之后，贸易流通最终得以规范化。在出口方面，糖排在第一位：其出货量每十年大约增长15 000吨，增长速度在1830年之后甚至变得更快。在一些时期，咖啡的销售规模也不断扩大，有时甚至还超过了糖，但清晰可见的是，该产业出现了衰退，以至于到了19世纪中叶，糖业占据了绝对的领先地位，其出口额占了总出口额的70%。贸易在地域上的分配更为均衡，在进口业务上，美国、西班牙和欧洲——主要是英格兰，几乎拥有相同的份额，但就出口而言，西班牙仅吸收了15%，美国接近30%，其余部分则对应欧洲和其他地区。这种分配状况反映了与西班牙之间的贸易出现了明显的不均衡，这一长期存在的问题，和财政引流一样，构成了殖民剥削的主要表现形式之一。

在众多贸易伙伴中，美国人的活跃度相当高，如果统计数据包含奴隶进口，那么情况将更为明显；就奴隶进口这一"项目"而言，北边的海盗是最大的供应商。由于地理位置相近，人口不断增长，加上其自身拥有的消费模式，美国既是优质客户，也是优秀的供应商，但这一角色遭到了西班牙关税政策的打击，该政策使得古巴能够继续为宗主国的多种产品以及商船预留市场空间。

拥有糖这一有利可图的品类，并为了满足在热带产品市场中坐稳一席之地的需要，古巴的经济变得越来越倾向于通过进口来满足其需求，特别是食品和纺织品的需求。因此，在经济繁荣时期，古巴的购买量增加，依靠出口积累的资金呈现出流向海外的趋势，而对于那些面向当地市场的生产商而言，随着进口商品的大量涌入，其竞争地位无疑受到了冲击。在1827年至1846年间，只有两种国内消费品，大米和木薯的产量出现明显增长，但与出口产品的增速相比，可谓微不足道。制造业和手工业的表现并不好：只有烟草，建立起了一个制作卷烟的作坊网络，而奶酪、蜜饯、衣服和家具的加工却都没能突破最低级的工艺水平。商人将重心转向了进口业务，他们对那些同样得不到殖民当局支持的品类缺乏投资兴趣。凭借着信贷和其他资源——如土地、劳动力等，以及出口那些成本效益最高的产品——特别是糖，因这些资源而获取的支持，使得古巴经济毅然决然地倾向于走专业化道路。然而，这种趋势并没有连续而均衡地发展，部分项目，例如建筑材料、纸张和印刷，以及对糖厂和肥皂厂而言不可或缺的个别铸造工艺等，从出口生产所引起的乘数效应[1]中获益。甚至某些作物，例如香蕉，也能在不适合甘蔗种植的土地上蓬勃生长。但无情的市场逻辑使得岛国的经济越来越依赖于外部。

奴隶制种植园本身就是世界市场创造出的产物，其生产具有专门目的，而在制度实施的过程中，几乎所有的配备条件都非常重要，劳动力也是如此。在该制度之下，最后的这项资源以一种毁灭性的方式被使用——为了在最短的时间内收回所买进的投资，奴隶遭受到了严酷的剥削，残暴的制度不仅缩短了那些不幸奴仆的预期寿命，还迫使对该群体的补充加快。只是这补充不能自然而然地实现，因为直到进入19世纪，无论是在奴隶贩卖上还是在种植园里，男性都占有绝对的主导地位，而在种植园里，性别组成的比例失衡严重阻碍了奴隶人口的繁衍。由于这项特殊的人口制度致使劳动力不能够自给自足，因此，为了支撑劳动力的需求，主要通过奴隶贩卖的方式进行补充。这种依赖带来了致命的危险，

---

[1] 乘数效应：由经济活动中某一变量的增减所引起的经济总量变化的连锁反应程度。

因为全球资本主义的发展要求普及有偿劳动,这无可避免地导致了奴隶制走向终结。长期以来,英国一直是奴隶贩卖和种植园奴隶制的主要推动者,但也是在工业革命发生的背景下——1807年,贩卖交易在英国被禁止,在不到30年以后,英国宣布在其殖民地上废除奴隶制,最终逐步成为世界废奴主义的先驱。迫于英国施加的压力,西班牙在1820年被迫签署一项条约,禁止在其殖民地上进行奴隶贩卖,这一承诺虽然未能履行,但非洲人的贩卖却从此变成了地下交易,交易价格也被抬高。

从劳动力的角度看,种植园制度还涉及另一个问题,即奴隶制最终导致了劳动力的贬值。在十九世纪上半叶古巴社会中,体力劳动越来越成为一种"黑人的活儿",因此,奴隶的工种普遍变得越来越多样化,而这些工作都是白人不愿意做的。在社会层面,这种趋势滋生了诸如游手好闲等不良现象;从经济的角度看,对于奴隶劳动力的过度需求,使得其中很大一部分奴隶都没有用在能带来效益的工作上。事实上,在当时开展的人口普查中记录了城市地区的奴隶数量高于农村地区,虽然当中的一部分是在港口、烟草作坊、运输行业或建筑业中担当搬运工,但大部分都是家庭佣工。人口贩卖从这种过度需求中受益,并促使了大型"黑奴贩子"的数量增加,这些人后来给富有经济效益的行业发放高利贷。

人口动态和人口结构

如果人口没有同步加速增长，经济飞速发展就不可能实现。在1792年和1862年两次人口普查之间相隔的70年里，该岛居民数量增加超过一百万，而到1862年，古巴居民人口共计1 359 238人。在某些时间段里，人口年均增长率接近3%，这一人口增长有相当大的一部分来源于移民数量的增加，当中最主要的是奴隶贩卖带来的强制性移民引入。前面曾经提及，英西两国曾签订条约，自条约生效的那年起，这臭名昭著的买卖就变成了地下交易，并在1789年至1820年间大肆发展，但这实际上没有对古巴的人口状况造成多大的改变。虽然该条约的签署直接制约了贩卖交易，但根据1825年的记录表明，奴隶贩卖在此时已经恢复到往常的水平——每年20 000到30 000名，该数字一直保持到1842年，那年英国实行了更为有效的管制，致使交易量显著下滑，尽管如此，这一地下交易却在跌宕起伏中持续到19世纪60年代末。虽然强制性移民的人口总量很难确定，但多项估算都指出，该数量高于1792年至1862年间引入的60万名非洲人。

此外，白人的移民人口也非常多，经证实，其数量与非洲移民相当，甚至有可能超过非洲移民，尤其是在1845年之后。随着白人移民的到来，阵阵浪潮掀起，如同由海地革命，和路易斯安那于 1803 年，以及佛罗里达于 1819 年卖给美国所引起的移民浪潮一样。在此之前，许多居住在殖民地的西班牙人和法国人选择搬到古巴。最终，西班牙的军队、官员和定居者，以及务实的克里奥尔人，都在西班牙语拉丁美洲独立战争开始之后离开了美洲大陆，其中很大一部分都搬到了这座岛上定居。在这些移民大规模引入的同时，一群大部分来自宗主国的欧洲移民陆续迁入，也使得白人群体不断壮大，在某种程度上，各种殖民化运动促使了这场人口迁移的发生。黑人人口的迅速增加曾引起殖民当局和当地寡头集团的关切，他们对人口比例失衡的加剧感到担忧，这种失衡在 1841 年的人口普查中得到体现，此时岛上奴隶的数量首次超过了白人居民。鉴于之前海地的经验，这种情况可能带来风险，使得皇家贸易法庭、经济学会和其他机构纷纷制定殖民化计划；而为了将这些计划落到实处，有一个白人委员会——也是政府机构，对所有进入岛上的非洲人都进行征税，并以此持续运行多年。殖民化计划有时会与马德里王室的战略利益密切相关，鼓励建立城市——比如西恩富戈斯，还提倡开拓几乎荒无人烟的地区——例如松树岛，同时更有目的性地将来自加拿大或加利西亚的移民队伍吸引到铁路建设或者开发烟草区的项目中去。然而，白人移民多数是自发进行的，如来自加泰罗尼亚的移民推动了很大一部分的小型贸易的发展。除了这些人群之外，还必须加上中国的散工——"苦力",从 1848 年开始,种植园开始雇用越来越多的中国人,以此作为对贩卖黑奴减少的补充,直至十九世纪六十年代末,雇用的中国人总计达到近 10 万人,并且几乎都是男性。一批人口数量更小但意义重大的群体——玛雅印第安人,在邻近的尤卡坦半岛发生种性战争期间沦为类似的半奴役地位。这两种移民在当时的人口普查中都被登记为白人。这种人口注入的补充,以及奴隶制群体中的高死亡率,使得白人人口在 1861 年达到了将近 80 万人,再次成为该岛人口比例最高的群体。

人口增长使得岛屿空间得到了更有效的利用,并且出现了大量的城市和乡镇。随着烟草农民被赶出首都,新菲律宾最西边的地区(比那尔德里奥)发展起来,不仅包括最初在 1773 年建立的村庄,还有其他烟草种植城镇,如南康索拉西翁和圣路易斯。在广阔的西部种植园地区,则出现了古印内斯、基维坎、德鲁加和其他属于哈瓦那管辖范围的城镇,以及马坦萨斯平原上的贝姆巴(霍维亚诺斯)、巴拉德罗和马库里何斯;同时,平原上诸如科隆和卡德纳斯港这些城市也蓬勃发展起来,其中,卡德纳斯港成为当时人口爆炸式增长势头最猛的主要城市之一。同样是在种植园区域,在更靠近东边的地方,建立了大萨瓜和一些较小的城镇,例如克鲁塞斯和卡马华尼,这些都是铁路扩张的产物。而种植园在东部也有分支,比如说关塔那摩和最小型的城镇恩拉马达斯(圣路易斯）以及帕尔马索里亚诺。说到这里，还必须提及几个港口城市，如卡伊瓦连、努埃维塔斯、希巴腊和曼萨尼约，这些城市最初是随着贸易流通日益频繁而建立的。然而，这个日益扩展的城市网络也有其独特之处。在种植园区域内，大部分的人口由于处于奴隶地位，因而缺乏流动性，此外，城镇也并不是当地生活的中心，而是作为通往港口和大城市——尤其是首都的中转站，造成这种状况的原因是殖民政府实施集权化管理，从而限制了这些城市居住区成为贸易中心或行政中心的可能。

  贸易流通，以及随着人口不断增长所带来的商品和服务需求，决定了岛屿的经济面貌，并勾勒出各区域的轮廓，而这些区域早在几个世纪前就开始逐步形成了各自的身份认同感。这个过程随着空间的变化呈现出不一样的程度，同时也取决于各区域的经济活动、财富累积情况和居住密度。到了19世纪中叶，可以看到有4个特征相当明显的地域。它们分别是：西部，以哈瓦那为中心，从比那尔德里奥的烟草区一直延伸到萨瓜和西恩富戈斯辖区内的大型种植园的东部边界；中部（包括现在的谢戈德阿维拉），甘蔗地和烟草田以及牧场都可以在这片区域中找到；再就是卡马圭辽阔的牧场平原，它是太子港辖区内唯一一个大型城市枢纽，已开通铁路并与努埃维塔斯港连接起来了；最后是东部，东部也呈现出了丰富的多样性，其牧区如巴亚莫和图纳斯，邻接种植园区域——位于圣地亚哥和关塔那摩的蔗糖和咖啡种植园，同时也靠近奥尔金的"耕作田区"。从另一个角度看，所有这些地域都很不一样，它们在经济和社会特征上存在着差异，因此，古巴内部的部分区域或子区域可以依靠自身特点得以区分。

然而，差异最明显的是最为富裕的西部和较为贫困的东部：西部的种植园有着十分突出的巨大优势——还包括部分中部地区的种植园，比如雷梅迪奥斯、维拉克拉拉和特立尼达；在东部，种植园的地位则位居次要，因为该区域较为贫穷，还有大片土地未开垦。在这个区域内的甘蔗园规模普遍较小，且还保留了18世纪带有父权制特征的劳动制度，技术落后——只有不到一半会使用蒸汽机，此外，获得信贷和贸易渠道的机会也更为有限。在社会层面，东部辖区的特点是农民比例高而奴隶的比例相对较低，同时拥有大量的"自由有色人种"，这种情况表明其对奴隶制的依赖程度较低。

古巴人口增长的状况决定了其人口结构会发生重大的变化。奴隶贩卖的兴起使得奴隶的数量在1792年至1841年间翻了5倍，更重要的是，该部分人口占全岛人数的比重超过40%，即便在随后的1862年，这个比例就下降到了28%。随着自由黑人和混血儿数量的增加，该群体的人口占岛屿总人口的比重通常保持在15%到20%之间，因此，将这部分人口与奴隶人口相加后，"有色人种"

的比重在 19 世纪上半叶几乎一直高于白种人。

引起人口迁移的因素——尤其是人口贩卖，对人口的动态发展有很大的影响，同时也导致性别比例分布出现了严重的不协调。1792 年，每 100 名居民中各有 53 名男性和 47 名女性，男女比例相当平衡，但是到了 1827 年，男性比例已占了将近 60%。在这些年间，奴隶的男女性别比例几乎可以说是每名女性对应两名男性，但在西部的部分甘蔗园，男女比例则可能达到了 4 比 1。自 1840 年以来，人口贩卖受到了更为有效的打击之后，奴隶的性别比例逐渐趋于正常化，其中一个原因可能是奴隶主意识到，女性比例增大可以促进奴隶群体的繁衍，因此女黑奴的贩卖人数出现了增长。凑巧的是，随着白人群体中加入了越来越多受雇的亚洲人——几乎所有都是男性，由此加剧了性别比例失衡，到了 1867 年，每 100 名居民中就有 59 名男性。相比之下，"自由有色人种"这一群体则几乎没有受到移民现象的影响，他们的性别比例最为平衡，其中女性人口占总人口的 51%，这不仅能够使其生育率上升，并且也使得 15 岁以下人口在该群体中的占比同样居于高位。1862 年该群体的人口比重是 40%，而白人的比重是 37%，有记录的奴隶比例则为 29%。

根据地区的不同，人口结构所表现出的特点也同样令人关注。首先，在空间分布上呈现出了明显的差异性。1846 年，岛上几乎

60%的人口都居住在西部,而在广阔的东部比例只略高于25%,因此人口密度排名第一的居民点的人数——每平方公里有16.6人,是排名第二的居民点的4倍。尽管奴隶人数较少,但东部的人口中仍有略高于半数的黑人,比例约为52%,产生这种情况的原因是自由有色人种的数量也很多。一般而言,由于奴隶制和移民现象发生的概率比较低,使得岛上东部地区不同性别之间对应的数量关系更加均衡,甚至在奴隶群体内也是如此,这表明了该地区的人口结构并没有受到种植园的影响。出于同样的原因,有色人种在东部的城市和农村地区的人口分布大致相同,然而,到了19世纪中叶,西部却有三分之二的黑人和黑白混血儿生活在农村。

社会结构和社会冲突

种植园的扩张不但打破了古巴社会的一体化进程,还在很大程度上使其发生了扭曲。一方面,三大群体——白人、自由黑人以及奴隶之间的阶层特征划分越发明显,他们因各自之间不同的身份地位和种族特征而有所区别,因为奴隶制的维系不仅建立在强制性手段和暴力之上,还以意识形态为基础,后者使得白人"天生"就比黑人优越。另一方面,经济的繁荣发展也加剧了当中某些群体的内部差异,例如,按照贫富程度对白人进行了明确而完整的等级划分,但在自由有色人种中,经济差距则不是那么明显,但也绝对不是不存在。在这个本来就相当复杂的环境之下,大量引入的移民同样也带来了深刻的影响,尤其是对于白人而言,白人被分为了克里奥尔白人和伊比利亚半岛白人;而即便同属奴隶群体,和在岛上出生的克里奥尔奴隶相比,"刚从其本国出来的黑人奴隶",即刚从非洲来到古巴的奴隶,二者所受到的待遇及其价格都很不一样,又或是与克里奥尔农奴的孩子相比更是如此。

奴隶是这个金字塔型社会的基础。他们大部分都在种植园长时间劳作,若不是主人出于维护自身财产这一项经济利益的考虑,其生存条件将极为严酷。其中,超过一半的农村奴隶都在甘蔗园,那里的条件比咖啡种植园、烟草田或小牧场都更为苛刻,尤其是在收成期间。为了强制执行的劳动纪律,他们经常被施以生理上的折磨,并且,随着奴隶制被大规模实行,大型的甘蔗园将奴隶置于奴隶房——一种具有监狱特点的建筑物,里面的压迫氛围比茅屋和茅棚都要明显,后来还被用作住房。在大型种植园,平房的生活条件不利于奴隶组建家庭,这种状况直到19世纪中期才开始有所缓解,原因是当时的贩卖受到了更大力度的打击,在此背景下,为奴隶的繁衍创造有利条件才是明智的做法。即便当时的小家庭结构依然十分脆弱,因为其主人一旦遇到经济困难,当中的某位家庭成员就会随时面临被出售的危险。除了所有的这一切,奴隶还要遭受文化暴力，无论在饮食、着装、住所甚至信仰上，主人都强制奴隶去服从，他们几乎没有机会表现出个性。

相比而言，城市奴隶的情况会好一些，当"可恶的制度"发展到顶峰时（1841年），奴隶的数量占了受奴役人口总和的45%。对城市和城镇的奴隶的劳动要求不那么严苛，男女性别比例也更加平衡，使建立新的社会联系成为可能；此外，他们也没有遭受种植园制度下的野蛮行径，因为种植园通常是奴隶接受惩罚的地方。他们中的大多数都是家庭佣工——部分家族拥有30多名佣工；也有很多人从事手工劳作或公共服务，他们通常是"按日计酬"或按照其他传统的方式来安排。这就使得奴隶们有可能积攒一些钱，并且借助用以规范殖民奴隶制的法律制度——其漏洞很快就被人们所知——强制赎身，甚至获得自由。

当然，对于奴隶来说还有其他的逃脱方式，包括他们对所遭受的压迫而采取的反抗。逃跑是农村奴隶使用最频繁的方法，在变成逃亡奴隶之后，他们会藏匿在一些地形错综复杂的区域，如果成功逃过"牧场主"的追捕，就可以在其居住的逃奴寨里躲藏起来——和他们的逃亡同伴一起防卫。虽然这些逃奴寨不断地受到滋扰，但是其中的一部分最终留存了下来，并长达数十年，甚至还定期与农民和商人交换物资，相互帮忙。此外，压迫还会引发集体行动、恐怖性叛乱或暴动，这偶尔会影响到种植园地区。

最常发生的是暴动波及某处甘蔗园或咖啡种植园,里面的奴隶趁机对资产进行掠夺和破坏,杀死白人雇员甚至是其主人,最后他们会被镇压和处决。有时,这些举动会整合成能够影响一个或数个地区的行动,就像1825年在马坦萨斯发生的暴动一样,直接导致20多家种植园遭受破坏,以及数十名奴隶和几个白人的死亡;又或是由来自哈瓦那的自由黑人何塞·安东尼奥·阿庞特策划的一起更为危险的阴谋,他将触角伸展到太子港和东方省,该阴谋于1812年初被发现,并以其领袖被处决而告终。除了采取暴力形式,奴隶们还采取了一些更微妙的反抗方法,例如破坏工具,焚烧甘蔗田,假装生病甚至自残,从内部逐渐削弱奴隶制,而此时,奴隶制也日益受到了来自外部的废奴主义的威胁。

自由的有色人种的数量因逃亡的奴隶人口而得到了补充,但最重要的还是其拥有很高的生育率,因而在19世纪上半叶,该群体的数量翻了一倍,并于1862年超过了230 000人。他们当中的许多人能够获得技能并以某种形式接受教育,因而大多数职务和技术性工作都由这一阶层的人来担任,当中包括女性,从事的职业有洗衣工、裁缝或者做小生意。出于履行军事义务的需要,部分黑人和自由混血儿在军队中获得学位,而另外一些则成为出色的诗人、音乐家和艺术家。还有一部分人在市区拥有作坊和不动产,个别甚至还拥有奴隶。该阶层的职业分布呈现出了有趣的地域差异性，1862年在哈瓦那辖区开展的人口普查显示，城市中的自由有色人种超过20 000名，其中大概只有2 000人从事农业劳动，这一趋势在古巴圣地亚哥则出现了反转，那里约有23 000名黑人和黑白混血的农民，接近市区职工总人数的两倍。从殖民时代开始，自由有色人种就已经拥有了自己的社群，通过"民族互助会"——入会条件是他们的种族背景，或者以宗教教友会的形式，打造起互助的框架，并且使得源于非洲的文化表现形式得以保留。

在经济上获得了成功，同时对提高自己的社会地位有着清晰目标的自由黑人和自由混血儿，引起了一些白人的嫉妒和猜忌，这些白人十分眼红，于是筑起了法律屏障——禁止他们上大学或成为神职人员，他们也不得进入公共管理领域，想借此阻止自由有色人种崛起。海地革命的幽灵挥之不去，同时奴隶制的发展也令人担忧，这就使得这个阶层开始被视为引发政治混乱的潜在根源。奴隶制受到公然的谴责，加上自由黑人和城市里的奴隶经常表现出团结互助的状态，因而自由黑人群体一再被怀疑可能在煽动他们的奴隶兄弟造反叛乱。"对黑人的恐惧"不仅导致了黑白混血儿阵营的实质性瓦解，还被用来逐步削弱有色人种当中已经成为中产阶级的那部分人在经济上的影响力。英国对禁止贩卖黑奴的支持给殖民当局带来了压力，同时，既是英国领事又是热切的废奴主义者的大卫·特恩布尔在哈瓦那和马坦萨斯与某些黑人建立起联系，这两条导火线使得恐惧和怀疑不断积聚，最终引发了一场更为暴力的镇压。1843 年，在马坦萨斯种植园连续发生两起奴隶叛乱期间，殖民当局发现了一个所谓的阴谋，涉及的相关人员除了在马坦萨斯和首都的奴隶、大量的黑人和自由混血儿，甚至还有部分带有废奴主义倾向的白人知识分子。这场被称为"梯阵阴谋"的镇压——这是其中对囚犯使用的一种酷刑手段，导致了大约 4 000 人被拘留和近千人死亡，其中一些是自由有色人种当中的知名人物，例如混血诗人加夫列尔·德·拉·孔塞普西翁·巴尔德斯（Gabriel de la Concepción Valdés）——又名"普拉西多"（Plácido），他在一场带有阴谋的司法审判后被处决。一直以来都无法确定在这场阴谋中有多少是真实的，但很显然，这不仅被用于征服有反抗性的奴隶，还能挫败自由黑人和黑白混血儿这一群体的锐气，使之认识到在奴隶制占支配地位的社会中，他们不可能获得真正的跃升。

黑人奴隶也同样渗透到白人群体中。在农村地区，白人农民并没有摆脱被奴役的命运，一是因为他们会在自己的烟草田和农场里使用部分奴隶，二是他们本身也会在某个种植园中当车夫、牧工头或者临时工。可以发现，按照土地占有形式，生产性质或者与种植园之间的关系，可将农民划分为不同的类型——地主、租户、佃农等。在城市中，白人社群的群众基础是工人，尤其是从 1830 年起，制造业——特别是烟草制造业，开始扩张，以至于到了 1862 年，雇用的工人数量超过 13 000 人。奴隶制对这个阶层的影响以一种间接的方式显现出来，在适用于工资收入者的极具强制性的劳动制度中，即使在法律上工人是自由的，但他们也只能被迫长期做学徒工，还可能遭到师傅的体罚，某些岗位甚至还以破除懒散陋习为借口，强制要求他们签下一份保证书。奴隶制对于外来移民在合同关系下的工作条件有着更为明显的影响，特别是中国苦力，当中的许多人以半奴役的状态在已有的种植园工作，以及在一些加利西亚和加那利合同兵队列中被迫接受令人厌恶的强制性标准。

在城市，尤其是在主要城市里，一个特殊的群体日益壮大，其组成人员有殖民军官和政府官员，中小型贸易商和专业技术人员如医生、药剂师、律师等，还有中小学教师、音乐家、理发师、兽医等技术人员，此外还包括仓库和贸易公司职工，以及印刷工人、铁匠、银匠等工匠。阶级、种族、殖民地位以及专业资格等不同因素，决定了在这个复杂的社会群体内部存在着多种差异，形成了一个经常发生矛盾的利益阶层，这也是因为相较于克里奥尔人、黑人和混血儿这几个群体，西班牙人享有更多的特权。

多样性同样也是殖民精英层的一个独特属性。过往的克里奥尔寡头集团支配了土地和市政府，推动着文化生活的发展，甚至还具有民族意识——即使未必是国家意识；而在19世纪的前几十年里，一方面，得益于王室对他们在大陆独立运动中所表现出的忠诚所给予的奖赏，其地位得到了加强。另一方面，种植园的扩张使得他们的经济实力得到了增强，并且，随着新一批农场主的诞生，其队伍不断壮大，但这与土地所有制的传统形式已再无关联。然而，黑奴贸易这一分支最终发展成为像糖和咖啡一样重要的商业活动，同样也促成了一群主要来自伊比利亚半岛的商人的崛起，这群人组建了支配阶级当中的突出行业，而支配该阶级的群体还包括其他行业的企业家，主要来自烟草行业。这两个行业的最顶层构成了上流社会，其中也涉及一些地位最高的殖民官员，他们最初与克里奥尔寡头集团有联系，后来逐渐与黑奴贩子勾结，尤其在地下贩卖交易的过程中，他们的同谋关系变得日益紧密。即使奴隶制和出口生产都明显地反映出殖民精英阶层所共有的利益，但其内部关系并不能免于冲突，原因是随着信贷业务的运行——大多以高利贷的模式建立，商业资本变得尤为重要。贸易领域的主要成员是伊比利亚半岛人，而在生产领域占主导地位的是克里奥尔人，这一状况，在史料中有时会以示意图的形式呈现。然而，商业活动之间具有相互关联性，社会本身也带有流动性，这些都使得这两个群体之间的联系变得更加紧密——其经常采用的方式是联姻，有些时候凭借的是部分农场主仍未结清的债务。其中最大的贸易商甚至普遍成为"糖业巨子"。在精英阶层所具有的影响力中，不可忽视的一点在于其与小型企业老板建立了联系，甚至构建了真正的客户网络，将大型批发商与大大小小的零售商、最富有的农场主，以及小型甘蔗园主等农村土地所有者都连接了起来。

以殖民主义和奴隶制为标志的社会，其固有的矛盾往往也会更加突出。岛上的寡头集团在 19 世纪的头几十年里获得了更大的权力，但此后，从 19 世纪 30 年代起，马德里王室授予的特权开始变小，他们便越来越受到各级政府的排斥，而后开始依赖伊比利亚半岛资产阶级自由派提供的支持，该自由派群体认为殖民关系更具动态性和掠夺性。至于岛上的都督，则开始被一个主要由伊比利亚半岛的大型贸易商组成的集团围绕在身边，并与该集团共享奴隶贩卖带来的利益。克里奥尔精英阶层很快就对这些威胁到其首要地位的"新贵"表现出了排斥。富有进取心的伊比利亚半岛移民，至少在他们的崛起期间，开始不知疲倦地工作以获得大量财富，而克里奥尔人的工作态度则因受到奴隶制的影响变得堕落，因此，半岛移民也对他们表示蔑视，认为这是游手好闲的无用之辈才有的态度。这种相互之间的敌意日益加深，逐步破坏着这两个群体之间的关系，正如当时的闹剧所描绘的那样。克里奥尔人一直被排除在公共管理之外，并且随着他们带来的政治影响力——即将可以看到——逐渐受到限制，他们观察到殖民地高级官员和来自伊比利亚半岛的商人经常相互支持，对他们的特权有所损害。如此明显的利益冲突将不可避免地影响到社会中的其他阶层，并进一步加剧政治中的紧张局势。

  古巴种植园后期的繁荣期，也正是奴隶制遭到大西洋沿岸最主要的国家的知识界谴责的时期。可以看到，英国在1807年是禁止奴隶贸易的，而英国禁止奴隶贸易的政策很快就被美国效仿并得到维也纳国会的支持，这种情况迫使西班牙也承诺终止奴隶交易。事实上，这并没有真正实现，反而抬高了奴隶的交易价格，迫使岛上支持奴隶制的人和西班牙政府盟友共同捍卫"可恶的制度"，他们不仅以经济利益为借口，声称这对古巴参与世界市场竞争有着至关重要的影响，还得出谬论，宣称奴隶贩卖性质温和，是一项文明使命。然而，继1834年英格兰在其殖民地颁布废除奴隶制法令以后，法国和荷兰也在30年后效仿，由此清楚地表明了奴隶制注定要消亡，在一定程度上，这项措施也在道德上谴责了奴隶制的捍卫者。

  在古巴本国，奴隶制所造成的危害也变得更加明显，这是因为在奴隶贩卖的过程中，掌控贩卖交易的伊比利亚半岛商人的经济地位和政治影响力得到加强；同时，他们不断地积累财富，并利用这些财富以发放高利贷的形式对农场主进行剥削。因此，也难怪阿朗戈·帕雷诺，这个曾经的奴隶贸易的拥护者，却在 1832 年称其为"可恶的贸易"。不久之后，这一观点得到了克里奥尔知识分子的支持，他们公开宣称反对奴隶贩卖，并以一种更隐晦的方式批判奴隶制。来自英国的压力，加上废奴观念的传播，促使赫罗尼莫·巴尔德斯（Jerónimo Valdés）都督于 1842 年颁布一项法令以规范奴隶的处理办法，从条文中可以隐约看出那些不幸的奴隶直到那时仍遭受着暴行。

在美国内战期间，总统亚伯拉罕·林肯宣布废除奴隶制，此时，该制度在古巴的命运便已成定局。不过，奴隶制仍然得到了强大利益集团的鼎力支持，这就使得该制度的消亡成为一个痛苦而漫长的过程。

−5−

国家成形前的变革

在18世纪的最后十年到19世纪中叶,古巴的经济和人口都经历了历史上速度最快的增长,社会步入成熟阶段,但又逐渐被深层次的矛盾所侵蚀。它的物质繁荣建立在奴隶制之上,而在其他区域,这是一种明显过时的社会关系,且由于忽视了岛上部分居民的处境,这种社会关系也对其他民众造成了极大的障碍。与此同时,因为殖民地与奴隶制密切相关,这导致与来自宗主国的人相比,古巴人注定要处于从属地位,并且被剥夺如主宰命运和规划其社群未来等最基本的权利。

鉴于这种情况,古巴社会的发展呈现出多种趋势便不足为奇了。随着物质和智力的进步,再加上背景不同的人共处,有利于各种文化建立起联系,各种观念、习俗及信仰也日益融合,促使在一个身份认同日益明确的社群中也能构建起多元化的群体。然而，尖锐的冲突同时也造成了混乱，还会破坏社会的正常运行，并由此形成了不同的意识形态流派和复杂的政治进程。后者其实也受到了时代精神的推动，在当时的国际舞台上并存着各种各样的学说流派：西班牙自由主义所表现出的模糊倾向，美国的多元化民主，或是在法国大革命过程中形成的对西班牙语美洲的独立运动有鼓舞作用的政治学说及思想流派。

被搁置的独立

19世纪初，大陆的独立斗争中并没有古巴的身影。如果人们发现洪堡男爵在不久前就已经意识到，岛上的精英阶层是西班牙语美洲当中知识最渊博同时也是政治化程度最高的群体，那么从某种程度上说，古巴的缺席就显得不可思议了。因此，需要对古巴的边缘化现象进行仔细的分析，这主要是因为造成这种现象的原因，在长达数十年之久的时间里对该岛的政治生活起决定性作用。

首先需要注意的是，古巴这个特例必须以相应的方式去理解。事实上可以看到的是，在安的列斯群岛中最大的岛上发生的事情，与这片大陆的情形存在着某种一致性。这种情况可见于1811年，在哈瓦那，曾经有一个主张独立的阴谋被揭露——以具有一定知名度的律师罗曼·德·拉鲁兹（Román de la Luz）为首，一名民兵队长和黑白混血兵团的多名成员，以及另一名来自巴亚莫的律师华金·因凡特（Joaquín Infante）共同参与，后者曾经为"古巴岛国"起草过宪法。虽然参与密谋的人很少且并不具有代表性，但令人感到意外的是，上述宪法传达出了主张独立的明确呼声，当时部分大陆殖民地爆发的叛乱已愈演愈烈，却依然没有与西班牙公开断绝关系。接下来还发生了一起由何塞·安东尼奥·阿庞特主导的阴谋，并在1812年被残酷镇压。在这次阴谋中，参与密谋的人大多数是黑人、自由混血儿和一些奴隶，他们坚决反对奴隶制，但和独立没有太大关联，因而其阴谋更多地被定位为海地革命的延续，而不是大陆的解放运动。这些阴谋，如同1795年于巴亚莫揭露的一起扑朔迷离的密谋一样，最突出的特点是当中完全没有克里奥尔寡头集团的人物参与，这点与1795年曾发生暴乱的多个殖民地的情况有着显著的差异。实际上，只有1808年制定的建立省议会的议案，以及不久之后由阿朗戈在皇家农商署里提出的在岛上设立自治政府的方案，可能与西班牙语美洲殖民地的"委员会"运动有着某种关联；然而，第一个议案很快就被搁置，关于主权自治的提议又遭到加的斯议会的驳斥，因此这种手段很快就不再被使用。

　　古巴精英阶层并没有带动部分大陆兄弟姐妹们去冒险以寻求

独立。不仅如此，该岛的大奴隶主们还对冲击到西班牙语美洲其他地区的战争和破坏表现出恐惧，他们认为，对古巴而言，没有其他决定能比参加必然将古巴引向深渊的运动更加糟糕的了。随着古巴凭借种植园制度的全面扩张而繁荣发展，农场主意识到奴隶制很难在独立战争中留存下来。在他们的观念里，相比于与西班牙的分歧，白人和黑人之间的对抗更为要紧，如果王室愿意做一系列的让步以换来农场主的忠诚的话，情况更是如此。"瓜里科①的幽灵"——这是阿朗戈对海地革命的叫法，对农场主而言仍然历历在目，以至于他们不敢冒险，怕酿成政治闹剧，点燃暴动的导火索。综合上述所有问题，可以说，西班牙殖民政权为农场主的利益提供了最佳的保障。

寡头集团不愿意参与独立斗争，使得斗争成为一场以中产阶级为主体的运动，其领袖和参与者主要由专业技术人员和部分来自贫苦家庭的白人，以及黑人和自由混血儿组成，所有这些人在本质上都不是奴隶身份，甚至还同意一些奴隶参与到分裂斗争中去。古巴独立运动的这一特点，在前面叙述过的阴谋中已经表现出来，并在19世纪20年代变得更加明显。

这些年来，在大陆独立战争中取得的进展，成为岛上阴谋活

---

① Guarico，即如今的海地角，海地的第二大城市。

动的催化剂，这些阴谋通常与墨西哥或大哥伦比亚有关，因为二者都有意破坏古巴这个西班牙用作反攻的重要基地。当时革命思想对岛上的一些地区影响显著，这些思潮体现在西班牙"三年自由运动"形势下发挥了作用的共济会中。1820年的军事行动迫使费尔南德七世恢复了加的斯宪法，该行动虽然步调不一致而且短暂，却开启了古巴激烈的政治活动阶段，其中，新闻和集会自由、议会议员的选举和各种势力间的冲突致使阴谋活动盛行的混乱局面出现。其中，最为轰动的是1823年"玻利瓦尔（Bolívar）的太阳和光芒"这个密谋。这个密谋在两年前就开始策划，以哈瓦那的洛斯索雷斯共济会和古巴人何塞·弗朗西斯科·莱穆斯（José Francisco Lemus）为轴心，后者在玻利瓦尔军队中的军衔是上校，其联系网络延伸到了马坦萨斯、太子港和其他城市，在这些地方的同谋者大约有600名。联合发起的这场暴动得到了委内瑞拉3 000士兵的支持，并试图在岛上宣称成立古巴纳坎共和国。部分参与者——其中莱穆斯被捕，而其他人，例如诗人何塞·马利亚·埃雷迪亚（José María Heredia）得以脱身。这场运动导致数十人被驱逐出境，这是因为都督弗朗西斯科·迪奥尼西奥·比维斯（Francisco Dionisio Vives）倾向于不使用死刑，不过他的权力也因此得到了扩大。在内外部受到威胁的情况下，按照费尔南德所恢复的绝对主义，他废除了多项自由，并授予古巴都督"自主裁决的权力",这使得他在被围困的状况下也能够行使权力,该项特权维持了数十年之久。即使"玻利瓦尔的太阳和光芒"密谋失败了,但依然不断出现支持独立的鲁莽行动。在多名古巴人调集西蒙·玻利瓦尔提供的新援军队伍期间,于1823年逃脱的两名同谋者,弗朗西斯科·阿奎罗(Francisco Agüero)和曼努埃尔·安德烈斯·桑切斯(Manuel Andrés Sánchez),三年后在卡马圭上岸并重新筹划阴谋,但最终还是被抓获并被送上了绞刑架。几乎在同一时间,另一起阴谋成形,即"黑鹰大军团",这次运动从墨西哥发起,几年后才被发现,但在那时该军团实际上已经瓦解。

有两个因素使得古巴的独立运动成果全都付诸东流。一方面来自岛屿寡头政治集团的阻挠,他们不仅不愿意采取任何的分裂行动,还一直将财富输送给西班牙以助其再次征服美洲,在大陆上,则为圣胡安·德乌卢阿(San Juan de Ulúa)和一些保皇派的城堡提供物资,或者对远征军进行资助,例如由伊西多罗·巴拉达斯准将带领的军队,这支军队于1829年在坦皮科附近被击败。这种态度并不是特例,因为这在其他殖民地的精英阶层中也有表现,而促使这些殖民地成功独立的力量则来自外部,就像秘鲁——在何塞·圣马丁和玻利瓦尔接连派遣军队入驻之后走向独立那样。确实,古巴的岛国性质在这种形势下是一个相当大的障碍,但最大的障碍无疑是美国和英国所采取的政策。美国政府深信,古巴在脱离西班牙之后，必然会落入美国手中，于是其更倾向于等待时机成熟，因此其巴拿马同盟会议（1826年）的代表团明确反对玻利瓦尔集中力量推动古巴和波多黎各独立。大不列颠在此之前曾草率地承认过西班牙语美洲的新共和国，但作为对西班牙的一种补偿，英国又决定承认这些岛屿的殖民地位。直到1830年，古巴独立的希望已灰飞烟灭。

这场早期发生的独立运动尽管存在着明显的弱点，但在很大程度上，尤其是在费利克斯·巴雷拉（Félix Varela）和何塞·马利亚·埃雷迪亚等杰出人物的推动下，促使独立国家的形成。费利克斯·巴雷拉是一名牧师，在圣卡洛斯和圣安布罗西奥神学院中，他的教义是战胜经院哲学的关键要素，并切实地培育了那个时代的克里奥尔知识分子。在后来的"三年自由运动"期间，他被推举为王室议员，在立法机构中，他主张一项他认为对岛屿最为有利的权力下放政策，但在自由主义信念和基督教的自由意识的驱使下，他在立法机构中却提交了一份有利于奴隶自由的报告，也因此失去了克里奥尔精英阶层的支持。在绝对主义复辟，同时这笔账被算在他头上之后，巴雷拉逃到美国，并在那里居住直到生命结束。1824年，他开始在美国出版《哈瓦那人》，这是一份公开宣传独立的报纸。虽然巴雷拉对他许多同胞的行为感到失望，并在几年后远离政治，但他的思想却仍然是古巴独立最初的理论来源。至于因参与了"太阳和光芒"运动而被迫流亡的诗人埃雷迪亚,则凭借其壮丽的《尼亚加拉瀑布颂歌》和其他优美的诗篇,很快跃升为西班牙语浪漫主义文学的巅峰代表人物之一。他富有激情的诗句使之成为古巴青年心中真正的偶像,对国家象征符号的打造做出了至关重要的贡献。

改良主义方案

克里奥尔精英阶层选择了安乐和特权,而非独立,就代表着要被迫接受使他们陷入从属地位的殖民结构,这是对其政治行为具有制约作用的框架。他们之后的行动必须是合作而不是对抗,是谨小慎微地参与改革而不是带来翻天覆地的变化,同时要在不触碰殖民制度根基的条件下,遵照要求修订政策和机制。无论是这种做法还是加入具有排他性的制度——例如奴隶制的行为,都将在国家形成的过程中极大地限制寡头集团的霸权地位。

鉴于以上这种情况,在19世纪上半叶的古巴,占主导地位的政治构想具有改良派的特征。作为一种流派,改良主义根据其意识形态的基础,所进行的改革以及推动改革的措施呈现出很不一样的表现形式。就古巴而言,可以看到改良派内部存在着极大的差异,并且在不同的阶段情况也会发生变化。这种差异性与在欧洲和美国流行的观点互相呼应，这些观点的不断变化对岛屿造成了影响，尤其是对一群知识分子而言，他们根据古巴社会特有的反常情况，融入自己的观点并对观点进行修改。

在克里奥尔人发动的第一次改良运动中，最突出的标志是有一群围绕在阿朗戈身边的哈瓦那寡头参与，他们在古巴的不同领域，如经济、政治、科学等领域，都充当着主导角色，这一状况维持了三十多年。在启蒙运动的氛围中，他们拥有广博的知识，并在激烈的生产和商业实践过程中不断得到丰富，其中还必须提及他们在政府中的出色表现——不论是殖民地还是宗主国的政府，他们都通过突出的智力劳动获得了名望。这个群体对于古巴利益的特殊性有一个非常清晰的认识——这与他们自己的利益几乎没有区别，并且他们绝不会忽视殖民地位固有的矛盾，但是他们对祖国的概念十分模糊——阿朗戈有时认为其祖国是哈瓦那，而有时又认为是西班牙，这远远称不上具有民族意识。作为那个时代的产物，改良主义者为增进自身利益所采取的政治路径与"开明专制"是一致的：期望赢得一位仁慈君主的青睐，并由其采取适当的措施来满足当下的社会和经济需求，而后通过与殖民当局协同行动以确保这些改变的有效性。简而言之，他们是启蒙运动的追随者，渴望进步但不参与到动荡局势中。

他们所处的环境虽然无序，但对他们却十分有利。连连战事导致了极为混乱的局面，西班牙海军在战争和商业上陷入崩溃状态，随后与外界断绝联系，宗主国遭遇侵袭，君主专制受到了自由主义宪政的挑战，最后是摧毁帝国的美洲独立运动。以上种种使得局面错综复杂，而这些开明的改良派知道如何才能在该局面中获利。凭借极强的能力和对旧政权的坚决拥护，他们借助力量薄弱的当局满足了自身的需求，在1791年至1819年颁布的一系列皇家许可和法令——以及在缺少以上许可和政令的情况下，仍从都督处获得了某些命令指示——这都是其成功轨迹的明显标志。克里奥尔改良派或是通过直接任职于政府机构——担任议员、将军甚至部长，或是通过在其他机构中展现出举足轻重的影响力，来制定游戏规则并在岛屿政府中真正展现其威望。人们很快就看到了结果：在19世纪第二个十年结束前，农场主已经获得了赏赐土地的所有权，他们可以无限制地开发森林资源，关闭烟草专卖店，与被承认的所有国家进行交易，最重要的是，按照关税制度的规定，有权享受比伊比利亚半岛更低的关税。

这个群体享有的特权，引发了宗主国资产阶级的怨恨情绪，后者主要从事贸易或制造业，拒绝被排除在从殖民财富中获利的队列之外。自由主义政治家毫不掩饰其想要掌控古巴经济的意图，他们在加的斯议会中代表着商人群体，而后者坚决反对扩大殖民地的贸易特权。这就能理解为什么岛上的大地主对于费尔南德七世（Fernando Ⅶ）废除宪法如此喜闻乐见，为什么这位马德里暴君及其无忧无虑的哈瓦那臣民从那时起表现出听之任之的态度。当"三年自由运动"发生时，自由派议会引入带有强烈保护主义色彩的关税，但也因此引发了抗议，主要表现为广泛的殖民地叛乱，这决定了必须授权给财政监察官，让其根据古巴的特殊情况对税率进行调整，但实际上，此次让步涉及的范围非常有限。

绝对主义的复辟在西班牙引发了所谓的"充满不祥预兆的十年"，也让古巴对改良派和君主制有了新的理解，表现在当下不再追求做出新的让步或开放新的权限，而是采取放任的态度，包括地下贩卖——这也与经济的飞速发展相符合。开明改良主义从那时起开始走向消亡，因为阿朗戈那一代人——比如他自己，已经很老了，将被新生人物取代。其中一位重要的接替者是克劳迪奥·马丁内兹·德·皮尼略斯（Claudio Martínez de Pinillos）——这位维拉努埃瓦的伯爵，于1824年被任命为财政部部长，任职将近30年。皮尼略斯做事谨慎，让人难以捉摸，岛上的经济权力落入最迂腐的寡头集团手中，如今已经没有像阿朗戈那样为了寡头集团的利益而做出牺牲的人了。这位负责人知道如何将有才干的人招揽到身边，这些人务实且保守。他擅长谈判，并手持强大的谈判武器：古巴财政部，这可能是西班牙财政部当中唯一没有被取消的部分。古巴的资金可以满足君主一时兴起所做的决定以及他再次征服的幻想;作为交换,改革不再继续,但古巴确实获得了实实在在的收益。

1833年,费迪南德七世去世以后,他的女儿——尚未成年的伊莎贝尔(Isabel),由于得到自由派的支持,顺利继承王位。自由主义在某些阶段持有温和的立场,而其他时候又表现出一种更为激进的态度,往后它代表西班牙的政治路线——而且从我们的角度来看是更重要的事情——制定出新的殖民政策。鉴于大家都已经接受美洲独立这个无法推翻的事实,西班牙试图以相似的态度去看待大洋两岸①的财产状况,最后也逐渐让步于宗主国与其殖民地之间在法律和政府程序上存在的越来越大的差异。殖民剥削,主要是建立在税收之上的君主专制的产物,如今将扩大其影响范围使殖民地也成为宗主国产品的一个首选市场。毫无疑问,这是一个更为现代化的概念,只是西班牙经济始终缺乏一种必要且真正具有互补性的发展,因此该政策将无可避免地造成一种恶劣局面,这也是建立在导致贫困的禁止性关税制度的基础上的。

作为新政策实行早期的迹象,由绝对主义反动派赋予政府当局的"无所不能"的特权在伊比利亚半岛已被废除,但在古巴却依然有效。为了毫无保留地行使这种特权,米盖尔·塔贡(Miguel

---

① 大洋两岸,即指西班牙及其拉丁美洲殖民地。

Tacón)被派到岛上担任都督,他是独立斗争期间在大陆被击败的军官之一,这个创伤性的经历使他从此对克里奥尔人极其不信任。新证据显示,这位刚上任的都督取消了最有名和最富有的哈瓦那人在贵族圈中的优越地位,取而代之的是一群有权势的伊比利亚半岛商人,当中的几乎所有人都与地下贩卖有关。自此,以往寡头集团与支持改良派实践的当局的利益关系结束了。

至此,在皮尼略斯的举措中,就已经很少能见到改良主义的影子了。改良主义的卷土重来发生在一群年轻的知识分子中间,他们大多是巴雷拉牧师在圣卡洛斯神学院授课期间的弟子。毋庸置疑,该群体的发言人是来自巴亚莫的何塞·安东尼奥·萨科(José Antonio Saco),他是杰出的散文家,同时还有其他突出的人物,例如知识渊博且才华横溢的文学家多明戈·德尔蒙特(Domingo del Monte),他在杂志和茶话会上不知疲倦地激发着文化生活的活力,以及很年轻就开始投身于国民教育的哲学家、学者何塞·德·拉路斯·卡瓦耶罗(José de la Luz y Caballero)。作为该时代的产物,这个群体的思想受到了许多外来思想文化的影响,其中包括美国、法国和西班牙语美洲的共和制经验,以及英国富有变化性的政治游戏,当然,还有原有的西班牙宪政的影响。他们的思想既不是经典的启蒙主义,也不是带有浪漫主义色彩的自由主义。然而,他们的意识形态来源并不是将这些年轻的自由改良派与启蒙时代的先行者区别开来的唯一因素。虽然德尔蒙特与部分经济权力集团保持着密切的联系——因为他是岛上最富有的地主的女婿,但这些地主实际上没有一个人是生意人,这与阿朗戈及其大多数伙伴不同。因此,他们在经济政策上表现出了明显的分歧,再加上对巴雷拉提出的某些道德原则的遵守情况不一,也导致他们在道德和利益,以及爱国主义和投机生意之间形成一股张力,这种被认为是自相矛盾的关系使他们或多或少地觉得自己是精神贵族。对此还需要补充的是,当时的制度也缺乏效力,因为虽然两种制度在经济学会,甚至最终在促进委员会——一个接替皇家农商署的机构当中均有体现,但实际上它们都在维拉努埃瓦的伯爵的掌控之下。

　　因为不了解权力——经济,甚至是政治结构,除了批判,新改良派并没有在施加影响力和谈判上找到自己的方法。鉴于上述情况,也就不难理解为什么和他们发生第一次公开冲突的是监察官及其团队,而不是新任都督塔贡。第一次冲突仅仅荡起了一丝涟漪,这是由受到皮尼略斯关照的加利西亚知识分子拉蒙·德·拉·萨格拉(Ramón de la Sagra)对埃雷迪亚发起批评所致。第二次则更为激烈,发生在国家友好合作皇家经济学会上,由萨科主编的一本杂志首次大胆刊出了巴雷拉的一篇文章,随后又刊出了这个来自巴亚莫的散文家的另一篇文章,其中的内容包括对巴西问题的分析，并暗含着对奴隶制的批判，这就足以使学会的主席胡安·伯纳多·奥加万（Juan Bernardo O'Gavan）——一位服务于检察官的、名不见经传的老一辈改良主义者——要求萨科辞职。最终冲突的爆发由年轻的自由主义者促成，他们企图建立一个机构，即古巴文学院，这一倡议遭到了皮尼略斯的强烈拒绝，他用尖刻的语言大肆渲染这场争端所带来的潜在影响，最终使都督将萨科流放，于是萨科被迫在欧洲度过他生命中的大部分时光。

  鉴于这种情况，自由改良派选择暂时撤退，正当此时，都督和监察官之间的矛盾开始变得突出。这是一场典型的权力斗争，塔贡渴望能够主持促进委员会并控制整个岛屿的经济。然而，可以看见的是这场争斗似乎都发生在象征性的领域，即两方政权建立的标志性建筑，一个被印在了西班牙的纹章上，另一个则被画到克里奥尔人的画作中。而且，更重要的是，在铁路建设上，最初由维拉努埃瓦的伯爵提出的倡议遭到了塔贡的阻挠，原因是不能让殖民地先于宗主国成为真正的进步范例。

  这场争斗实际上分为三个阶段，自由改良派在卢兹·卡瓦列罗（Luz y Caballero）的领导下，将矛头指向塔贡及其集团，还指向皮尼略斯，并越来越明显地谴责地下贩卖活动，而这项非法活动正是他们所有对手的利益交汇点。局势的激化发生在议会议员的选举会议上，每个集团都希望控制这些代表团。年轻的自由主义者确信能把他们的提案带到马德里,在提案中,他们提出古巴要获得和西班牙的省份同等权利的要求,即实现"同化",以及有效禁止贩卖奴隶。他们高举萨科参选的旗帜,但是选举过程受到了肮脏的操纵,于 1836 年 8 月因发生格兰哈暴乱而中断,在此次暴乱中,伊比利亚半岛恢复了 1812 年宪法。这个消息传到古巴后,东方省的省长曼努埃尔·洛伦索(Manuel Lorenzo)依靠古巴圣地亚哥自由改良派的坚定支持,决定在未经请示的情况下颁布加的斯大宪章。塔贡不但没有效仿该做法,还认为他下属的行为是一种蔑视,在严厉谴责该运动以后——包括谴责独立运动,塔贡调集兵力对东部首府发起进攻,迫使洛伦索放弃立场。在混乱中,何塞·安东尼奥·萨科获得了议员身份,而能在选举中获胜是因为受到了胡安·包蒂斯塔·萨加拉(Juan Bautista Sagarra)以及圣地亚哥自由派的支持。然而,萨科和其他两位古巴议员都不能在议会任职,议会还迫使古巴和其他殖民地接受"特别法"的管辖,这确定了殖民地在西班牙国内的地位是有所区别的,并且始终处于从属地位。萨科在这些事件发生之后写了一封慷慨激昂的声明,从那时起他放弃了同化主义的立场,开始倡导在古巴实行一种具有一定自治权的治理模式,这类似于英国对其部分殖民地所采用的模式。

作为对古巴人的一种补偿,塔贡的都督职务被撤销,但这个胜利应该更多地归功于维拉努埃瓦的伯爵所发挥的政治影响力，而不是岛上自由派的努力。随着萨科等议员被驱逐出议会，他们认识到推行改良主义的希望破灭了，或至少是将改良主义引入到西班牙强加的规则中的可能性被扼杀了。于是他们将希望转向社会和文化领域。多明戈·德尔蒙特在他的小集团着手做了一项部署，旨在为新兴的民族意识提供具有象征意义的武器，同时与英国领事特恩布尔联手打击贩卖奴隶，尽管在实质上他并不持有废奴的立场，但也对奴隶制的某些方面提出了挑战。古巴在两个方面——国家和奴隶制之间，存在着致命的弱点，即自由改良主义。相比之前的开明主义者，自由改良主义者的民族意识更加清晰明确，甚至他们最大的决心之一就是塑造一种区别于西班牙人的、属于古巴人的身份认同感。但他们所设想的古巴是一个白人国家，当中的黑人——特别是有着"野蛮"习俗的奴隶，将没有容身之地；因此他们反对贩卖奴隶——因为贩卖奴隶除了帮助伊比利亚半岛的商人发财致富之外，还"使黑人遍布全岛"，在他们的观念中，"白人化"实际上是国家确立的一个必不可少的条件。

文化进程和身份认同

这些年来，文化并没有从属于政治，而是与政治有着千丝万缕的关系，这很大程度上是因为它们的主要人物恰巧是一样的。来自国家友好合作皇家经济学会的开明改良派是教育普及化和现代化的主要推动者，教育由此开始走出修道院和教堂，并在一位宗教人士——哈瓦那主教胡安·何塞·迪亚兹·德·埃斯帕达（Juan José Díaz de Espada）的推动下，打破了经院哲学的模式。受到该主教支持的巴雷拉神父——我们此前已经提及其政治影响力，他在教育转型的过程中发挥了关键性作用。除了在主教的支持下对教学法做出修改之外，他还在化学教学上——出于糖业生产的需要，以及在政治经济学和其他博雅教育中设立了教授职位，并创办助产士学校、航海学校和植物园等机构。然而，尽管开明派付出了努力，爱国社团也做了大量的工作，在1830年谈及类似于学校网络这样的事情仍旧是枉然，因为在1823年，绝对主义反动派已经让为学校提供经费的、稀缺的公共资金消失得无影无踪。这就是多明戈·德尔蒙特在1836年完成的《小学教育报告》中所揭露的情况。经济学会试图缓解这个困境，而就此做出的提案在4年后成为"教师条例"。然而，问题不仅在于殖民政府对此事缺乏关注，还在于殖民政府明显有意剥夺这些带有一丝古巴特征的公民教育。

国家的教育开始于私立学校。在1833年至1836年间，何塞·德·拉·卢兹·卡瓦耶罗在卡拉瓜奥学院中将经验作为知识的来源以推行理性教学,旨在为古巴培养未来公民。这个项目在他自己的学校——萨尔瓦多——延续多年以后,便向其他城市铺开,例如吉特拉斯兄弟创办商业学院的所在地马坦萨斯,以及古巴圣地亚哥,这要归功于胡安·包蒂斯塔·萨加拉在教育上付出的巨大努力。但这些都是为精英和少数中产阶级而建立的学校;而且,在大多数学校中只有"扫盲"教师,都是针对白人的情况提供的,而在农村,有色人种接受教育的可能性更低。

即便如此,教育逐渐得以传播,而且,随着一批知识分子变得成熟,人文教育开始面向公众开放。报纸[①]是在拉斯·卡萨斯都督的支持下创办的,此后还出现了其他报纸,例如《消息日报》《谩骂日报》和《新闻与星辰日报》,报纸在短暂的宪法阶段享有言论自由,数量成倍增长。从《山猫报》(1811年)到《工业灯塔报》(1841年),新闻界一直在塑造自己的思想,从岛上其他城市创办的报纸也可以看出——如《奥雷斯报》(马坦萨斯)、《古巴公报》(古巴圣地亚哥)、《镜报》(太子港)就是很好的例子;甚至是在贝胡卡尔或瓜纳哈伊等相对较小的城镇的报纸,也证明了这一点。在较早的时候,杂志也开始出现了,它们凭借

---

① 即前文提到的《哈瓦那报》。

更大的发行量和更高的发行频率，为当时最好的文学作品创作提供了空间，这一点通过埃雷迪亚创立的年鉴《哈瓦那的礼物》，1928年多明戈·德尔蒙特创立的《风尚》《人与画册》，特别是由萨科领导的经济学会所创立的《古巴双月刊》得以证明。

文学是古巴身份建构这一复杂发展过程的一个理想的领域。启蒙运动中主要的克里奥尔诗人曼努埃尔·德·泽奎拉（Manuel de Zequeira）和曼努埃尔·胡斯托·德·鲁巴卡巴（Manuel Justo de Rubalcaba），以及阿朗戈及其圈子对他们依恋的这片土地，有着一个共同的关于祖国的概念，这在提及这个国家的风景和水果时更能体现，因此在充满修辞和经常引用神话典故的诗句中，菠萝被称赞为水果女王，或是与罗望子和葡萄不分伯仲，以此勾勒出一个有别于宗主国的意象，通过这个意象，诗人和他的故乡联结在一起。作为一种爱国情感，这种对土地的依恋之情，我们在回顾艾瑞特的作品时已经提过，在安东尼奥·何塞·巴尔德斯（Antonio José Valdés）的作品中也重复出现，后者是第一位试图将整个岛屿涵盖在他的著作《古巴岛的历史》中的历史学家，尽管他仍不可避免地将重点放在哈瓦那。

爱国主义在瓦雷拉神父的著作中获得了另一种意义，对他而言，这也是出于他对自己出生国家的热爱，但同时表现出一种真正的公民美德，即承诺将不惜一切代价来保卫国家，这就是为什么独立是一个国家建立不可或缺的前提。在埃雷迪亚身上也能见到类似的感情，除了他对古巴风景的迷恋——"啊，多么美丽的棕榈啊！"在他的诗篇中，还可以看出他对"荒凉的家园"中的压迫者的愤怒，以及对古巴终将变得"自由而纯粹"的信心。

祖国所蕴含的更为深刻的含义——如果愿意的话，还可以上升到精神境界，在新一代的自由改良派中有着更加清晰的表现，当中的一部分人承担起了培养国民意识的使命。这一点，萨科在多篇文章中做了明确阐述，并且可以在卢兹·卡瓦列罗的字里行间以及他富有耐心的教学工作中观察到。但在文学层面，以一种更加全面的方式完成了这项任务的是德尔蒙特，这不仅是因为他有克里奥尔人的视角，通过该视角，他在批判性文章中坚持文化需要与时俱进的观点，还因为他在聚会中所开展的引导和推广工作。参加这些聚会的人除了何塞·哈辛托·米兰内斯（José Jacinto Milanés）之外，还有安塞尔莫·苏亚雷斯·罗梅罗（Anselmo Suárez Romero）、何塞·安东尼奥·埃切瓦里亚（José Antonio Echevarría）和西里洛·维亚贝尔德（Cirilo Villaverde），他们是年轻的克里奥尔知识分子中最优秀的人物。在这个圈子里，德尔蒙特承担起了批评中更为棘手的任务，即批判奴隶制。他的精神曾激励苏亚雷斯·罗梅罗写下《弗朗西斯科》这部小说。在小说中，罗梅罗描绘了奴隶痛苦挣扎的生活画面，使其出版推迟了将近半个世纪，并且正是他让人们接触到了胡安·弗朗西斯科·曼扎诺（Juan Francisco Manzano）的诗歌，通过群众宣传——订阅，这位奴隶诗人赎回了自由。对于自由派知识分子对奴隶制的批判，一方面可以这样理解，即在资本主义现代化事业当中，奴隶制是一项难以持续的制度，另一方面也证实了，在政治层面上，奴隶制是制约殖民地发展的一个要素。然而，这种形势并没有掀起一场真正的废奴主义运动，更不用说黑人的平等地位获得承认。对于黑人，德尔蒙特、萨科以及他们群体中的其他人已明确地将其排除在即将建立的国家之外。即便德尔蒙特和卢兹·卡瓦列罗为人谨慎，反对奴隶制度的斗争还是影响到了他们——受到前面提及的"梯阵阴谋"的牵连，此后，他们的政治和知识运动备受阻挠。

即便如此，在何塞·哈辛托·米兰内斯这样的接班人手中，塑造有自身特色的文学这项工作仍然进行得有声有色，不仅表现在他的浪漫主义诗歌中，还表现在其戏剧作品《阿尔科斯伯爵》中。作品描写了一位忠诚的国民遭到忘恩负义的君主的背叛，这里运用了比喻手法，本体是克里奥尔精英阶层的"悲惨"命运。在记叙文中占主导地位的风俗派使得克里奥尔精英阶层更贴近古巴的现实状况，而并没有受到欧洲文体风格的影响。维亚贝尔德（Villaverde）用充满张力的笔触在其第一版《塞西丽娅·巴尔德斯》（1839年）中对哈瓦那社会进行了描绘。即便像赫特鲁迪斯·戈麦斯·德·阿韦亚内达（Gertrudis Gómez de Avellaneda）这种从小就居住在西班牙的作家，也会在她的诗歌，比如《出发》和《致朱顶雀的歌》，以及小说《萨布》中表现出反对奴隶制的态度，从而透露出自己的出身，甚至是某种爱国情怀。对国家意义的艰辛探索也同样见于弗朗西斯科·波维达（Francisco Poveda）的克里奥尔主义，胡安·纳波莱斯·法哈多（Juan Nápoles Fajardo）诗歌中的农村方言——"库卡兰贝"，而何塞·弗纳瑞斯（José Fornaris）和他的"西波涅主义"则另辟蹊径，用浪漫主义的手法表现出对土著历史的怀念，而这段历史几乎已无遗迹可寻。这些表现形式的文学价值低，使受过良好教育的诗人做出反应，例如拉斐尔·玛丽亚·门迪维（Rafael María Mendive）、路易莎·佩雷斯·德·桑布拉纳（Luisa Pérez de Zambrana）和胡安·克莱门特·泽内亚（Juan Clemente Zenea），他们转向创作更加精致的诗歌。在新的趋势下，精心雕琢的诗歌为埃雷迪亚爱国主调的重振提供了空间，华金·洛伦索·卢瓦塞斯（Joaquín Lorenzo Luaces）的诗就是很好的证明。

糖业的兴起引发了建筑领域一次真正的爆发式发展：在哈瓦那、马坦萨斯和其他一些城市纷纷建起了大型豪宅，在城市周边则修筑起乡村别墅，而城市周边的地区受到新古典主义的影响，在窗户、闸门和楼梯中使用的木材开始被铁所替代。从山形墙、爱奥尼亚式柱，到交错重叠的排列，新古典主义的严谨还是没能取代当地住宅的克里奥尔风格，这些住宅仍旧采用了带有身份印记的元素，色彩鲜明的半圆拱以及网格状家具与热带地区的独特性相呼应。在新古典主义的影响下，产生了新兴造型艺术学会，不仅形成了制度还引入了表现形式。在爱国社团的支持下，圣亚历山大绘画学院于1818年成立，培养了一代又一代的画家，这些画家在该世纪内一直致力于宗教画、风景画、肖像画和风俗画的创作，其中第一任院长是法国新古典主义画家胡安·包蒂斯塔·维尔梅（Juan Bautista Vermay）。该领域的繁荣发展就像磁铁一样吸引着外国画家，数十年来，他们的名字一直在岛屿的艺术界中占据着主导地位。然而，古巴的风景胜地、形象和风俗最终也对这些外国艺术家的视角造成了影响，特别是像伊波利托·加尔内利（Hipólito Garneray）、费德里克·米亚勒（Federico Mialhe）和爱德华多·拉普兰特（Eduardo Laplante）这样的雕塑家，他们的石版画遍布全世界——通常以田园诗般的画面展现古巴的生活场景。因此，虽然绘画领域被掌握在大多数外国人手中，却反而在古巴人的身份建构过程中发挥着不容忽视的作用。

19世纪上半叶，在音乐表现手段上所出现的节奏注入到了古巴音乐中。行列舞伴随从圣多明各逃亡的移民来到古巴后，很快就融入了当地并演变成一种独特的韵律，尤其是在曼努埃尔·萨乌梅尔（Manuel Saumell）的作品中。行列舞无论在听觉音乐还是舞蹈音乐中都占据了主导地位，这一点毋庸置疑。舞者随音乐节拍即兴演绎舞段的潮流大约在 1840 年引入到舞厅，奠定了哈瓦那的音乐基础。源于非洲的节奏为行列舞的演化赋予了新的意义，而在东部地区，行列舞与这些节奏相融合之后，变得更加流行。按照部分同时代的人的说法，人们对舞蹈的热爱近乎疯狂，也由此产生了大批的乐队，这些乐队主要由黑人和克里奥罗混血儿组成。这些群体为上层阶级的聚会演奏——也获得了更好的报酬，即使上层阶级的品位决定了乐队必须强行采用欧洲音乐体裁，如华尔兹和波尔卡舞曲，表演者也还是会添加种植园中根深蒂固的节奏元素，同时来自非洲的节奏为古巴化的表演注入了养分，瓜拉恰舞、波列罗舞和其他音乐类型便是古巴化的证明。

在这一时期发展起来的文化表现形式以某种方式反映着社会的动态。城市生活变得越来越热闹，这不仅是因为市场活动成倍扩张，尤其是在哈瓦那，工匠四处奔忙，无数街头小贩叫卖吆喝，还因为广场、散步场所、咖啡馆和其他公共场所开始向公众开放，这些场所为促进群体生活提供了有利的环境。出席剧院演出成为中产阶级和上层阶级的生活习惯，其中，在上层阶级中还掀起了歌剧狂潮，而最合适的舞台是 20 世纪 30 年代末开业并以都督塔贡的名字命名的大剧院。其他社会阶层更容易接触到的是在该时代出现的闹剧剧场，它明显受到国外的影响——例如美国的吟游诗人，但很快，又创造出伴随歌舞穿梭于幽默场景的大众形象。对于城市中的黑人和黑白混血儿，舞会和庆祝活动都必须在市政会规定的范围内举行，而主显节这个盛大的节日，则是他们进入公共场所的唯一机会。当然，在这种情况下，在糖厂的营房偶尔举办的庆祝活动中，祖传的节奏和艺术表现形式通过舞蹈、歌声以及讲故事的方式进行重塑，不仅保留了非洲特色元素，同时还推动着具有关键意义的融合发展。根据肤色来划分和识别出的非洲裔人口，也因此逐步克服种族背景多样性的问题。

在整个岛屿社会中，由于多种文化元素共存并产生相互作用和融合，也必然导致西班牙、非洲和克里奥尔文化的整合，从而逐步形成新的古巴文化。然而，在这个过程中，因奴隶制而产生的僵硬的阶级结构成为一个巨大的障碍，因为推动国家建立的克里奥尔精英不仅将超过一半的人口排除在这个社群之外，还无法诠释以奴隶制为载体的文化价值。

兼并主义

1837年，古巴被正式排除在西班牙政治体系之外，改良派的希望落空，这导致岛上的某些自由主义群体提出要寻求一个替代西班牙统治的方案，他们认为，马德里政府表现得越软弱，该解决方案就显得越紧迫，他们担心马德里政府会屈服于英国的压力从而废除奴隶制。寡头集团使得独立运动停滞了很长一段时间，面对西班牙，古巴的最佳选择是依靠邻近的一个强国——在其经济不断发展和拥有一套现代政治制度的同时，还存在着奴隶制的美国。

将古巴兼并到美国（得克萨斯州的经验似乎可以证明该解决方案的可行性），不仅确保种植园奴隶制可以留存下来，还预示着将简化与客户（也就是供应商）的贸易关系，这点对于该岛屿而言特别重要。当古巴作为一个州加入北方的联邦之后，古巴的白人将获得担任政治代表的权力，并且享受到西班牙拒绝给予的自由，由此他们可以随意修改旧宗主国所强加的繁重的税收制度。相比西班牙的滞后性和惰性，这个强大的邻国完全是进步的典范，古巴还可以从中获得一大批铁路设备、制糖设备和其他供岛屿使用的技术资源。此外，快速穿梭的美国商船还会通过秘密手段将非洲奴隶运送到古巴。

在措施层面，兼并主义实际上只是改良主义的另一种变体，因为它的目的是通过建立一个岛屿精英阶层没有行使主权权力的州，从中获取物质利益和政治利益。除了实现从一种状况过渡到另一种状况——这也正是其希望发生的，并没有引起社会动荡或社会混乱。两个流派之间拥有紧密联系的确切证据便是几年前提出实行新兼并主义的群体，他们当中很多都是自由改良派的坚定支持者。

实行兼并主义的一个必不可少的条件是美国有意吸纳古巴，当然美国也确实有这种意向。19世纪初，拿破仑战争造成局势动荡，在此情况下，将古巴并入美国已被纳入托马斯·杰斐逊（Thomas Jefferson）所提出的扩张主义政策的设计中。在西班牙被法国入侵之后，杰斐逊总统于1809年派遣了一名代表——詹姆斯·威尔金森（James Wilkinson），前往哈瓦那与都督萨默鲁埃洛斯（Someruelos）探讨实施兼并的可能性，围绕着这个可能发生的事件，这位代表还与古巴首都的其他人士进行了交谈。不久之后，在詹姆斯·麦迪逊（James Madison）治理期间，从美国派来了另一位带着秘密使命的特使——威廉·沙勒（William Shaler），他联系了一群哈瓦那地主，并且利用加的斯议会对奴隶制未来的疑虑，试图说服地主相信实施兼并会是一个比独立运动更可靠、可行性更高的选择。古巴的下一个政权诞生于在19世纪20年代初，正值"三年自由运动"导致的一片不确定和混乱中。在新的社会结构中，充当重要角色的应该是另一位秘密特使——乔尔·波因塞特（Joel Poinsett），他在哈瓦那的共济会中开展了一场疯狂的活动，在开展活动的过程中，华盛顿出现了一位神秘的"桑切斯先生",据称,他代表着一群支持兼并的哈瓦那显贵。然而,有人担心兼并运动会引起英国的强烈反应,这使得美国当局否定了这个计划,随后,华盛顿决定停止兼并古巴的项目,因为国务卿约翰·昆西·亚当斯(John Quincy Adams)认为,随着时间的推移,古巴将会在美国人手中变成"成熟的果实",然后掉落。19 世纪40 年代,兼并主义成为古巴政治的一种趋势,当时除了受到最初美国在古巴问题上起决定作用的地缘政治因素的影响之外,主张实行奴隶制的南部地区还期望在联邦内部,在与北部各州现有的微妙关系中能加强自身地位,而为了实现这一愿望,将邻近岛屿变为联邦政府可以说是再合适不过的了。

古巴兼并主义与先前改良主义的表现形式有所不同,从这一运动所经过的不同阶段可以看出,其内部的部分人士有着截然不同的特点和动机。在最初阶段,兼并派以一群富有的克里奥尔地主为首,当中最突出的是阿尔达玛-阿方索(Aldama-Alfonso)家族,他们几年前便成为自由改革主义派的主要支持者——特别是在经济层面。这些人聚集在所谓的"哈瓦那社团"中,认为将岛屿并入美国是维护其广泛利益的最佳保障,当中涉及大约 40 个甘蔗园和超过 15 000 名奴隶。为了推动这项计划,他们与一些在詹姆斯·波尔克(James Polk)政府中且在美国南部具有影响力的政治家有着密切的联系,甚至结为姻亲。波尔克政府于 1845 年兼并了得克萨斯，随后又对墨西哥发动战争，使美国扩张主义运动迎来了一个极为重要的时刻。就古巴而言，社团当中具有影响力的成员并不倾向于通过暴力手段实施吞并，而是希望由西班牙通过和平买卖的方式将岛屿转交给美国，波尔克政府在1848年向马德里政府提出以1亿美元进行收购，但最终并没有成功。

虽然对于富裕的哈瓦那社团成员来说，兼并应该是"高度政治"的一项策略，但他们不愿意与其他更激进的团体合作，这些团体会在宣传和阴谋当中采取最合适的手段以实现自身目标，并认识到这些具有威胁性的活动可能有助于让西班牙做出让步。在参与活动的人里，有一部分是流亡者，其中一些曾经参与分裂主义阴谋，他们聚集在来自卡马圭的"地头蛇"——加斯帕·贝坦科特·希斯内罗丝（Gaspar Betancourt Cisneros）身边，在纽约出版报纸《真相》。对于这个在太子港和东部某些地区具有影响力的群体而言，兼并带来的主要好处不是用于维护奴隶制，而是获得经济、政治和文化上的进步，从而让成千上万的白人在古巴定居。另一批活跃的阴谋者由特立尼达、圣斯皮里图斯以及岛屿中部多个村庄的农场主和专业技术人员组成，集中在来自委内瑞拉的将军纳西索·洛佩斯（Narciso López）的领导之下，这位将军在西班牙军队中达到很高的级别以后，最终成为特立尼达的镇长和军事委员会主席，但此前，当西班牙政策出现变化导致他退役时，他已失去了权力。在一些商业项目失败以后,洛佩斯与一些自称兼并主义保守派的同伴及同胞一起着手设计阴谋。这场阴谋,被称为"古巴玫瑰的宝藏",在整个中部地区展开,并与哈瓦那社团建立了联系,直到有人向殖民当局告发,这个委内瑞拉人才被迫逃亡岛外。

兼并主义运动除了在最初受挫以外,还受到了何塞·安东尼奥·萨科的尖锐抨击,他与"地头蛇"展开了激烈的争论;同时,《真相》的编辑谴责兼并是致命的阻碍,古巴成为新生国家的希望将因此落空,而这一观点似乎对哈瓦那社团的部分成员产生了影响。然而,美国购买古巴的计划失败,以及在法国和其他欧洲国家掀起的废除奴隶制的革命浪潮,使兼并主义者产生了一种紧迫感,迫使他们采取军事行动。在试图说服一位有名的美国将军领军入侵古巴的计划失败之后,洛佩斯决定启程前往美国,这使得所有希望都集中在他身上。在南部重要政治家给予支持和部分富有的古巴人提供资源的情况下,这位委内瑞拉将军组建了一支400人的远征军——几乎都是美国人和欧洲人——并与他们于1850年在卡德纳斯登陆。在那里,他竖起了一面飘扬的三色旗,这显然受到了得克萨斯旗的影响,但由于缺乏当地的支持,他决定撤离。第二年,洛佩斯再次尝试沿比那尔德里奥的北部海岸出发,这次这位委内瑞拉人的运气更加糟糕,远征队伍被击败,他被捕之后在哈瓦那遭到了处决。在那几天，卡马圭的一个地主华金·德·阿奎罗（Joaquín de Agüero），在发动武装起义后于当地被枪决，他对废奴主义的公然支持证明了当时存在着各种各样的意识形态动机，并以此激励着兼并主义的拥护者。

尽管这些举措都遭遇惨败，但兼并主义依然鼓舞着其他的阴谋运动，例如于1852年流产的所谓的"沃尔塔阿巴霍阴谋"，以及那场发生在3年之后的阴谋，这场阴谋夺去了富裕的加泰罗尼亚商人拉蒙·平托（Ramón Pintó）的性命。这场阴谋是兼并主义事件清单中的最后一次，其意义十分重大，不仅因为平托是何塞·古铁雷斯·德·拉·孔查（José Gutiérrez de la Concha）都督的密友，还因为它似乎表明了兼并的主动权再次回到经济实力最强的群体手中。碰巧的是，富兰克林·皮尔斯（Franklin Pierce）政府向西班牙提出以一个新的价格购买古巴，这次的价格是1.3亿美元。然而，尽管受到了美国大使在欧洲主要国家的首都的公然威胁，这一提议还是再次遭到了西班牙的拒绝。接二连三的失败，加上美国自身的政策，都导致了兼并主义必然走向衰落，其脆弱的平衡随着美国内战爆发，最终在1861年瓦解。

兼并主义虽然作为政治运动已然土崩瓦解，但作为在古巴史后期时有萌芽的意识形态倾向，将一直保留下去。在不久的将来，大多数流亡在美国的兼并主义民主派的立场将更加坚定，并逐步演化成独立主义。对兼并主义的拥护者而言，兼并主义更像是一个计划而不是一个理想，它对古巴这个民族未来的发展造成了最大的威胁，然而矛盾的是，它也给古巴留下了具有象征意义的国旗和国徽——一些最有价值的标志。

希望的终结

十多年的兼并主义尝试使西班牙政府明白，需要以更加清晰和稳定的方式来拟定其在古巴的殖民政策。这在古铁雷斯·德·拉·孔查都督于岛上的两届任职期间已迈进了一大步，不仅是因为他采取了措施来提高管理效率，还因为他多年来首次安排克里奥尔精英阶层——包括明显参与到兼并运动的人士，去担任某些政府职位。1856年，自由联盟于马德里掌权，为古巴政治重新点燃改革的期望彻底扫清了道路。在顺应这一趋势的发展过程中，具有决定性意义的是连续任命弗朗西斯科·塞拉诺（Francisco Serrano）将军和多明戈·杜尔塞（Domingo Dulce）将军担任岛屿的都督，他们与克里奥尔富有的贵族继承人结婚，这种关系意味着寡头政治有机会与权力相结合，而该情况从路易斯·德·拉斯·卡萨斯和萨默鲁埃洛斯侯爵里程碑式的治理开始以来就不曾存在。对改良主义来说还有另一个有利条件，即自由联盟的各政府承诺将恢复西班牙的强国形象，在该政策的引导下，它们开始在非洲创办殖民企业，并参与到法国对墨西哥的干预当中，还尝试了兼并圣多明各以及其他类似的冒险行动，其中多项费用均由古巴财政部承担。

市政制度的重组是塞拉诺的首批措施之一，这有利于使更多的纳税人参与到市议员的选举中，还清楚地表明了其具有促进良好关系的意愿。1861年，一个具有顾问和法律职能的理事会被批准成立，参与成员不仅有最高级的殖民官员，还有由王室指定的部分知名人士。更大胆的一项举措是都督本人邀请了一群克里奥尔杰出人士组成"改革派社团"，在社团会议上，他们可以提出并讨论那些他们认为对岛屿发展有利的关于经济、社会甚至政治的变革方案。

因此，在古巴发生了第三场主张殖民政权改革的政治运动。尽管这场运动的领导层中并不缺乏知识分子——例如经济学家弗朗西斯科·弗里亚斯（Frank Frías），即波佐恩杜尔西斯伯爵，但其领导层主要仍由商界杰出人物组成，如百万富翁米盖尔·阿尔达马（Miguel Aldama）和他的妹夫何塞·路易斯·阿方索（José Luis Alfonso）。这要归功于他们的财产规模，出于共同的利害关系，类似的情况还发生在哈瓦那最活跃的律师事务所的所有者何塞·莫拉莱斯·勒姆斯（José Morales Lemus）身上。1862年，改革派开始出版报纸《世纪》，通过阐明一系列诉求，逐步形成了有自身特色的题材。在这些诉求当中，包含对古巴岛都督权力范围中的政治和军事职能分离的要求，例如确保不发生任意逮捕和没收财产的情况，鼓励白人移民，在议会中有古巴代表，以及对关税和税收进行改革。在这些主张当中有一点明显是针对奴隶制的，它不仅涉及禁止贩卖奴隶——这已是再次要求予以落实，还涉及该制度的命运，它显然注定是要消亡的。

新改革派提出项目时的环境，与过往尝试改革时所处的经济繁荣期非常不一样。虽然糖的产量仍呈现出适度增长的态势，但从1857年开始，糖的价格却明显下降，还恰巧碰上劳动力短缺带来成本压力的时期。同年发生的一场危机打破了岛屿经济领域中最初的金融架构，导致银行和数十家商业机构倒闭，这场灾难也造成了超过100家工厂倒闭或转手，这些房产当中有95%处于抵押贷款状态，受债权人支配。由于甘蔗园中大约一半的固定资产是它们所拥有的奴隶，因而，当奴隶制未来不明朗时，地主开始寄望于奴隶制的废除能带来补偿，而西班牙似乎不愿意做出这一承诺。因此，改革派利用"社会问题"这一委婉言辞来阐明，主要在于为糖业摆脱奴隶制找到出路，并将糖业保留在其所有者手中。

在美国废除奴隶制，以及在全国血腥的冲突中北部仍可预见的胜利的推动下，古巴改良派加快了进程，并于1865年5月公布了一份备忘录，当中整合了他们的根本愿望：关税改革，在议会中有古巴代表，古巴岛和宗主国之间的法律制度保持一致，彻底禁止贩卖奴隶。这份文件获得了 24 000 家企业的支持，从此克里奥尔精英阶层与马德里政府相关人士开始积极地进行交流。在这些重大事件中所表现出来的偏见促使古巴成立了所谓的"西班牙委员会"，该群体由来自伊比利亚半岛的最有权势的商人和地主组成，他们的出身可追溯到塔贡都督在位时期出现的庞大的黑奴贩卖集团。在致女王的信函中，这些"知名人士"承认在贸易、税收制度，以及奴隶贩卖层面进行改革的必要性，他们认为奴隶贩卖应该被废除，但他们又强烈地反对政治改革。在他们看来，政治改革将危害国家统一，并提出将岛屿固定在西班牙手中，正是出于对西班牙的拥护，他们被称为"传统派"。作为回应，改革派坚持认为政治变革应该先于关税和社会改革，而社会改革应发生在循序渐进并带有补偿措施且方式非常保守的制度废除过程中。

在意见出现分歧的情况下，海外部部长安东尼奥·卡诺瓦斯·德尔·卡斯蒂略（Antonio Canovas del Castillo）于 1865 年 11 月决定召集一个调查委员会，会议于次年在马德里举行，其主要目标是向其成员提交一份与殖民制度内需要解决的主要问题相关的调查问卷。他们从殖民地中选出 22 名委员作为参会人员，其中 16 名代表古巴，6 名代表波多黎各，同时海外部也派出 22 名人员参加。

虽然此次为选举委员代表而制定的程序受到了伊比利亚半岛集团的操纵,但改革派还是赢得了重大胜利,他们在16名古巴代表中成功占下12席,在人员比例上高于波多黎各。为了缓解这种情况,"西班牙委员会"成员要求大部分海外部成员与他们持相似立场;而影响更大的举措则施行于古巴的治理权层面,多明戈·杜尔塞被反动派头领弗朗西斯科·勒森迪所取代,勒森迪性情暴戾,刚到古巴岛便禁止了政治集会,并成功解散了改良派。

受马德里政权交替的影响,会议推迟至1866年11月才召开。令改良派感到意外的是,会议的议程将"政治问题"移到了最后一项,而讨论则从与劳动制度和劳动力相关的问题开始。很显然,与会人员普遍认为需要迅速制定方案以缓解由奴隶制所带来的日益增长的国际压力,比如采取一种循序渐进并带有补偿措施的方式废除奴隶制。关于这一点,甚至是在经济问题上的其他内容,都有可能达成某种共识,因为无论是改良派还是传统派都支持安的列斯群岛走向自由贸易,并且一致同意推动税制趋向合理化,使税收集中在对净利润征收6%的单一税种上。然而,到了最后几天,在谈及政治事务的会议上双方却出现了非常严重的分歧,甚至在改良主义内部,那些支持古巴在议会中取得代表席位的人士和其余提倡建立带有自治性质的特别制度的人,比如萨科,二者之间的意见也难以统一。1867年4月底,政府在没有做出任何承诺的情况下，终止了调查委员会的工作，在税收改革方面唯一能看见的结果是在几个月之后推行的 10% 的单一税收，这一决定无疑增加了殖民地的财政压力。由于期望再次破灭，加之环境压力明显，改良主义选择了退出政治舞台。

-6-

独立之路

数十年的无声对抗和惨痛挫折清楚地表明,古巴社会现代化所引起的严重的经济、社会和政治问题,在西班牙的殖民统治下是无法解决的。与此同时,岛屿的民族意识逐渐觉醒,虽然程度并不一致,但也足以让广大民众感受到寻求一个彻底的解决方案的必要,即让古巴成为一个主权国家。古巴开始独立的征程比大陆晚了半个世纪,因此它必须在长时间的斗争中独自前行。

谋划起义

1866年年底,调查委员会会议开始举行,糖的价格下降使古巴再次陷入经济衰退,经济衰退主要影响了包括支付停止、贸易公司破产、抵押贷款中止，以及其他各种营造出压迫感和不安气氛的事件。在这种情况下，必须对税收制度做出改变，首先是扩大预算，并将其中的 80% 以上用在"战事和海军"领域，同时还要用于支撑殖民统治，而殖民统治政府中充斥着办事低效且贪污腐败的官员。局势激化了社会已有的矛盾，有将近 10 万人（占古巴人口的 7%）来自伊比利亚半岛，这些人控制着大部分的公共和商业领域职位，使得民族对抗成为常态，而该状况因种族偏见而加剧。种族偏见还将古巴人口进行了划分，甚至给独立带来了很大困难，但从历史进程上看，支持独立的克里奥尔人已经清楚知道，广大人民——特别是黑人和黑白混血儿，只有当独立计划能够解决奴隶制和种族歧视的问题时，他们才会奋力投入到战斗中去。

当社会经济状况恶化导致殖民矛盾加剧时，此时的国际局势无疑是对独立计划有利的。首先，在美国内战中，北方取得了胜利，虽然这并不预示着华盛顿与西班牙之间会有良好的关系，因为伊比利亚君主国早已承认参战的南方联盟的地位，并以公开或半公开的方式对其提供过帮助。至于拉丁美洲，西班牙支持法国对墨西哥进行干预，秘鲁和智利因钦查群岛和兼并多米尼加问题产生冲突，这些都使得它们对伊比利亚半岛的敌意达到了 19 世纪以来的顶峰。此外，在古巴人眼中，这些冒险事业的灾难性结局并没能提升宗主国的声望，他们看到了从墨西哥和圣多明各归来的受伤部队，同时，岛上的医院满满都是受伤或生病的士兵。最终，西班牙自由主义革命获得了胜利，女王伊丽莎白二世的王位于1868年9月被废黜，从此，宗主国政治局势明显不稳定的阶段开始了。

古巴人普遍抗拒殖民地地位，该问题在岛屿的东部地区变得尤为尖锐，在那里，几乎感受不到在过去几十年中西部地区出现过的繁荣。卡马圭和东部地区的地主被排除在糖业发展之外，市场准入相对受限，他们的糖产量更低并且债务负担重，因此在面对危机时更加脆弱无力，他们认为西班牙税收政策对自己的影响尤为严重，例如在该政策下，卡马圭农民出售每头牲畜所获得的大约25%的利润都要被夺去。在这片地区，奴隶人数相对较少，更多的是自由有色人种，因而种族偏见也相对没那么严重，同时，来自伊比利亚半岛的居民也更少，这种状况为起义提供了非常有利的条件。

调查委员会尚未确定失败，同时，古巴圣地亚哥、太子港、巴亚莫、拉斯图纳斯和奥尔金的共济会已在密谋设法争取独立，这一举动不久之后也发生在圣克拉拉、圣斯皮里图斯、特立尼达和西恩富戈斯。共济会会议的参与者主要是达到一定富裕程度的白人地主，这些人在各自的区域所具有的社会影响力，帮助他们建立起了一个由不同社会阶层的人参与的地下网络。在他们制定计划的过程中，这些团体除了相互交流之外，还与旧的哈瓦那改良派领导层，特别是与何塞·莫拉莱斯·勒姆斯建立了联系，并从中获得了谨慎的支持，这一态度与独立计划得到首都年轻专业人士的热烈响应，形成了鲜明的对比。1868年的夏天，密谋计划已足够成熟，起义的条件也十分完备，但是对于最合适的行动时间内部却出现了分歧，有人建议立即行动，也有人认为为了拥有更多的资源，应该推迟到下一个收获季节结束再行动。最终，关于密谋已被发现的消息传开，促使曼萨尼约地区的密谋者首领——来自巴亚莫的律师卡洛斯·曼努埃尔·德·塞斯佩德斯（Carlos Manuel de Céspedes），于1868年10月10日在他的德马哈瓜小甘蔗园里发动武装起义。

十年战争

塞斯佩德斯发动的起义让其他的密谋者感到惊讶，在攻打亚拉小镇的起义运动失败的消息传开之后，大部分的密谋者便都知道这个人。然而，东部的密谋者却支持这一运动，并组织了数百名白人和黑人农民以及居民，甚至包括被他们的主人塞斯佩德斯所解放的奴隶，他们成功占领了巴亚莫市和该地区的其他城镇。对指挥这批毫无经验的古巴军，一批多米尼加军官的参与显得至关重要，这些人刚经过他们国家"复辟"战争的历练，并决定加入这场反叛运动。在东部地区纷纷发起暴动之后，到了11月初，卡马圭人也在克拉维利纳斯（Las Clavellinas）农场揭竿而起，虽然塞斯佩德斯的权威并没有被他们承认，但其领导能力却赢得了东部人民的尊重，此后他还成功将纳西索·洛佩斯多年前在卡德纳斯挥舞的旗帜作为国家的象征。位于中部的拉斯维亚斯地区的密谋者则决定进一步推迟他们的计划——直到1869年2月，因为他们更希望等待西部这个并非单打独斗的区域的密谋领导者的指示。

  独立运动已经扩散至大半个国家，但其弱点也是显而易见的，不仅因为没有选定一个被所有人认同的方向，还因为其缺乏军备和军事部署。东部的起义者由于无法阻止西班牙在考托河谷的进攻，不得不放弃他们在城镇中的阵地，包括巴亚莫市，他们在放火将它烧掉之后便撤离了。为了赢得胜利，起义运动需要一个民间的军事组织，而这只能通过一致的努力并制定出一个明确的目标才能实现。革命领袖层已经走上独立之路，但却在行动中受到了阻挠，这主要是来自克里奥尔政治集团在其充满困难的独立革命进程中所积淀下的思想包袱。虽然在塞斯佩德斯起草的声明中他们宣称坚决支持独立，甚至还表现得很激进，但同时他们也要求保留普选权，为此他们沿用了改良主义的多项纲领性准则，其中包括按照循序渐进并带有补偿措施的方式废除奴隶制。这一立场激起了那些坚决主张废除奴隶制的卡马圭人的反对，尽管当中不乏对改良主义抱有迟疑态度的人，比如早期退出的一些主要领导者。由几位改良主义者组成的哈瓦那革命委员会并没有放弃寻求与西班牙达成一致意见，但这项工作没有结果，主要还是因为在首都的伊比利亚"传统派"肆无忌惮的行为，导致任何形式的妥协都因此止步。在西班牙对巴亚莫和其他东部地区展开进攻的艰难时刻里，一些优秀的起义领袖最终甚至对某些兼并主义行动放任不管，并渴望能得到美国政府的支持。在争取独立的革命运动中，如果必须对这次最终的联手的后果进行定义，那便是使运动变得更加激进。

从这个意义上说，迈出决定性一步的是瓜伊马罗（Guáimaro）省的卡马圭镇，这是各路起义队伍代表于1869年4月齐聚起草宪法的地点。宪法用简短的篇幅规定了古巴"武装共和国"的国家性质，并明确界定了政府的职权范围。同时，成立代表委员会作为最高机关，向其汇报的有以起义军总司令为代表的军事指挥部以及共和国的总统，总统一职由卡洛斯·曼努埃尔·德·塞斯佩德斯担任。这种复杂的政府形式，其用意显然是为了避免走上曾经危害拉丁美洲独立的军阀主义道路，但也使得革命的推进充满了困难。宪法在承认公民权利的同时，宣布共和国的所有居民完全享有自由，这暗含了对奴隶制问题的解决，尽管随后对该问题的规定也不能避免与此矛盾。代表委员会的构建，以及任命四名办公厅事务秘书协助共和国总统，甚至确定国家象征，均是不同代表团之间协商后的结果，这清楚地反映了各个不同方面——包括社会和地区层面的——以及与会人员的利益。革命运动在国外的重要代表团，不仅要求得外界对古巴共和国的承认，还需要派遣远征队为起义军部队提供装备和增援，而这项工作落到了莫拉莱斯·勒姆斯身上，他会同哈瓦那革命军政府的其他人士承担此项工作，此前他曾被迫流亡到美国。

1868年9月在西班牙爆发的"光荣革命"取得了胜利，随后，胡安·普里姆（Juan Prim）将军和弗朗西斯科·塞拉诺（Francisco Serrano）将军等人上台掌权，他们与古巴精英层保持着良好的沟通，这就是为什么他们最初制定的战略倾向于绥靖政策的原因。为此，多明戈·杜尔塞（Domingo Dulce）被派遣出任古巴都督，和他一起到达古巴的还有重要的军事增援部队。他不断采取行动镇压叛乱，并在岛上施行了几项民主化措施，比如赋予新闻自由——这些措施曾于"光荣革命"期间在伊比利亚半岛实施过，并开始与杰出的克里奥尔人士展开会谈。但是该政策遇到了一个强大的对手，这对手不是支持独立的力量，而是强大的"西班牙委员会"中的传统派。由于富商和地主担心马德里的自由主义者有可能会做出让步，使他们失去在岛上享有的经济主导地位，因此他们广泛调动客户并将其转变成用以施加压力的一种积极主动的手段。这个手段是支持在兼并主义者远征军时代成立的志愿军团再次振兴，并由传统派的财阀提供军备和指挥，而远征军队伍的组成人员主要是那些依赖贸易的伊比利亚半岛人。志愿军在岛上的城市里营造了一种恐怖的氛围，他们以镇压阴谋者或"阴谋家"为借口，不仅开枪闯入剧院，还在没有经过任何审判的情况下实施监禁和驱逐，又或是洗劫阿尔达马家族的宅邸，最后的这项举动致使大多数前改革派领袖被迫流亡。这些志愿军不满足于挫败杜尔塞都督的和平式治理，使其孤立无援，还在发起一场真正意义上的政变之后将他驱逐出岛。虽然马德里任命了新当局，但志愿军却实施镇压行动，该行动的高潮发生在1871年11月，八名医学生被指控亵渎了一名西班牙记者的坟墓而遭到处决。这助长了古巴人怨恨和低沉的情绪，古巴人和西班牙人之间的冲突随着心中的愤怒而扩大。

  西班牙人发起的进攻无法击溃起义军，即便如此，至少也成功地将其限制在了岛屿的东部。西班牙指挥部逼迫拉斯维亚斯的起义者撤离卡马圭之后，又在该地区的西部边界扩建了一系列防御工事——或者说是窄道，目的是阻止古巴部队进入富饶的西部产糖区。由于岛屿的经济受敌对行动的影响相对较小——事实上古巴糖的产量直到 20 世纪 70 年代中期都在持续增长，因此西班牙可以从古巴当地获取扫平独立运动所需的资源。自由运动所取得的成就能否继续进行下去，这取决于古巴人是否有扩大其作战范围并使战争变成一场真正意义上的民族冲突的能力。

芒比——对古巴战士的专称，他们从最初的挫折中恢复并在从国外获得了部分军备之后，成功地组建了军队，并取得了几场战役的胜利，例如在多米尼加将军马克西莫·戈麦斯（Máximo Gómez）的领导下于 1871 年入侵富裕的山村关塔那摩——这是唯一一个没有参与到敌对行动的东部地区；以及由年轻且出色的律师、现已成为一位精明的军事领导人伊格纳西奥·阿格拉蒙特（Ignacio Agramonte）指挥的卡马圭骑兵所展开的杰出行动，但古巴的作战范围仍未能超出该地区。在创建总司令一职之前，宪法已确立了一个指挥中心的前提，但实际上并没有实现。第一位任职的官员是曼努埃尔·克萨达（Manuel de Quesada）——一名来自卡马圭的军人，是法国入侵墨西哥战争中的抗战老兵，几个月后，因代表委员会将他实现自治的合理要求解读为意图实行独裁统治而被罢职。被指定接替他的美国将军托马斯·乔丹（Thomas Jordan），因不了解古巴斗争的特点，很快便辞职了。下一任总司令是费德里科·费尔南德斯·卡瓦达（Federico Fernández Cavada），一位来自西恩富戈斯并在美国内战期间获得联军上校军衔的革命者。为了冲击殖民主义的经济基础,他几次试图将战争推向西部但均以失败告终,之后他便被西班牙人逮捕并枪决。从此以后,总司令的职位一直空缺,作战行动的统筹权被交到了行政机构。然而,总统塞斯佩德斯与代表委员会存在着明显的分歧,使得战略部署无法成功地制定,更不用说实施了。这位来自巴亚莫的律师在指挥战役的过程中所持有的捍卫总统特权的热情,经常被代表委员会视为威权主义的表现,面对这种情况,总统坚决的态度并不能解决问题,还会与一些军事首领产生摩擦。分歧的不断扩大导致塞斯佩德斯于1873年被代表委员会罢免,随后在争夺革命头号人物之位的过程中,因藏身于马埃斯特腊山时被西班牙的一支分遣队发现而被杀死。

虽然罢免总统树立了一个可怕的先例,但之后代表委员会的首领萨瓦尔多·西斯内罗斯·贝当古(Salvador Cisneros Betancourt)当选总统,很快便使得战事指挥更为连贯一致。新行政官所做的最正确的决策之一是对马克西莫·戈麦斯(Máximo Gómez)的任命以弥补重大的损失——在指挥卡马圭的作战中,伊格纳西奥·阿格拉蒙特(Ignacio Agramonte)在1873年5月的一场战斗中丧生。戈麦斯和一支强大的东部增援部队到达卡马圭地区,部队中有一些能力出众的军官——比如安东尼奥·马塞奥(Antonio Maceo),他曾在戈麦斯的手下接受训练。这位多米尼加将军在接到将战争扩展至西部的指示后，带领他的部队在太子港周边打赢了一连串战役，其中包括1874年3月的拉斯瓜西莫斯（Las Guásimas）战役，成功地镇压了一支超过4 000人的队伍。在这场战役结束之后，戈麦斯越过防线，将其作战范围在整个拉斯维亚斯维区域铺开，直至将其前哨带到马坦萨斯的糖区。连续数月的战争消耗十分大，入侵部队需要增援才能继续向西部进军，但早前为此而安排的东部增援部队却投身到由维森特·加西亚（Vicente García）将军在瓦罗纳湖（Lagunas de Varona）发起的暴动中——时间是1875年4月，这场暴动最终导致西斯内罗斯辞职，东部增援部队也从此解散。地方主义情绪受这次违抗命令的事件的影响而被激化，最终蔓延到其他起义军队伍，戈麦斯不得不忍受这种情绪，当他们的兵力被困于拉斯维亚斯时，该地的官员便开始否认卡马圭和东部指挥官的权威，甚至指挥官和戈麦斯本人都被迫离开了该地区。1876年年底，古巴的战争行动明显遭到挫败。

独立运动的消耗也包括外部因素对其的影响，特别是古巴移民在美国所做出的努力。在美国创办的代表独立革命并为此筹措资源的机构——总务局，在战争的最初几年向古巴岛派出了几支大型远征队，但后来由于米盖尔·阿尔达马（Miguel Aldama）和他的同盟者发生分歧，该机构陷入了停顿状态，这些同盟者在莫拉莱斯·勒姆斯去世后接管了该机构和一个以曼努埃尔·克萨达（Manuel de Quesada）为中心的更为激进的流亡组织，而克萨达在被解除总司令职务之后便定居美国。海外代表团的另一项任务是获得外界对武装共和国的承认，这项工作在部分拉丁美洲国家得以实现，但在美国却没能成功，而美国对古巴作战行动的认可在他们看来无疑是至关重要的。由于尤利西斯·格兰特（Ulysses Grant）的政府明显具有两面性，既对古巴远征队的准备工作视而不见，同时又向西班牙出售拦截远征队所需的炮舰，华盛顿重新估量西班牙出售古巴岛的可能性，他们曾经应古巴代表的要求出面调解，但后来又萌生了兼并的野心。美国的政策和古巴独立运动渐行渐远，其决定坚守耐心等待"时机成熟"的原则，而该原则实际上是在支持西班牙在古巴的统治。

古巴独立运动在国际上孤立无援，而西班牙军事力量也遭到严重削弱，此时西班牙不得不设法扭转由波旁王朝国王登上马德里王位所带来的困局。正好此次事件当中一位很有手腕的人——阿塞尼奥·马丁内斯·坎波斯（Arsenio Martinez Campos）将军被派往岛上，其任务是平息该岛的动乱。为了让他能成功地治理古巴，西班牙通过贷款筹措了一大笔资金，并用这笔钱为数万名士兵扩充军备以增援在古巴的西班牙军队。据测算，在长达十年的战争期间，西班牙曾向古巴派出超过20万名士兵，这些士兵显然有过伤亡、叛逃和替换,尽管如此,马丁内斯·坎波斯还是能够调用将近一半的兵力。即使不包括志愿军和同盟军队伍——古巴"游击队",在1877年,西班牙军队仍然可以在战区维持一支军队——该军队拥有比起义军多出好几倍的兵力并配备了更好的装备。西班牙军队首领不断向起义军施压,他实行了一套新型作战方案,不做血腥报复,并且保证赦免交出武器的芒比起义军,同时给叛乱地区的居民分配食物,对放弃原有立场的独立运动支持者归还已被扣押的资产。

新的战略被证实确有效用,因团结被打破以及战争资源的匮乏,部分起义军士气遭到了打击。1878年2月,代表委员会解散后成立的一个代表团在卡马圭地区的某个地点与马丁内斯·坎波斯签订了和平协议。"桑洪和约"赋予了古巴和波多黎各相同的政治特权,在宣称"遗忘过去"的同时实行普赦,为所有想要离开岛屿的起义者打开大门;同时,协议承认曾经参加过起义军的前奴隶享有自由。虽然协议的内容在全国所有地区都生效,但仍有一些古巴团体选择袖手旁观,改变他们的立场还有待做出必要的协调。最为轰动也是最具组织性地表示拒绝的是在安东尼奥·马塞奥(Antonio Maceo)将军指挥下的位于古巴最东部的起义军。马塞奥邀请马丁内斯·坎波斯到一个名叫曼果斯德巴拉瓜的地方,在那里他让坎波斯了解到在其管理下的人民不接受既没有独立也没有废除奴隶制的和平。尽管继续作战并希望取得胜利的可能性几乎为零,但马塞奥所采取的行动却具有深远的意义。古巴独立运动的最后一批代表是一个包含不同人种的群体,当中大部分是白人地主和专业技术人员,此外还有黑人农民和工匠,甚至还有前奴隶,这不仅表明战争能促使社会阶层的崛起,还表明独立运动能够超越种族、经济状况和社会地位的差异,将古巴人团结在一起。

现代化的过渡

1878年,战争结束,人们见证了古巴一个时代的终结。在长达十年的战争期间,古巴社会的各个方面都发生了改变,是其向资本主义现代化过渡所带来的深刻变化的充分体现。

因为发生战争,岛上的问题远未得到缓解,且情况进一步恶化。东部地区所遭受的破坏是极其严重的。在古巴圣地亚哥辖区内已经可以看到60%的甘蔗园倒闭;在圣斯皮里图斯,在1861年还拥有43家甘蔗园,到1877年时只剩下3家在营业;而在卡马圭、巴亚莫和曼萨尼约,一家甘蔗园都没能幸存下来。昔日一片繁荣的卡马圭畜牧业几乎没有牛剩下,东部的咖啡生产实际上也已经瘫痪。如果没有特别的援助,这些地区不得不面临重建的挑战。此外,战争也给所有人带来了间接的经济影响。为了维持军事行动,西班牙向古巴财政部借出了超过1亿比索，偿还该债款的利息花掉了古巴大部分的预算。这一点和随之而来的货币失衡引发了一场严重的信用危机，危机刚好就发生在古巴最需要信贷的时候。

自19世纪70年代末以来，甜菜在欧洲市场的竞争力日益提升，甘蔗糖的价格开始下跌。甜菜糖由于有出口补贴，很快便在英国市场上取代了古巴的糖，使得古巴的糖几乎只限于出口美国，而西班牙宗主国自身也在鼓励国内糖的生产，对其殖民地也带来了不利的影响。为了维持生计，古巴的制糖业必须保持竞争力，而这只能通过代价高昂的转型来实现。虽然蒸汽机和其他机械设备早已引入岛上的糖厂，但甘蔗园之间仍存在巨大差异，且没有一家能够全面实现工业化。此时必须实现机械化，甚至是采用一种连续加工技术，使得从甘蔗中提取出的糖的比例翻倍，同时生产规模也最好比原来的工厂提高10到20倍，从而降低成本。随着工业化的普及，对原材料的需求也会呈指数级增长，因此，预计新的工厂大约需要1 500公顷的甘蔗田，这些甘蔗田还必须通过铁路与工厂连接起来，以确保甘蔗能及时到货。如果加上一些必不可少的补充要素，例如厂房、仓库等，那么所需投资规模更大。

按照旧种植园的组织框架来看，这种转型意味着需要一笔相当庞大的资金，甚至不再考虑依靠奴隶劳动来实现，而转型的费用难以为继，且组织大批工人在奴役条件下工作只能是一种空想，因此，当局又提出将农业和工业这两部分加以区分的糖业交易新构想。糖的出产部分主要交由"佃农"，即从破产的地主中招募的农户，或是在工厂附近有农场的农民，还有在甘蔗园土地上安家的租户；糖厂将周边的所有甘蔗都接收过来，被称为"大糖厂"。因此，在将农业和工业分离的决定因素当中，最重要的一点是废除奴隶制，这一过程与农工分离并行。过渡到自由劳动不仅涉及或多或少的工资支付，从组织的角度来看，这还是一个复杂的过程，因为这意味着在甘蔗收割季节需要雇佣和指导数百名工人，这就是引入"殖民垦殖制"同样也是解决劳工问题方法的原因。

众所周知，集中化这个过程的发展速度令人震惊。十年战争结束时，岛上有1 000家甘蔗园，到了1894年只有400家存活下来，其中将近一半是大型糖厂，有的还是世界上数一数二的蔗糖工厂。作为成功转型的证明，同年古巴甘蔗的收成首次超过百万吨，这次产量实现惊人的飞跃，也是得益于西班牙和美国在1891年签署的商业互惠协定的推动。该协定为原糖提供的有利条件限制了古巴糖类初级产品的出口，而这些产品占了美国市场的90％。由于美国的银行和贸易公司也为这些大糖厂的配套设备提供了很大一部分贷款，因此很容易推测出，古巴糖业经济的现代化使其对邻国的依赖日益增强。

奴隶制的消亡具有相当重要的意义。"可恶的制度"早已在解放战争期间便受到了致命的一击，而对于古巴宪法所宣布的制度废除，西班牙于1870年以一项"自由胎儿"法令做出回应，该法令赋予生母为奴隶的所有人以及达到60岁的人自由。这个法令带有明显的政治色彩，同时承认所有服务于西班牙人的奴隶都是自由的，并承诺在战争结束后颁布一项关于废除奴隶制度的法律。在此承诺下，按"桑洪和约"规定承认前奴隶芒比享有自由则显得刻不容缓。为了实现这一目标，1879年一个专门研究各种废除方案的改革委员会成立，其中最为保守的一个备选方案被选中作为1880年2月颁布的法律的基础。根据该法律，大约20万在古巴的奴隶将获得自由，但他们必须按照一项雇佣规定继续为他们的主人工作八年，这个设计是为了补偿那些主人。由于这个复杂的做法也没能完全满足主人们的诉求，最终在它到期前几年就被摒弃了，最后一批奴隶在1886年彻底获得了自由。

　　奴隶制的废除，引发人们重新设定岛上劳工制度中的薪酬基础，并且建立起一个劳工市场，这些改变并非自动进行的。制度的废除开始施行，并不意味着能立刻将前奴隶大规模地转变为散工，尽管他们其中的很多人留在了甘蔗园，住的地方则从原来的营房变成如今的"住宅"。自集中化开始以后，数百家甘蔗园倒闭，于是它们原有的奴隶不得不到乡镇、市区和大糖厂寻找去处，又或是迁到东部人口稀少的地区。因此，古巴奴隶制的废除并没有像安的列斯群岛中其他岛屿那样引发劳工动乱,而是在建立劳工市场的过程中造成了复杂的情况,在此过程中,奴隶制的废除对工人的迁入具有至关重要的影响。1878年至1895年间,大约有30万西班牙人进入古巴——不包括军人,其中一部分是季节性地做甘蔗收割工,但大多数人都留在了岛上。这部分劳工在某些劳动中代替了奴隶,尤其是在明显"白人化"的制糖工业。农场主一直在抱怨劳动力短缺,但在城市里却矛盾地出现失业的状况,许多人还离开古巴前往美国找工作。这一波移民潮,因为政治原因,始于十年战争期间,后来一直持续了很长时间,原因是受美国保护主义的影响,古巴加工烟草的市场几乎完全关闭,导致一些商人以及大量烟草工人移民国外,到基韦斯特、坦帕和美国的其他城市创办的工场加工烟草。

如此矛盾的就业形势反映了劳动力市场中严重的调整问题,散工不愿意在农场主提供的条件下受雇。农场主为了吸引劳工,提出可提供住宿或在甘蔗园的商场享有透支额度等条件;而伴随着奴隶制被废除,工薪阶层有权自由走动,可从一个地方到另一个地方寻找更好的做散工的机会。在城市,自愿劳动已经持续了相当长时间,聘用条件的商谈也进行得更有组织,特别是烟草行业,其工厂雇用工人达数千名。这一行业在战争刚结束后便成立了首个同业公会,随后还组建了一个工匠总会,将哈瓦那的印刷工人、面包师和建筑工人汇聚在一起,这些组织形式随后普及到其他城市。不久之后,爆发了第一次罢工潮,工人要求加薪,而工会策略在斗争中逐步得到完善,其理念也通过新兴的工人报刊得以传播,在这些报刊中可以发现无政府主义的影响力在不断提升。

随着1876年颁布的西班牙宪法于1881年逐渐在古巴普及,工人和其他社会阶层一样,也从中受益,宪法赋予他们集会和结社的自由,以及可以免除事先审查而出版的权利。尽管仍存在着某些限制,此次立法无论对于个人权利还是公共场所开放而言都是一个重大进步,同样地,其他法律比如商业法、民法、知识产权法等的完善,使得经济和社会关系更顺畅和更具现代性。在这种情况下,所谓的"黑人问题"就显得特别重要。废除奴隶制并不意味着种族歧视的停止,例如,为了禁止异族通婚,强行制定了一项法律,规定只有在奴隶制被废除4年以后,即1890年,前奴隶才能享有平等的公民权利。此外,必须再经过4年,在公共场所实行的种族隔离才能被废除,这是一项社会和个人都能基本遵守的规定,因为"黑人问题"是长达4个世纪之久的奴隶制的文化遗弊,该制度潜移默化地影响着人们的心态,这给民族认同造成了非常有害的后果。黑人和黑白混血儿的社会地位问题能够取得进展,很大程度上是因为"有色人种社团"开展的活动——1890年他们组成一个中央指挥部,尽管殖民政权"招揽黑人"的意向也不容忽视——其方式是支持其中的几个协会并试图控制它们。

社会现代化也明显体现在文化和生活方式层面上。城市的发展有目共睹，特别是哈瓦那，其扩张得益于从1863年开始的对城墙的拆除，该过程也伴随着许多投机交易的发生。此外，在城市设施方面也有进步。首都最终修建了一条水渠，建立了一套公共交通系统、公共照明系统，甚至是电力系统，在马坦萨斯、卡德纳斯、西恩富戈斯和圣地亚哥等其他城市也或多或少能看见这些进步。在建筑创新、技术进步和娱乐活动兴起的同时，城市里也存在着很大的社会差距，贫困社区中恶劣的卫生条件尤能体现。很大一部分中国苦力变成了街头小贩，奴隶制废除带来了"有色"人口的增长，最重要的是，来自伊比利亚半岛的青年越来越多且当中许多人被雇佣为销售员，这些人给城市，尤其是哈瓦那，增添了一分世界主义色彩。移民中出现了大批加利西亚人和阿斯图里亚斯人，他们推动并建立起了所谓的地区社团，在某种程度上支持了社会中带有"西班牙色彩"的官方政策，而政策中的贸易和公共就业部分几乎完全被伊比利亚半岛所控制，其中公共就业这一领域深受腐败之害。

这个时代的两部出色的小说——《我的雇员叔叔》-(*Mi tío el empleado*)和《售货员堂·萨卢斯蒂亚诺》(*Don Salustiano el tendero*)均出自拉蒙·梅萨（Ramón Meza）笔下，他通过典型的人物角色对腐败的官员和商人进行了尖锐的批评。其他作家，比如马丁·莫鲁阿（Martín Morúa）和尼古拉斯·埃雷迪亚（Nicolás Heredia），他们叙述的故事从不同的方面对殖民社会进行了解构。同样的意图在戏剧中也能发现，尤其是闹剧，其剧团还在古巴的主要城市进行巡回演出。这些作品的标题经常讽刺性地影射政治事件，以模仿、戏谑和瓜拉恰曲的形式推动情节发展，正如雷蒙多·卡布雷拉（Raimundo Cabrera）的《从公园到月球》（*Del parque a la luna*）及其他作品中描绘的情景，作品中的普通民众用尖酸刻薄的声调随口批评殖民政权，而卡布雷拉的一篇极受欢迎的杂文《古巴及其法官》（*Cuba y sus jueces*）则极力维护古巴的财产。批判精神和古巴意识在作家恩里克·何塞·瓦罗纳（Enrique José Varona）和曼努埃尔·桑吉利（Manuel Sanguily）身上有高度的体现，他们推动着这些年来最具影响力的文学杂志——《古巴杂志》和《文学期刊》的发展——最具代表性的还是何塞·马蒂（José Martí）那独一无二的作品。

经过十年血腥的独立斗争，古巴有了一层新的含义。在与现代化携手并进的过程中，其国家本质的表现更加复杂，其中的紧张状况在胡利安·德尔·卡萨尔（Julián del Casal）华丽多彩的诗歌中得到了充分的体现。大众元素，尤其是非洲特色文化的表现形式，同时也被认作古巴身份的一部分，而在该领域所取得的发展因体裁和创作者的不同而存在着很大的差异。就人群而言,黑人和混血儿一直以来都在音乐中占有至关重要的地位,而音乐也是在古巴和大众元素共生的情况下取得最大成就的创作领域,其最高级的表现形式是丹松舞,它于1879年突然出现在马坦萨斯艺术文学中心的贵族大厅里,之后便在与殖民政权相关的两个政治流派发出的尖刻且严厉的批评之下传播。

政治选择

第一次独立斗争的失败让西班牙得以对古巴的事态进行仲裁。仲裁根据1876年宪法进行,该宪法规定为殖民地制定特别的法律,同时承认这些殖民地在王室的代表地位,从而为殖民地未来地位的确定留出了一定的空间。

条例的实行很快便从该岛的都督马丁内斯·坎波斯(Martínez Campos)本人开始,这个职位将不再享有自主裁决的权力,但依然可以继续将政治和军事权力集中在自己手中。在他管理的政府之下,古巴被分为六个省,省内普遍实行市政制度。虽然这些政府机构由正式选举产生,但很大程度上还是取决于都督,因为是由他任命人选来管理那些区域的。这一选举过程建立在比伊比利亚半岛现行情况更为严格的基础之上,这是因为想要成为选民,必须担任公职或从事专业技术职业，或是缴纳相对较高的税款，最后这项条件明显有利于来自伊比利亚半岛的居民参与投票。此外，所有这些规定也都是临时性的，这就为宗主国政府以后对其进行修改留下了很大的可能性。相对于战争前的情况而言，据此制定出的制度无疑是一大进步，但完全不足以解决困扰古巴的严重问题。

克里奥尔精英们对敌对行动的结束喜闻乐见，他们赞赏新秩序，尽管它具有局限性，但却为精英阶层广泛、持续地参与到政府职务中开启了可能性。因此，他们对于让马丁内斯·坎波斯来处理政务的邀请很快就做出了回应。1878年7月，他们组成了自由党——不久之后变成自治党，在其纲领中收录了许多改良主义的旧主张，其中一些已经成为行政主张。在经济领域，他们提出改革财政制度，尤其是重新设置关税以便更有利地进行自由贸易，并且他们希望与美国建立起优惠的贸易关系。作为有偿废除奴隶制的拥护者，克里奥尔自由派也宣称支持白人移民。然而，具有决定性意义的是他们的政策方案，该方案承认西班牙主权并拒绝在独立运动中使用暴力，但他们还是渴望古巴能够"在民族团结的前提之下"获得最大程度的自治权。在自治党的队伍里，聚集了一些克里奥尔地主，尤其是中产阶级古巴人，比如何塞·安东尼奥·科尔蒂纳（José Antonio Cortina）、拉斐尔·蒙托罗（Rafael Montoro）和该党主席何塞·玛丽亚·加尔维斯（José María Galvez）等杰出的知识分子，同时也包括一定数量的前独立派分子。不久之后，岛上大部分最富有的地主和商人——大部分是伊比利亚半岛人但不限于伊比利亚半岛人，组成了宪政联盟。在其领导层中，有战争年代"西班牙委员会"当中的著名人物，这些人也为新组织输送了大批的官僚和贸易销售人员。然而，该党的一些经济提案与自治党没有太大差别，其政治纲领在提出的时候便做出了明确界定，宪政联盟会是"国家完整"的坚定捍卫者，即古巴被完全纳入西班牙统治当中，他们认为这是最能保留其特权的方式。就社会形态而言，两个方案是互斥的：传统主义不惜一切代价捍卫本土西班牙人在岛屿社会中的卓越地位，而自治主义虽然维护古巴人的权利，但明显防范着该国的普通民众，他们认为这些人是导致社会解体的潜在因素。

两个党派都是殖民地政治制度的重要组成部分。选举法和当局的支持确保了宪政联盟始终处于主导地位，使该党成为马德里政府忠实的公仆，而无论马德里政府是由哪个政党执政。对于自治主义者来说，就算他们拥有全权证书①作为反对独立运动的证明，也不足以让西班牙授予他们一定的权力。在一个一直都是小规模

---

① 全权证书，又称授权证书，或叫全权委任状。它是一个国家或政府派遣全权代表出席国际会议或签订条约时，为证明所派代表的身份和权限而开出的一种凭证性文书。

的选举群体中，人们不得不满足于系统地展开批评，因为它能持续谴责西班牙政权的任意妄为和腐败行径，有助于让反殖民主义情绪保持活力。政治进程中的突发事件给政党纲领带来了细微的变化和替代方案，在此之前，发生了所谓的"经济运动"，它于1891年组织发起，目的是促进与美国之间的贸易互惠，该诉求关系到自治主义者和宪政联盟中的一部分伊比利亚半岛企业家的利益。在各方人员的强势调解之下产生了第三个党派——由传统主义温和派创立的改革派，同时他们又做出一些兼并主义的行为，虽然这种主张没有在政治运动中实现，但他们在社交媒体上表明了其热衷于技术进步、经济增长和美国式的生活方式的主张。

尽管后桑洪政权有明显的局限性，但它开放了新闻自由和结社自由，举行公开辩论会且实行选举制度，给古巴人，甚至是黑人、工人等其他能够支持他们的报纸和那些有伙伴关系的大众群体带来了憧憬，哪怕这些人都被排除在政治游戏之外。另一方面，无论是在街头、讲学场所、社团，还是在新闻报刊上公开讨论主要的社会问题，以及这些年来所看到的竞选活动和其他的现代政治生活特征，都存在着一些明显的不良现象，比如欺骗选举和裙带关系——在国家的政治文化中具有无可否认的重要性。

虽然独立主义者被正式排除在法律之外，但他们并没有放弃努力，哪怕1878年所经历的失败使他们内心充满了怨恨和失望。

战争余音未消，在其中一个最具声望的芒比——卡利斯托·加西亚（Calixto García）将军的领导下战争再次爆发。此次运动起源于纽约，继而转战乡村，但由于缺乏协调和军事资源，这场"小型战争"很快就被西班牙人镇压，他们利用大批的黑人和黑白混血儿芒比制造出一场种族主义起义事件的假象。在这次尝试之后，接着发生了一连串的小规模征伐，但都以失败告终，导致这种结局的原因其实离不开这些年来由戈麦斯和马塞奥将军提出的解放计划的最佳构想。不断的失败经历清楚表明，独立运动需要重新制定组织模式和方案，以及重构社会基础。而这项艰巨的任务落在了何塞·马蒂身上。

马蒂于 1853 年出生于哈瓦那，在十年战争之初被判入狱，当时他只是一个少年，之后被流放到西班牙，开始了流亡生涯，后来他又流亡到墨西哥和其他拉美国家，直至最终定居美国，并在那里度过了他人生中很长的一段时间。长期从事新闻业增强了马蒂对人性的敏感度，并使他在各种文学体裁，特别是在诗歌上，登上了西班牙语语言文学的巅峰；此外，其出色的演讲才能使其成为一位无与伦比的政治家，能够应对独立事业中面临的种种挑战。他制定了具有创新性的计划，并以全面而严谨的分析为基础，不仅分析了古巴独立运动中所积累的经验，还分析了拉丁美洲在六十年共和生涯中所取得的成果，以及美国发展的主流趋势。

马蒂对美国社会有很深的认识,他欣赏美国的民主和不断进步的动力,也见证了华盛顿政府野心的发展,这种发展尤其威胁到了拉丁美洲"封建且没有付诸实践的"共和政体的命运。这就是他认为这些共和政体迫切需要开放空间给被寡头组织和军阀主义排斥的阶级和群体的原因,因为这是确保两大美洲板块能够维持友好关系的不可或缺的转变,而古巴的独立将对此有决定性的贡献。但是,古巴共和国的成立不仅需要消灭西班牙殖民政权、遏制美国扩张,还需要先克服造成社会分裂的深刻分歧。种族——白人和黑人,出身——西班牙人和古巴人,以及经济状况等因素都阻碍了古巴掀起一场真正的民族运动,也削弱了独立运动的力量,而在独立运动的队伍中,已经可以看见军队和平民,岛内和岛外的古巴人,以及新旧派革命者之间存在着明显的矛盾。因此,团结是马蒂战略的关键。马蒂在论坛和报刊上通过友好信件和清晰对话的方式逐步修补关系,消除成见,同时克服偏见——这是殖民统治的有效手段。

因为马蒂,独立运动成为 19 世纪末古巴唯一真正具有包容性的政治潮流。"属于所有人的共和国"里没有区别对待,里面有黑人和白人,古巴人和伊比利亚半岛人,富人和穷人,受过教育和没受过教育的人,他们的权利同样都能得到尊重。这位"古巴独立的使徒"没有偏离其计划所秉承的和谐精神,也没有忽视这样一个事实，即古巴取得独立的最强有力的支撑来自被殖民政权边缘化的阶级和群体——农民、黑人、工人、知识分子和贫困的白人地主，无疑这一次也应该让他们参与其中。因此，民主是马蒂方案的核心，也是独立革命的目标和重要手段。

为实现方案，马蒂所构想的组织形式是古巴革命党（PRC），它是由移居美国的群体于1892年组建的，其组织和理事会通过真正民主的做法，为获取战争资源筹集资金，并带领古巴开展"必要的战争"。作为一场相对快速的战役，为了领导它，必须让最有经验的军事指挥官团结一心，马蒂以革命党代表的身份向这些军事指挥官寻求协助。在马克西莫·戈麦斯（Máximo Gómez）接受请求成为起义军总司令之后，"68战争"中表现出色的将军一个接一个地加入计划，比如安东尼奥·马塞奥（Antonio Maceo）、弗洛尔·克伦贝特（Flor Crombet）、塞拉芬·桑切斯（Serafín Sánchez）和卡洛斯·罗洛夫（Carlos Roloff）。这些首领必须抵达岛屿并奔赴三大战场的前线，利用充足的武器装备确保芒比军进攻顺利，这些芒比军通过一个以胡安·瓜尔贝托·戈麦斯（Juan Gualberto Gómez）为核心的庞大的地下网络聚集在一起。戈麦斯是一名大胆的黑白混血儿记者，也是"有色人种社团"中央指挥部的组织者和主席，此前马蒂已任命其为自己在古巴的代表。在移居境外的群体，尤其是烟草商社团的帮助下，1894年年底，革命党在佛罗里达准备了三艘装备精良的船只，但由于此事被人告发，船只遭到了美国当局扣押。尽管经受了严重的挫折，但起义计划仍在继续，且岛上的密谋者获准在远征队到来之前就发动起义。

1895 年革命

尽管没有充足的物资准备，但如果留意自上一年起已陆续发生的那些不在古巴革命党控制范围之内的叛乱，就可以清楚地认知到岛上的独立主义战士早已迫不及待，从而也就不难理解为何此时做出发动起义的决定了，对起义有利的东风已经刮起。此外，除了自由主义者首相安东尼奥·毛拉（Antonio Maura）于1893年在马德里提出的改革方案最终失败而引发失望情绪之外，美国在下一年也取消了贸易协定，从此古巴的经济繁荣期进入尾声。

1895年2月24日，在巴依雷（Baire）、希瓜尼（Jiguaní）、关塔那摩（Guantánamo）等东部地区，以及位于马坦萨斯省的伊巴拉，以一致的步调发动武装起义，但伊巴拉的行动很快就被镇压，其领导者被捕，包括胡安·瓜尔贝托·戈麦斯；而在拉斯维亚斯和卡马圭，密谋者更愿意等待指挥官，并认为他们很快就能到达。马蒂此前曾前往多米尼加共和国并在当地的基督山镇（Montecristi）与马克西莫·戈麦斯会合，共同起草了一份宣言，宣布革命的目的。几个星期后，在 4 月 11 日，两人随一支小型远征队抵达古巴的东南边。在此前几天，安东尼奥·马塞奥在他的兄弟何塞、克伦贝特和其他军官的陪同下从哥斯达黎加出发并抵达古巴。马塞奥开始担任东部爱国者队伍的指挥官，该队伍人数超过 2 000 人并已全部就位。新的战役和 1868 年那场战役的差别显而易见，不仅在于它准备得更好、组织得更集中，还在于领导这次战役的阶层不同，1868 年的战役是由基层大众领导的，参与者包括专业技术人士和其他中产阶级个体，以及工匠、工人和众多的贫困农民代表。其目标，正如《基督山宣言》所表达的那样，远不止把古巴从西班牙分离出去，而是要将古巴社会进行彻底的重塑并使其走向民主化。因此，新的独立斗争不仅仅是一场战争，实际上是一场革命。

革命的顺利开展需要战略的支持，对此，马蒂、马塞奥和马克西莫·戈麦斯提议在古巴圣地亚哥附近的美乐拉纳（La Mejorana）共同制定革命战略。这是一次艰难的会议，因为马塞奥受到"大战"经历的影响，他的提议实际上是实行军事指挥，而马蒂虽然也承认指挥官要有必要的自主权来领导战争，但却认为共和国应该在战斗声中成立，并建立在坚实的和人们愿意遵守的制度基础之上。虽然对此事项的决定被推迟到之后的制宪会议上，但众人都一致同意将军事行动扩展到整个岛屿的战略原则，为此，马塞奥立即集中兵力巩固其对东部地区的控制，而戈麦斯在马蒂的陪同下，动身前往卡马圭，待其抵达后，当地起义的号角便可吹响。当行至多斯里奥斯（Dos Ríos）时，何塞·马蒂在与一支西班牙纵队的交战中受伤身亡。失去马蒂，便失去了战争领袖，失去了革命思想家，而时间证明，这是一个无法弥补的损失。

"大元帅"马克西莫·戈麦斯到达目的地后，便在太子港周边发动了一场战争，借此磨炼那些与久经沙场的芒比战士萨尔瓦多·希斯内罗丝（Salvador Cisneros）一同参加武装起义的数百名卡马圭年轻人。由塞拉芬·桑切斯指挥的一支强大的远征队则在7月于拉斯维亚斯登陆，这是马蒂最初筹划的远征队中唯一一支被保留下来的，此时行动区已扩展到了整个岛屿的东半部。两个月后，由不同的起义军部队选出的代表在卡马圭省的希马瓜尤（Jimaguayú）起草了一份宪法。武装起义夺取了政权，即便比瓜伊马罗（Guáimaro）的政权更加简单且更具活力，它只包含一个具有行政和立法权力的国务委员会，其主席由萨尔瓦多·希斯内罗丝·贝当古（Salvador Cisneros Betancourt）担任；此外，共和国还批准马克西莫·戈麦斯出任将军一职，而戈麦斯又任命安东尼奥·马塞奥将军为他的副官；同时，指派托马斯·埃斯特拉达·帕尔马（Tomás Estrada Palma）担任政府在海外的全权代表，自此，革命的领导层全部就位。在托马斯·埃斯特拉达·帕尔马替代马蒂当选为古巴革命党代表后不久,这位带有保守主义倾向的爱国老战士于 1876 年成为武装共和国的总统,并在移民社团中赢得了良好的声望,他与这些移民在美国居住多年,是美国政治制度的狂热崇拜者。

西班牙政府虽然对古巴起义感到惊讶,但并没有低估它。为了能迅速平息此事,西班牙政府将他们最好的谈判信使——马丁内斯·坎波斯(Martínez Campos)将军,任命为古巴岛都督。尽管他并没有信心与古巴达成协议,但他已开始扩充他在古巴的军队,因而,到了 1895 年底,他的军队士兵已超过 10 万人。自治主义者在起义运动爆发后不久曾谴责该举动是一项罪行,因为他们认为期待已久的改革时刻已经到来,但是改革因起义运动再次被推迟,而今只有恢复和平,改革才有可能成功,而恢复和平似乎越来越遥远。

马塞奥在考托山谷打了精彩的一仗,而在其中的一场战斗——佩拉列霍(Peralejo)战役中,他差点就抓到了马丁内斯·坎波斯。随后,马塞奥组建了一支由 1500 人组成的强大队伍,并于 10 月 22 日从巴拉瓜(Baraguá)出发开始入侵西部。马塞奥躲过了西班牙派来打击他的军队,在短短一个月内便成功赶到胡卡洛(Júcaro)至莫龙(Morón)之间那段已修好的小道,穿过该小道与戈麦斯会合,而戈麦斯早前已穿过那条防御工事,在拉斯维亚斯等他。为了遏制他们,马丁内斯·坎波斯在该省部署了3万名士兵,但古巴起义军的先锋部队在一连串的战事获胜后,打破了西班牙在马尔廷波(Mal Tiempo)的阵线并成功挺进马坦萨斯。随着甘蔗种植园和甘蔗田的烟雾逐渐被甩在身后,先锋部队抵达哈瓦那,在那里,戈麦斯和马塞奥决定分头行事,以便马塞奥能继续前行至比那尔德里奥的最西端,而戈麦斯则为其镇守后方。仅仅3个月的时间,先锋部队走过的路程已超过1 000公里,顺利摆脱和击败了数十个西班牙军团,并将战争延展到全国。随着战事扩展至西部省份,此次突进实现了又一个战略目标:使古巴经济瘫痪。战事不仅影响到了甘蔗种植园,还波及烟草和其他作物的种植田,并且对仓库和铁路都造成了破坏。1895年,糖的产量大约是100万吨,而这一数字在1896年则下降至不到30万吨。这一次,西班牙无法从古巴获得资源来对抗突进队伍。

马德里政府对古巴起义军的胜利感到震惊,于是决定展开一场全面战争。为了执行这项新战略,马德里政府将马丁内斯·坎波斯的指挥权移交给瓦莱里亚诺·魏勒尔(Valeriano Weyler),后者带了5万多名增援士兵来到古巴岛。但是这位年轻的魏勒尔将军的策略并不是在实地部署更多的兵力,而是消灭起义军的后援基地。为了实现这一目标,他下令将所有农村里的人都集中到城镇要地和城市,还威胁违反该命令的人将被视作反叛者予以处决。

在很短的时间内，数十万人不得不离开他们的农场，并到城镇的出入口和中转站避难，在那些地方，人们基本失去了生计，且很容易就挨饿、患病。"集中营"被认为是一场真正的灭绝行动，它成功切断了芒比人的部分物资供应，但却不至于对芒比人组织的运作能力造成很大的限制。"集中营"最后终止了，然而已对农业造成了彻底的破坏，并促使许多古巴家庭移民海外，以逃离物资匮乏的环境和笼罩在城市的恐怖气氛。这项政策也影响到了美国，当地已逐步限制糖和烟草的供应，而且，随着数千名移民的到来，人们开始了解到邻近岛屿那些骇人听闻的遭遇。鉴于移民们反映的恶劣局势，古巴的富人和在该岛投资的美国公民开始向华盛顿政府的最高层投诉和申诉，敦促其在古巴冲突一事上采取更加积极主动的态度。

在军事层面，魏勒尔曾提议在比那尔德里奥围堵马塞奥，方式是在该省的边界上建造一条新的防御工事，同时派遣强大的机动部队对抗这位芒比首领。在以比那尔德里奥山脉为战场的一次精彩的游击战中，芒比首领连连击败敌军。马克西莫·戈麦斯在回中部地区的路上，将增援部队派遣到了西部，并同时在拉斯维亚斯和卡马圭展开了激烈的战斗，其中几场战役具有一定的规模，比如萨拉托加（Saratoga）战役，就摧毁了一支超过 3000 名士兵的西班牙军队。虽然芒比后勤部队，特别是西部的后勤部队，遭受了魏勒尔发动的战争的影响，但是随着十几支远征队于1896年陆续到达，情况有了一定程度的好转，其中有一些装备精良的队伍，比如卡利斯托·加西亚将军带到东部的那支，加西亚将军在何塞·马塞奥战死之后，担任起该省指挥官一职。古巴方面再次出现源于内部分歧的不安因素，这次的分歧出现在戈麦斯与国务委员会之间，两者在生产设施毁坏一事——"燃烧的火把"，以及某些政府措施，尤其是晋升问题上意见不一，总司令认为最后这点已超越了他们的职权范围。马塞奥被召到卡马圭去弥合这些分歧，但当他带着一支小分队经过哈瓦那郊区时，不幸在战斗中丧生。他的死对于独立运动而言确实是一大不幸，不仅是因为独立运动失去了一位最勇敢、最有才干的指挥官，还因为他是独立运动中最具国际影响力的人物。而最糟糕的是，这次战斗是伤亡人数最多的一次。虽然后来晋升了其他有能力的指挥官替代马塞奥，但这也大大削弱了革命领导层的政治力量。

在马塞奥去世后，魏勒尔趁此机会，集中兵力对付马克西莫·戈麦斯，于是，这位能力超群的"大元帅"在拉雷弗马尔发起了一场改革运动。拉雷弗马尔是中部一个很有名的战场，魏勒尔在地形凶险的区域运用游击战术，分散了西班牙的强大队伍，在疲劳和病痛的侵扰下，西班牙的伤亡人数远比芒比军要多。在这场消耗战中，马克西莫·戈麦斯没有让他的副司令卡利斯托·加西亚参与，而是让其率领东部军队——已配备好军炮，开始进攻城镇要地，比如图纳斯和吉萨，迫使西班牙人集中到城市里。尽管这场持久的冲突使古巴军队陷入了困境——他们在西部已没有骑兵队伍，但最终也使得魏勒尔在全国的镇压行动均以失败告终，更不用说哈瓦那地区，芒比军在那里不断展开游击战，并且在战斗中获胜，比如开曼战役。古巴胜利在望，而战争却在恶劣的经济和社会状况下继续着，原因是西班牙的政治家们态度固执，比如西班牙首相安东尼奥·卡诺瓦斯·德尔卡斯蒂略（Antonio Cánovas del Castillo），他声称自己会坚持下去，"直到最后一个人，最后一分钱"。西班牙的政治家们确信他们的事业，包括君主国本身，都无法逃过失去古巴的命运。而在美国新闻中，关于古巴的可怕报道铺天盖地，这使得美国对古巴采取的政策变得更加强硬，特别是在1897年1月威廉·麦金莱（William McKinley）就任总统以后。在公众舆论越来越支持古巴独立的情况下，美国新政府开始向西班牙施加压力，促使其实行改革，以制止邻岛的这场流血冲突。

在卡诺瓦斯被暗杀和自由派政府在马德里掌权以后，西班牙的政策发生了改变，该政府决定免除魏勒尔的职务，并在不久之后宣布给予古巴自治权。这项新方针试图阻止美国干预的危险倾向，最重要的是，通过提供自治权，促使古巴的独立主义者妥协，或者至少让他们内部产生分歧。虽然出现了一些临阵退缩的情况，但独立运动——其目标在最新修订的拉亚亚宪法中已重申——毫不妥协，并且在对所有的和平使者都"判以死刑"之后，还加强了其作战力量。西班牙方面的分歧更加严重，哈瓦那的街道挤满了反对自治的传统派分子，他们抗议新都督拉蒙·布兰科（Ramón Blanco），并使美国成为众矢之的。

美国的干预

美国政府对事态的发展表示关注，派遣战列舰"缅因号"前往哈瓦那进行"友好访问"。而在1898年2月15日，随着一声巨响，"缅因号"发生爆炸，之后便沉没在哈瓦那港。随后的调查表明这是一次意外，但美国媒体利用这场灾难掀起了一场激烈的反西班牙运动，扩张主义分子在政府中的影响力也因此得到了加强。麦金莱明显试图挑起战争，向西班牙发出最后通牒，并向西班牙重新提议求购古巴，但同样无果，最终，他向国会提请宣战的授权。咨文中很小心地提到了古巴独立一事，或许是为了伺机寻找兼并的机会。然而，参众议院的联合决议承认了古巴人享有独立的权利，同时明确放弃对该岛的任何企图。毫无疑问，这是古巴的正义事业引起美国人民共鸣的表现，但同样也是埃斯特拉达·帕尔马和海外代表们努力的结果，他们一直以来都在努力——虽然似乎都徒劳无功——因为他们支持古巴的强硬姿态，而且在关键时刻也不遗余力地——包括采取贿赂的方式——确保获得议员的支持。不管此次宣战是否正式，埃斯特拉达·帕尔马迅速得到了古巴军队的支持，尽管他并没有征求该岛独立运动领导层的意见，而且美国政府也完全没有表现出承认武装共和国及其政府的意向。虽然古巴国家委员会意识到情况具有不确定性，但最终还是接受了事实，也接受了美国的善意，表示愿意与美国合作，很可能是因为国家委员会急于结束残酷和艰苦的战争。

华盛顿政府并没有做出任何的妥协，决定直接寻求卡利斯托·加西亚将军的支持，后者调集他的士兵协助美国在古巴圣地亚哥附近登陆，之后又帮助美军打入城市；与此同时，他在该岛的其他地方部署芒比军分队，以阻止西班牙部队的行动。因此，起义军陷入了一种反常的局面，它作为一支军队的盟友，却得不到该军队的正式承认。事件的快速发展也使情况难以澄清，在不到4个月的时间里，西班牙在其小分队于7月3日试图逃出被困地点圣地亚哥港口被击败后投降。在不久前，西班牙在菲律宾的海军支队遭遇同样的命运，同时，波多黎各岛也在短短3周内被攻占。8月11日，两国在华盛顿签署和平协议，敌对行动从此停火。

在西班牙投降之前，即在美国军队总指挥威廉·沙夫特（William Shafter）将军占领古巴圣地亚哥，而后拒绝加西亚将军带领他的士兵进入城市这一事件发生之后，美国的意图便开始显露，芒比军首领有尊严地抗议这个武断的决定并且辞职；将古巴人边缘化的趋势显而易见。当美国得到西班牙的重视并开始与西班牙当局对话时，芒比军受到的怀疑以及对其的偏见变得愈发明显，在此之前，美国媒体曾赞美这些战士，如今却开始削弱他们的作用，一些报纸也对他们进行辱骂。古巴人在对立势力之间展开的停战谈判中被边缘化，而在巴黎签订和平条约前，他们还被排除在谈判之外。毫无疑问，西班牙的态度促使了这种情况的发生，西班牙人担心，如果将权力移交给古巴人，可能会引起报复行为。西班牙首相毫不犹豫地向美国人表达了他对兼并该岛一事的倾向性意见。然而，联合决议中所规定的内容至少暂时让他打消了这个念头。根据《巴黎条约》，美国成为菲律宾和波多黎各的所有者，但就古巴而言，虽然西班牙放弃了该岛的主权，但该岛只能暂时被美国占领，尽管期限未定。古巴人发动独立战争的伟大行动，在美国的干预之下演变成了一场征服运动。

—7—

一个受监管的共和国

1899年1月1日,当西班牙国旗在堡垒和公共建筑物降下时,作为替代品升起的并不是古巴国旗,而是美国国旗。随着美国军队占领古巴,古巴人奋斗了30年的共和国将在美国的权力下建立。古巴终将在美国的霸权之下实现现代化,成为一个民族国家,这种状况虽然限制了其主权,但从某种程度上来说,也帮助它勾画出了政治制度模式的基本框架,并设计出经济和社会发展的指导方针。

奠定基础

这个在硝烟中建立起来的国家,呈现出一派萧条的景象。于

1899年开展的人口普查中,合计 1 572 797 名居民,相比上一次在1887年统计的数字,少了 58 890 人,但如果考虑到从上次统计至战争开始期间出现的人口增长,那么人口损失可能达到了 15%。况且,很多幸存者在挨饿和患病的情况下流离失所。由冲突造成的破坏是显而易见的:10 万家农场被摧毁,一半的耕地被荒废,糖和烟草的产量分别减少了 70% 和 80%,在广大的区域内无法找到一头牲畜。社会局面如此悲惨,更为悲惨的是一直以来都不充足的学校陷入了瘫痪,城市也饱受黄热病和其他流行病肆虐之苦。

在政治领域中,最突出的特点是混乱。由于古巴的资产阶级对西班牙做出了承诺,因此,他们采取了一种谨慎的态度。西班牙人群体仍然是经济实力最强的群体,他们倾向于置身事外,既抗拒获胜的美国人,又害怕古巴的芒比军,十分矛盾。当自治党声名狼藉时,克里奥尔精英已失去其代表性地位,但他们也没能被自由党的某些人物承认,而这些人如今已身处独立运动的领导层。这些人身处领导层,从某种程度上说是一种胜利,但是领导层仍处于一片混乱之中。到了 1898 年年底,埃斯特拉达·帕尔马在未经协商的情况下解散了古巴革命党,并宣布它的任务已完成。自由军仍在城镇外围扎营,基本上只能依靠公共慈善组织来维持,如今他们既没有获得远征队的补给,也不能征收税款或没收财产。自由军的解散势在必行,而为了完成这项工作,代表大会——如今已是独立运动的最高机构，会协调借取一笔资金，在代表大会看来，获得这笔资金就意味着他们正式认可美国的援助。相反，他们又要求华盛顿政府解除他们认为仍具有威胁性的军队，为此，麦金莱向马克西莫·戈麦斯捐赠了一笔350万美元的款项，以支付给即将退役的军官和士兵。戈麦斯不希望共和国在成立之初就负债，因此这位节俭的将军接受了这一捐赠，然而，大会却认为这是一种违抗命令的行为，决定驳回它。但是，民众支持大元帅的呼声很高，大会不知所措，最后只能以解散告终。在不到5个月的时间里，古巴境内已不存在任何一个有组织的政治力量，美国的统治者可以任意地设计古巴的未来。

在开展这项工作时，美国统治者拥有着相当大的优势。在一个有待重建的国家里，很多事情都依靠新政府的借贷来进行。必须承认的是，在古巴重建的过程中美国人发挥了很大的作用。先是克拉拉·巴顿（Clara Barton）为帮助战争受害者发起了慈善活动，接着是在古巴医生卡洛斯·胡安·芬莱（Carlos J. Finlay）关于传染因子的医学论点得到验证之后，开展了一项大规模的卫生行动——其有效措施能够清除黄热病的旧患。除此之外，临时政府在教育上也产生了巨大的社会影响，它对教育系统进行了改革并为其提供了必要的资源，用以扩大学校的覆盖范围并使教学走向现代化。为了完成这项任务，数百名青年教师被召集起来，其中许多人都在哈佛大学和美国的其他大学接受过培训。美国当局开展这些活动以及建设其他的公共服务和公共工程的费用，只有从岛屿财政部募集而来的资金，因为除了用于解散自由军的一笔捐助以外，华盛顿政府没有为古巴的重建提供过一分钱，甚至连占领军的开支也必须靠古巴的预算来维持。虽然由美国政府官员管理公共基金并不能完全避免腐败，但至少在效率上，与西班牙的不良先例形成了鲜明的对比，而且自由军和其他主张独立的古巴人士都被召集加入政府管理。说到新形势带来的好处，还应该包括可以买到各式各样价格相对便宜的美国商品和器具，因为美国政府的首批行动之一便是取消西班牙的关税制度，这项举措惠及了古巴的消费者，也明显提高了美国产品在古巴岛的市场份额。美国的现代性不再是一个遥远的范式，它几乎是以一种主动上门服务的方式给古巴人提供着帮助。

所有这些不同的因素在决定古巴的政治命运时都发挥了作用。在麦金莱政府中，兼并的拥护者占了多数，但联合决议——已经被认为是"感情用事造成的错误"，给目标的实现造成了很大的阻碍，不仅因为这是一个国际层面的对古巴人的承诺，还因为该承诺是在美国人民面前许下的，美国人民会把他们的无知视为欺诈，而兼并只有在古巴人自己提出要求的情况下方可实施。可能是为了实现这一目标，莱昂纳德·伍德（Leonard Wood）将军取代了约翰·布鲁克（John Brooke）将军，成为岛屿的新都督，他非常支持西奥多·罗斯福（Theodore Roosevelt）在共和党内部表现出来的扩张主义倾向。新任都督想设法通过那些能带来潜在经济利益的激励措施和给予贸易优惠的方式动员国家的"上流阶层"；同时，对于广泛分布的独立主义者，通过扩大其在公共行政上的参与度来争取他们的支持。具有决定性的考验是在1900年6月举行的市政选举，参加竞选的有各种政党，其中一些还仅限当地人加入。然而，支持独立的候选人取得了压倒性的胜利，以至于让华盛顿政府的许多人清楚地意识到，如果不承认独立，那么在古巴就有可能发生类似于在菲律宾爆发的那种叛乱。但作为一种政治倾向来说，独立主义是缺乏组织和思想凝聚力的，因为民心是一股不可战胜的力量。

为了走向独立，古巴召开了一次制宪会议，会上占多数的依然是最坚决的爱国者。在短短3个多月的时间内，宪法已经起草完毕，它宣布古巴是一个统一的共和国，国家仍然划分为六个省份，虽然处于总统制之下，但还是采用了典型的三权分立原则。在三权分立原则的确立、议会两院的建立以及其他细节上，美国宪法条文的影响力都显而易见。尽管实行男性普选，国家所具有的政教分离的特性以及宪法通过的其他内容，克服了那些最为保守的议员的阻力，使得大宪章成为古巴一份先进的文书。

正如麦金莱总统本人所言，古巴虽然成为共和国，但仍会与美国建立起"无比紧密的联系"。当制宪会议即将结束时，参议员奥维尔·普拉特（Orville Platt）在华盛顿提出的战争预算法案的修正案就揭示了这种联系的性质。修正案拟定以附录的形式加入古巴宪法，它承认美国在该岛的干预权，还限制了古巴政府与第三国缔结条约和借取资金的权力，并将四个港口飞地让给美国作为海军基地，除此之外，还列出了一些实际上将新生共和国变成保护国的其他特权。在古巴民众的广泛反对下，普拉特修正案遭到了制宪会议的否定，但最终却在3个月后以刚好过半数的表决结果获得了通过，此时，古巴一些民族主义代表才明白，要建立独立的共和国，除了结束美国的占领，没有其他解决办法。建立共和国的道路因此变得明确了起来，下一步，只需要组织选举选出新的国家政府。选举提名了两位总统候选人：一位是托马斯·埃斯特拉达·帕尔马（Tomás Estrada Palma），他受到大多数政党团体的拥护，也得到了来自马克西莫·戈麦斯的宝贵支持（他本人放弃了提名）。另一位是巴托洛梅·马索（Bartolomé Masó）——武装共和国的最后一任总统。埃斯特拉达·帕尔马作为美国公民，还与华盛顿政府保持着良好的关系，是美国官员心目中的最佳人选。至于马索，不仅对普拉特修正案持批判意见，还争取到许多带有不满情绪的独立主义者的支持。马索认为帕尔马占据明显的优势，于是选择退出，使这位来自巴亚莫的前教师甚至在还没有前往古巴竞选的情况下便已取得了压倒性的胜利。

1902年5月20日，古巴共和国在欢庆活动中宣布成立。共和国的治理工作落在了埃斯特拉达·帕尔马和他的政府身上，而在他们的管理之下，国家的主权受到了很大的限制。确切地说，他们的首要任务之一是在约定条文的基础上，落实普拉特修正案。几乎就在共和国成立的同一年，共和国就与美国签订了一项永久条约，条约中涵盖了那份具有干预性质的修正案中的所有条款，由此造成了共和政体在某种意义上的先天不足。为了履行条约中的条款，共和国还签署了另一项与海军基地相关的协议。在该协议的谈判过程中，以及后续在协议中承认松树岛作为古巴的一部分，埃斯特拉达·帕尔马政府明显表现出了娴熟的技巧和民族意识，将最初要求的四个基地成功减少到了两个，最终只留下了一个——关塔那摩海军基地。

在这些措施的基础上，美国已很好地建立起了对古巴的政治控制，而对于其确立经济霸权地位而言，最为关键的一点是签订贸易互惠条约。得益于西班牙所实行的带有歧视性质的关税壁垒改革，美国商品在古巴获得了相当大的市场份额。但显然，只有在与欧洲的竞争中享受到一定特权的情况下，美国才能完全控制古巴市场。对古巴，尤其是对其糖业而言，美国关税下调是市场繁荣发展的保证，而市场繁荣则是促使其生产力进一步增长的基础。这种相互关系加强了古巴在经济上对美国的依赖，而这种依赖源于政治层面上的普拉特修正案。如果说干预权能为美国资本提供投资安全保障，那么贸易协定则为实现其扩张提供了保障。

罕见的单边增长

考虑到资金明显有限的情况，古巴经济重建的速度非常快。1900年，古巴的抵押贷款和租赁贷款合计共有2.479亿比索，其物业价值达到了3.24亿比索，其中涉及的物业超过一半都是农村房产。为了解决资金缺乏的问题，干预性政府暂缓了自战争年代起就生效的抵押贷款延期偿还方案，这一措施尽管没有提供任何新的资金支持，但避免了混乱局面的出现。信贷限制促进了所有权的转移，就农场而言，据估计，在1899年到1900年之间就发生了7 000多次易手。这场信贷运动的最大受益者是美国——以极低的价格购置了房产，尤其是农业房产的投资者。在西部，每公顷土地的价格在25到60比索之间，但在东部地区，由于大片土地都未经开垦且边界不清，在这里发生的交易让人难以置信，例如联合果品公司的管理层，以不到20万美元的价格买下了170 000公顷的土地。

在这个投资过程中，投资者的主要目标是制糖业，该行业汇聚了那些对古巴生意有着丰富经验的企业家，比如那位有着阿斯图里亚和纽约血统的曼努埃尔·里翁达（Manuel Rionda），他在1898年收购了图伊努库种植园（Tuinucú），两年后又在卡马圭的弗朗西斯科（el Francisco）建起糖厂。又比如议员罗伯特·布拉德利·霍利（R.B. Hawley），他代表一个积极的工会在西部拿下了3家大糖厂，后来又开设了恰帕拉糖厂（el Chaparra），在东北部收购的2.7万公顷的土地也投入了使用。其他的业务则由房地产经纪人经营，他们许诺这些是"新的边境"，将来自美国和欧洲的定居者吸引到了卡马圭和东方省的部分地区，以及松树岛。在工业领域，扩张最先发生在烟草行业，英国资本早已在该行业开启了集中化生产的进程，紧接着，美国人也迅速在1902年拿到了181个雪茄品牌以及42个香烟品牌。另一个值得投资的领域是基础设施，尤其是铁路，一个强大的美国-加拿大财团在该行业出资设立了古巴公司（Cuba Company），这家公司将铁路在岛屿的东半部铺开，而在那个时候，当地基本上是没有这项业务的。岛屿当局通过多种手段，特别是通过颁布法律法规促进资本的渗透，例如62号军事命令，其中就规定了对东部边界模糊的农场进行界限划分；又如33号军事命令，它促进了铁路业务的扩张和垄断。1906年，此时共和国成立还不到4年，美国在古巴的投资已经超过了1.5

亿，是1895年战争爆发时所估计数量的3倍。与所有预测相反的是，殖民政权的结束并没能帮助古巴人走向富裕。

  古巴经济的恢复主要依靠的是其自身的资源。距离共和国成立还不到1年，烟草的出口额已经超过了战前水平，牲畜数量也已经接近其一贯的水平，同时，具有关键意义的甘蔗收成量再度达到百万吨级别——其中只计算了171家大糖厂，这个数目还没有1895年超负荷生产的工厂数量的一半。从那时起，依托贸易协定提供的进入美国市场的机会，糖的产量以每年略高于100万吨的速度增长。产量提升主要发生在那些传统糖产区中已实现现代化和扩张的大糖厂，但实际上，东部省份产糖区的扩张也日益明显，东部的掌舵人是美国的大公司，它们掌握了38家大糖厂，1913年，其产量超过了甘蔗总产量的三分之一，同年，销量为210万吨——占产量的87%，因而，就满足美国消费需求而言，古巴已经取代了其余的外部供应商。自此，生产进度似乎可以放缓节奏了，然而，第一次世界大战的爆发很快就推翻了这种预测，并给糖业生产注入了新的动力。在欧洲甜菜种植区遭受破坏而造成赤字的情况下，古巴的甘蔗收成量在1919年上升到了480万吨。如果没有数万公顷的甘蔗田，没有大批移民的到来——包括数千名季节性临时工，没有主要来自美国的一大笔资金的涌入，就不可能实现这样一次卓有成效的飞跃。在这个阶段所建造的34家糖厂当中，有 10 家是由美国公司建立的，这些公司又收购了另外 17 家糖厂，并最终在 1919 年掌握了全国一半的糖产量。此时，飙升的物价、利润丰厚的狂热氛围吸引了美国的银行业，在此之前，它们仅限于为美国和古巴商人的投资计划提供资金。摩根大通银行、纽约国家城市银行等重要机构直接进行投资，推动创建像庞塔·阿雷格糖业公司（Punta Alegre Sugar Company）或古巴甘蔗公司（Cuba Cane）这样的大型企业。

在 20 世纪初的 20 年里，古巴经济实现飞速增长主要依靠的是糖业，1900—1919 年，古巴的出口额就增加了 10 倍。因此，这实际上是在转向外部市场，尤其是进入美国市场之后实现的增长。进入美国市场的还有其他商品——烟草的销售额在"一战"期间翻了一番——尽管其占比非常小。在双边贸易之下，出口的繁荣发展同样带动了进口的增长，以及人口的快速增长——1921 年居民人数达到了 300 万，其中包括贸易过程中流动人口的增加，服务业的扩张，港口和铁路网络的发展等都推动了一些面向内部市场的行业的发展，比如建筑材料，食品和酒，纺织品和鞋，以及肥皂和香水的制造。

糖业的繁荣发展带来了毋庸置疑的物质进步。大糖厂的建立引发了城市化进程，糖业和铁路在帮助偏远的农村地区摆脱与世隔绝的状态方面发挥了相当大的作用，土地征用、垦殖合同制和大规模雇用临时工在很大程度上加强了古巴与其他国家的贸易关系，这些都可以作为糖业带来物质进步的证明。此外，通过确认与糖业公司相关的商业机构对推广使用富有现代生活特色的物品和器具的贡献，也可以证实糖业对于城市发展的作用。在城市中，特别是在哈瓦那，独特的市政建设和豪华建筑如雨后春笋般纷纷出现，电力照明和有轨电车的使用变得越来越普遍。汽车的普及也同样引人注目。在汽车出现以后，人们还开始铺设街道路面以及建立道路网络。

然而，1920年糖价急剧下跌，由此引发的危机给这片繁荣景象带来了一场真正的灾难。在战争期间，糖在其中的几年里都受到了价格管制，而在摆脱管制以后，从1919年底起价格便开始攀升，一直持续到1920年夏天——此时已经达到了令人难以置信的水平——每磅的价格为20美分。在真正的"百万之舞"①期间，投机活动涌现，同时，银行业——包括在这些年里新增的30家银行，开始将大笔的钱借给农场主、佃农和其他企业家。然而，在1920年9月，随着糖的价格暴跌，恐慌也随之而来，银行纷纷宣布破产，

---

① 西班牙语原文是"danza de los millones"。受第一次世界大战物资需求量上涨的影响，糖的价格大幅攀升，古巴成为全球糖市场最大的供应国之一。1919—1920年，古巴国家收入激增，并引发一轮金融热，大量资金涌入古巴，古巴经济呈现一派繁荣的景象，后来人们将这个阶段称为"百万之舞"。

只有得到母公司有力支持的美国银行才幸免于难。大部分的债务资产转到了这些银行的手中，其中包括数十家大糖厂的——1922年，几乎三分之二的甘蔗收成量都来自美资工厂及其数千公顷的甘蔗田。对古巴资本家和西班牙人而言，1920年的危机是一次沉重的打击，然而，西班牙人仍然在贸易和某些制造业中占据着主导地位，最重要的是，它清楚地揭示了支撑国家繁荣的基础是多么薄弱。

古巴的经济依赖一种产品——糖的出口，其出口量占了总出口量的80%以上，且实际上只有一个市场，因为四分之三的贸易都集中在美国。大部分的工业产能和接近一半的耕地都贡献给了糖业，此外，糖业还占用三分之二的铁路、大型仓库和大部分的港口设施，其中，在许多情况下，港口设施都是私人所有的。一些公司设立在广阔的农场里——面积达到10万公顷，而甘蔗田中那些未开垦的土地依然占有很高的比例。大部分的佃农作为租户，都处在糖业公司的控制之下。一方面，外资处于主导地位，另一方面，大量使用移民劳工，甚至是季节性劳工，导致在国际收支上出现了严重的资金流失，这就解释了为什么古巴虽在过去10年中累积了10亿美元的贸易顺差，但在面对1920年的危机时却束手无策。受糖业扩张热的影响而变得扭曲的经济结构，对于糖的市场波动缺乏缓和手段，而其余的品类也同样受到了波动影响，甚至国家在其中也发挥不了平衡的作用，因为它的起源和职能属性在贸易政策和税收领域都受到糖业利益的制约。而荒谬的是，糖业在共和国统治的最初 30 年里并没有为国库做出过贡献。

社会分化和政治解体

向共和国过渡远远未能结束古巴土地所有制的更替，在某种程度上还加剧了这个问题。这不仅让克里奥尔大地主走投无路，只能将他们的土地出售给美国公司，还使得在对东部地区的大批农场进行边界划分以后，许多持有未得到合法承认田产的农民被赶出他们的农场。事实上，外国企业以类似的方式对数千名佃农进行安置，以建立自己的种植园，其中，不少自由军的军官依靠自己的声望和领导经验，租下了周边的一大片区域来吸引和组织劳动力。但实际上，这场运动并没能改善过去的情况，还陷入了一个更被动的处境，走向独立使得土地收归到古巴人手中的希望破灭了。

城市的改善也没有达到预期目的。在城市，西班牙人的主导地位非常明显，对他们来说，独立绝不意味着失去经济地位。从人口的角度来看，西班牙人有增无减。在 1899 年的人口普查中，便登记了大约 130 000 名伊比利亚半岛人，在接下来的 20 年中，还新增了 43 万名移民。这些伊比利亚半岛人继续在商业和工业中占据着主导地位。1907年,岛上共计约24 000名西班牙商人,古巴商人21 000名,而商业雇员当中西班牙人的数量则是古巴人的两倍。在20世纪20年代初,40%的工厂都掌握在西班牙人手中,包括一半的香烟和雪茄工厂。伊比利亚半岛人在专业领域也有所涉足,尽管在专业领域和行政类工作中,最受青睐的仍然是中产阶级古巴人。

上述情况也以某种方式影响着劳动力市场。虽然经济繁荣意味着对劳动力的需求不断扩大,但移民潮仍然是维持劳动力供给的主要方式,因此,工资层面并没有受到很大的上行压力。从就业角度来看,特别是在收入最高的职业中,家庭和文化因素都对西班牙劳工很有利,他们甚至被一些美国雇主所青睐,被认为更有冲劲也更懂得节俭。因此,在就业方面产生了一种以原籍为由的歧视,并导致共和国在1902年11月首次爆发大罢工,名为"学徒罢工",主要发生在首都的烟草厂。就业方面的原籍歧视,以及有时雇主和工头的偏袒,这些都表明多民族构成是无产阶级内部产生对抗的根源。

在遭受就业歧视的群体中,境况最糟糕的自然是黑人。独立运动所倡导的平等,尤其是在马蒂的主张中所提到的平等,并没有明确,尽管一些黑人和黑白混血儿跃升到了起义军中的最高级别,但这种阶层流动没有在共和国中持续。美国这个干预性政府本身也存在歧视性待遇，当中的许多军官和官员都来自美国南部。正因如此，黑人和黑白混血儿在警察部队和乡村护卫队中任职的人数锐减，甚至被正式排除在炮兵部队之外。共和国成立之后，那些在独立事业中表现出色的黑人芒比依然被公共管理当中的重要职位拒之门外，他们在公共管理部门经常担任与政治利益不相关的职务。在西班牙政权结束时，奴隶制的遗留问题在文盲率上有所体现——黑人占72%，白人占49%，这一问题在往后的20年里一直存在着，尽管在1919年的人口普查中总体比例有所下降，黑人和黑白混血儿的文盲率下降到49%，但仍然高于白人的37%。如果关注其他的社会指标，差异则表现得更加明显——1919年，黑人专业技术人员有429名，而白人有10 123名；而在经济领域，黑人和黑白混血儿在高薪职业中的比例通常比较低，在财产获得方面的状况甚至更糟糕。

  从另一个层面看，女性遭遇到不平等对待的现象也很常见。女性文盲的比例高于男性，且专业技术人员的数量相对较少，其中绝大多数都是中小学教师。后来女教师人数的增加以及越来越多的女性进入办公室工作，无疑是女性在劳动力市场上取得的重大进步。女性职工在就业人口中的比例较小，其中近三分之二是家政服务人员，只有16%从事制造业——很多都在服装行业和烟草厂工作，而从事农业的比例就更小了，几乎都是黑人女性。根据记录,在20世纪初,哈瓦那有将近3000名妓女,大部分都是白人,当中包括一大批外国女性。在政治权利方面,1901年的宪法将女性排除在选举权之外,她们从1912年起才开始行使该项权利。

受限于在财产以及生产和贸易活动中所处的相对不利地位,古巴人的社会地位很难得到提高,且由于与美国人和西班牙人相比,他们更难获得信贷,上述不利的状况进一步加剧。鉴于在经济领域的机会较少,中产阶级的许多古巴人将其职业生涯转向了他们具有明显优势的领域:政治。因此,公共管理——在殖民时期专为西班牙人保留的行业,却在国家独立之后成为社会经济领域中取得最大成就的行业。官僚主义,尤其在政治上,具有了一种特殊的意义,因为国家预算是众多克里奥尔人,特别是前芒比军官的主要的、还经常是唯一的收入和生活来源,而芒比军官并非是依靠财富,而是由于他们参与过反抗西班牙的斗争才提升了自身的社会影响力。这批新领袖的权力建立在战争期间形成的人际网络和可靠关系上,他们将新的政治精英与独立主义运动中的某些民间人士联合起来,而独立运动的声望在于其思想层面的重要意义。古巴这个新生的国家将成为一个"将军与博士的共和国"。

上述的这些特殊状况,反映出了古巴政治生活的意义和特征。继共和国成立之后,各类国家机构的在册雇员大约有2万名,10年后人数已超过35 000人,到了20年代初,甚至达到了将近

45 000 人，当中包括了公共工程的散工以及其他临时雇员。国家开支预算的三分之二用于工资发放，而人们对新政府的期望不是公共服务本身，而是它提供的就业机会。对于埃斯特拉达·帕尔马政府（1902—1906）最强烈的批评也许是它的过度紧缩政策，该政府决心保持盈余预算，并打算一直保持盈余状态，其节制性政策使其基本没有将资源投入到公共工程和其他开发活动中，因此对于该政府的治理，受到承认的只有其对国家资金的严格把控，而在其他内容上空空如也。在上述政治机制中，政党为了确保能够得到那些受到他们保护的人的支持，提供就业机会无疑是一项至关重要的举措，正如埃斯特拉达·帕尔马本人在创建"温和党"（Partido Moderado）时所表明的那样；正如口号"是时候加以控制了"所言，该党针对政府雇员编制施加压力，是其用以确保1906年再次当选的手段之一。

为了搭建强大的裙带关系网络以获得国家预算，政治集团更多的是围绕具有影响力的领导人而不是围绕方案来逐步实现自己的目标。在共和国成立之后的最初几十年里，随着两个主要政党的确立，这一点变得更加清楚明了。保守党，在1907年由众多支持埃斯特拉达·帕尔马连任的原温和党成员组建；自由党，由追随两位并非总能保持意见一致的领导人——何塞·米格尔·戈麦斯（José Miguel Gómez）将军和阿尔弗雷多·萨亚斯（Alfredo

Zayas）博士，并反对埃斯特拉达·帕尔玛连任的人士组成。两党当中，前者呈现出一定的精英主义特征，具有群众基础和更多的民族主义色彩，与自由党相比显得更有秩序。然而，使得两党的选举机制协调一致的并不是意识形态，而是承诺与津贴，为此两党的领导者——特别是中等级别的——经常改变效忠对象。因此，两党合作的基础不仅是钢铁般的忠诚，还有短期的承诺和特有的程序。就最后这一点而言，有色人种独立人士党（PIC）就是很好的例子。该党成立的宗旨在于调动黑人和黑白混血儿参与投票，这是这个阶层用以争取部分正当权益的唯一方法，而这些独立人士很快便遭到了自由党的针锋相对，且自由党最大的选举优势之一便是黑人群体的选票。为了阻止这数量可观的选票流失，一位黑人自由党参议员成功促使通过一项法令，禁止成立由单一种族或阶层组成的党派。为此，有色人种独立人士党的领导层曾几次尝试绕过这项规定，但仍是无所建树，于是他们最终发动了起义，却又遭到了异常残酷的镇压，仿佛在重温"梯阵阴谋"的悲惨时刻。

虽然古巴的政治制度正向两党合作迈进，但是作为该模式的必然表现——权力的交替，却几乎不可能实现。执政所带来的经济利益是如此明显且无可替代，以至于没有任何一个政治团体愿意放弃它。连任作为永久享有特权和美差的一种方式，被他们一再尝试。为了实现这个目标，总统候选人不仅调动国家的所有资源为其所用——不排除武装部队，还公然采取舞弊手段，虚报票数、伪造选票，最后通常是对手发现被欺骗以后不承认选举的最终结果，并选择发动叛变。1906年，在埃斯特拉达·帕尔玛连任时就发生了这样的情况，自由党发动了名为"八月战事"的暴乱，到1917年保守党主席马里奥·加西亚·梅诺卡尔（Mario García Menocal）强行连任时，这一幕再次上演。因反对选举结果而引发的骚乱会造成秩序严重混乱，而这些混乱往往在美国的干预下才得以结束，比如1906年，埃斯特拉达·帕尔玛无法控制局面，于是辞职并让位给美国新的干预性政府，新政府的统治历时将近三年。

  由于普拉特修正案，美国已成为古巴政治的仲裁者，且毫无疑问的是选举引发的暴动将迫使古巴接受此类仲裁。美国人依据其所承担的"义务"，试图通过立法改革来整顿秩序，因为他们认为是制度上的缺陷助长了古巴人的不良政治行为。在第二次干预期间（1906—1909年），一个咨询委员会受命对宪法进行补充立法——比如省、市的组织法等，这项工作在埃斯特拉达·帕尔玛政府执政期间确实被古巴议会忽视了，而更重要的是，关键的选举条例也在补充立法中制定，起草工作交由伊诺克·克劳德上校负责。这个人作为干预主义的真实化身，在1917年的自由党起义事件之后再次被派往古巴岛——这次只派遣了部队前往，并没有实行正式的干预，其任务是完善选举法，而且必须在20世纪20年代初以地方长官的公开身份返回西班牙。由于古巴的共和体制不稳定，美国可能需要在不那么方便的时候进行干预，于是美国决定采用"预防性干预"的政策，陆续指派美国公使到哈瓦那对古巴政府的治理工作实施持续性监督。外国干预以一种系统的方式展开，是影响国家政治的一个非常态因素。

经济上处处受限，政治上贪婪成风，必然会导致腐败。这一弊端早在殖民时期便已根深蒂固，但在第一次干预出现时，即埃斯特拉达·帕尔马执政期间，即使没被消除，至少也被中断了。然而，在随后的那次干预中，腐败再次盛行，都督查尔斯·马古恩（Charles Magoon）大范围使用公共资金以促进局面的安宁。凭借着财政部充裕的资金，马古恩推进了一系列工程，而工程的实施使特许经营出现了一定程度的暗箱操作，如向众多个人和实体提供补偿——包括天主教会，以满足一些追溯到很久以前且存在疑点的索赔要求。都督公然通过分配公共职务或直接行贿的方式安抚政治家。基于这些行为，一些历史学家将马古恩视为共和国腐败的始作俑者；然而，该指控是有些不公平的，因为腐败是一种有着悠久历史根源的恶行，但必须承认的是，"导师"的过失也不可避免地在"学生"身上留下了印记。1909年至1913年，马古恩的首个徒弟，何塞·米格尔·戈麦斯（José Miguel Gómez）很快便超越了他。作为典型的农村考迪罗①，戈麦斯加强了政府的权力，组织了常备军，并创建了一支海军队伍，扩大了共和国的外交代表团，建立了文化机构，开启了社会立法——禁止以非货币的形式支付工资——并推进了一些明显带来经济效益的工程。无论是给哈瓦那配备污水处理系统，疏浚港口，抑或是为了美化首都推动铁路枢纽的搬迁，这些都是能带来实实在在好处的举措，但这些举措都与收受巨额佣金和其他被称为"违法交易"②的欺诈手法有关，因而这些行动存在着令人怀疑的地方。允许斗鸡不能完全只视为对百姓士气的一种鼓舞，更不用说重新引入彩票，后者很快就变成了一个经过精心设计、利用所谓的"收款机构"进行政治操纵的手段。授予出售一定数量彩票的特许权，使特许权的持有人获得了丰厚的收入，因此，这位共和国总统便开始自行分发这些特许权以对拥护者进行奖赏，同时行贿对手。

而继任者马里奥·加西亚·梅诺卡尔（Mario García Menocal）所主张的刻板的保守主义，也同样未能掩盖其腐败的行径。梅诺卡尔——这位在美国糖业贸易中广受赞誉的优秀管理者，承诺要

---

① Caudillo，指拉丁美洲特有的军事首领。
② 原文为"chivos"，通常是指"山羊、绵羊"，这里取的是古巴方言的用法，意为"违法交易"。

建立一个有序且高效的政府，对此他并不缺乏表现机会。在其上台后的那一年，第一次世界大战便为古巴的糖业打开了一个特殊的局面。于是，这位保守党总统采取了促进经济增长的措施，比如在收割期内允许来自安的列斯的临时工自由进入古巴工作，或是授予新的铁路和港口特许经营权，并设立本国货币——与美元等值的比索。但令人惊讶的是，考虑到经济发展给国家带来了更高的收入，他通过借款和发行总面值约为5 000万美元的债券推动了公债的发展。借贷始于埃斯特拉达·帕尔马执政期间，他在无奈之下筹措了一笔3 500万美元的贷款来偿还所欠的自由军的债务，而这笔债务已全部清偿完毕。梅诺卡尔的情况就不一样了，因为从第一次发行债券时，他就已经发现财政部存在着管理漏洞，这一点在引入新税收后变得更加突出，并且贯穿了他的整个任期。说起任职的时间跨度，实际上他是第一位通过操控选举而成功连任两届的总统。

民族主义觉醒

第一次世界大战期间，正是岛屿的"肥牛"[①]时期，且这番光

---

① 西班牙语原文是"vacas gordas"，字面意思是"肥牛"，比喻国家繁荣昌盛的时期。

景持续了将近 20 年，对社会和文化的影响显而易见。在刚刚进入 20 世纪时，广大的东部地区基本处于未开发状态，而如今已被甘蔗田覆盖，铁路穿行其中，当地的生活在两种状态中交替着，收割期时大糖厂汽笛鸣声不断，在工厂"停机时间"①则万籁俱寂。城市居民成为大多数，他们可以更直接地感受到现代化所带来的进步成果，尤其是在首都，而首都与省级城市之间的差距也越来越大。随着码头的建成，哈瓦那从此有了一道海上屏障，但这很快就被上层阶级占用，他们沿着普拉多大道②在维达多区③建起了自己的宅邸，并在"百万之舞"期间开始向那些贵族社团所在的更偏远的城市区域迁移。在老城区中，巍然耸立的银行大楼，加上一些中等规模的摩天大楼，构成了一个小型的首都城市，在那里，人们可以欣赏到由梅诺卡尔建造的宏伟的总统府。至于古巴圣地亚哥、卡马圭、西恩富戈斯和马坦萨斯，它们虽然规模较小，但也展现出了现代都市的属性，在这些更小的城镇里，这些年保留下来的一些建筑物甚至仍继续作为其身份的象征。然而，社会的

---

① 西班牙语原文是"tiempo muerto"，字面意思是"死的时间"，在工业中指的是工厂的停机时间。
② 西班牙语是"Paseo de Prado"，哈瓦那的一条街道，也是哈瓦那与哈瓦那旧城之间的分界线。
③ 西班牙语是"El Vedado"，哈瓦那的一个中央商务区，同时也属于哈瓦那的市区地带。

不平等也有了有形的体现。在哈瓦那，中产阶级的第一批多户住宅旁边已经形成了一个专门的工人社区——波戈洛蒂（Pogolotti），而在郊区——那里既无秩序也无设施，贫民窟涌现，和其他城市的贫民窟一样，它们的规模都比较小。与这类区域相差无几的农村片区主要在甘蔗种植园，里面"公司"那宽敞且现代化的住宅与工人的营房形成了鲜明的对比。"营房"[①]这一名称，让人不禁联想到奴隶那肮脏不堪的住处。

糖的增长情况和特点对古巴社会产生了非常独特而矛盾的影响，从人口要素方面来看，虽然增长可称迅速，但同时也形成了破坏社会群体团结并阻碍国家蓝图实现的分裂势力。在独立斗争中力量被削弱的资产阶级，在接下来的20年中成功实现重组。虽然古巴的农场主手中掌控的大糖厂数量不多，但最终他们还是成功地提升了产量，而其他当地的资本家——主要是西班牙人——则利用国内市场不断发展壮大的机会，对贸易和一些生产领域进行投资。加入资产阶级行列的还有新兴的官僚精英，他们在行使公权力的过程中变得富有，在其最杰出的成员中，有一部分最终成为地主和佃农。然而，无论资产阶级怎么炫富，从某些行为还

---

① 前文提到奴隶的居住条件很恶劣，其住处也称作"营房"。

是能发现他们在经济和政治领域仍处于从属地位。共和国的首批精英受到原籍因素和政治对抗的影响，鲜有意见达成一致的时候，这不仅表现在如何看待国家的问题上，甚至在组织层面也是如此，其中，糖业农场主便是很好的例子，他们在殖民时期的最后阶段创立了一个具有影响力和代表性的组织，之后却无法在共和国初期维持其运作而将其移交出去。

中间阶层内部的分歧也同样明显。由于贸易互惠对进口业务有促进作用，工匠和一些小商人受到冲击。不断扩大占地面积的糖业公司从许多农民手中夺走他们的土地，但同时也使获得佃农身份的人数发生了变化，从而使雇员人数有了明显的增长——包括在新公司和公共行政领域任职的雇员。此外，从事自由职业的人也越来越多。然而，这些趋势并不意味着之前已分化的社会阶层意见会更加一致，因为与此同时，移民人口也在增长，这加剧了贸易等行业的内部差异，商家和消费者之间的对抗转变为民族之间的对抗。这种分化效应导致在国家官僚体制中出现了裙带关系。中间阶层成立了大量的民间社会组织，如专业协会、移民协会等，但它们缺乏最基本的凝聚力。我们已经提过无产阶级也存在着类似的情况，他们分散在各行各业中以及各类小型企业中，由于民族血统不同，文化上的多样性与特质，以及种族偏见，他们被割裂成不同的派别，甚至产生冲突。正因为如此，在第一次世界大战期间就因生活成本增加而引发的激烈的罢工潮，并未在工会组织中取得显著的进展。

在这种社会局面之下，那些具有破坏性的举措泛滥并不令人惊讶。共和国造就了一个暴力的社会：1913 年，古巴血腥事件的数量是美国平均水平的两倍，而且经常是由政治斗争引发的。在繁荣时期侵犯财产罪频发，这清晰地表明并不是所有人都那么幸运。对许多人来说，最好的选择是参与赌博，而在该活动的普及过程中，政府扮演了推波助澜的角色。要评估这项恶习的影响程度并不容易，但从贫民窟到贵族赌场，形式多样的赌博活动都能表明此活动造成的祸害，各阶层无一幸免。

在另一方面，文化传播却并不那么容易实现。文盲率在 20 世纪头 20 年有所下降，即使文盲的数量并没有减少；又由于增设教室的速度比不上人口增长的速度，因此就比例而言，入学率反而在逐步下降。按照当时最著名的教育工作者的观点，教育领域在共和国成立之初这个有利形势下应该会有所发展，然而出乎意料的是，教育每况愈下，在中等教育上更是如此。教育领域所取得的最大进步是在教师培训上，在梅诺卡尔政府期间有几所师范学校成立了。公共教育的衰落促使私立教育兴起，特别是那些为富裕家庭子女开设的学校，在这一点上天主教会的发展尤为显著。自 19 世纪中叶以来，教会脱离了其国家基础，而由于它在独立运动过程中全力支持殖民政权，其声望也大大减弱。教会最终未能实现古巴化——1919年，教会拥有古巴教士145名，西班牙教士426名。此外，古巴还在1901年的宪法中规定，教会从国家中分离，随后，教会提议收复领土，并希望获得经济支持以发展对新兴精英的教育，而对于其中涉及的国家敏感问题则没有做出更大的贡献。在新教学校这一点上也不能期待会有多大的成就。新教早在19世纪的最后30年便开始传道，那时一些信徒把它当作一种爱国方式，用以替代天主教统治集团下的殖民主义分支，但是，在美国实施干预之后，这些教会在其美国同行的直接影响之下倒台，并且有意识或无意识地成为美国化的工具。受到独立运动失败以及汹涌的移民浪潮的影响，民族情感一度被弱化，但很快又重新被点燃，这在很大程度上得益于古巴教师的努力，他们一心致力于保持爱国主义传统的活力，尤其是在公立学校。

在这些年的文化创作中，伴随着外国的渗透以及政治生活的腐化，现代化所造成的紧张局势清晰可见。一方面，可以看到期刊蓬勃发展，文化杂志的质量极高，比如《古巴双月刊》《当代古巴》或是《社会改革》；另一方面，文学也进入了鼎盛时期，成果可圈可点，其中关于挫败感、失望甚至冷嘲热讽等情绪，在赫苏斯·卡斯特利亚诺斯（Jesús Castellanos）、米格尔·德·卡里翁（Miguel de Carrión）、何塞·安东尼奥·拉莫斯（José Antonio Ramos）和洛维伊拉（Carlos Loveira）的叙事文本中都有所体现，这与依然弥漫着现代主义气息的诗歌中普遍存在的世界主义和漫不经心形成了鲜明的对比。绘画则掣肘于学院派范式，例如，在莱奥波多·罗马纳克（Leopoldo Romañach）的画作中已然出现了令人赞叹的印象派画作，然而，在那些涉及爱国主义题材的画作中——比如阿曼多·梅诺卡尔，他还是未能为自己的画作增添一抹真实的古巴色彩。在音乐方面，可以感受到那些最受欢迎的像丹松舞和民谣等流派，与受到意大利歌剧影响的抒情曲之间的差异；其中，爱德华多·桑切斯·德·富恩特斯（Eduardo Sánchez de Fuentes）创作了非常出色的抒情曲，他明确而强烈地拒绝源自非洲的节奏中所具有的民族特色。

社会问题隐匿在比如费尔南多·奥尔蒂斯（Fernando Ortiz）的《黑人巫师》（*Los negros brujos*）和《古巴人之间》（*Entre cubanos*），以及拉莫斯的《完美盲目追随主义者手册》（*Manual de perfecto fulanista*）这些文学作品当中，同时，还有那些记录"征战"的史学资料，如何塞·米罗·阿格特（José Miró Argenter）的《战争编年史》（*Crónicas de la guerra*），将独立运动中新近取得的功绩收入编年史。然而，这一切都没有把面对干预与腐败的民族良知从昏睡的状态中唤醒。在"百万之舞"的那些年里，富裕的精英们在奢华的舞会和歌剧表演中消磨时间——恩里科·卡鲁索（Enrico Caruso）当时便在哈瓦那有档期；而平民大众的消遣时光则是在电影院、棒球场、拳击馆或嘉年华中度过，他们似乎都过得无忧无虑。

在这样的氛围下，1920年那场突如其来的危机可谓是当头一棒。随着国内银行倒闭，大量资产落入外国人手中，资产阶级认识到他们与美方的合作关系存在着风险，同时，雇员、专业技术人士和小商人眼睁睁看着他们在破产银行中的存款化为泡影。企业为了节约经费而选择降低薪资甚至裁员，因此，通货紧缩的后果全部落在了工人身上，这一切导致了一场大规模且非常规的罢工运动的发生。为了填补资金的空缺，1920年政府换届选举时，名誉扫地的保守党无法继续执政，梅诺卡尔决定支持阿尔弗雷多·萨亚斯（Alfredo Zayas）参选总统，萨亚斯当时推动建立了一个从自由党分裂出来的小党，而自由党则再次陷入了困境。这次粗暴的行动引发的骚动将克劳德将军带回了哈瓦那，这次他乘坐的是明尼苏达号战列舰，战舰停靠在哈瓦那港口。他向萨亚斯总统发出一个又一个的警告性备忘录，要求给他提供政府迫切需要的5 000万美元贷款。干预从未如此公然进行，民众打趣地说："这就像明尼苏达号，根本发觉不了。"

20世纪20年代初期，岛屿所遭受的危机增强了知识分子、政治精英、广大劳动人民甚至商界人士的民族主义敏感度，并引发了激烈的社会动荡。这种民族主义跨越了多种意识形态，拥有多种多样的表现形式，实际上，它还反映在不同的层面上，既包括取回财产和收复主权，也包括对身份的重新思考。

为了保障基本生活，工人举行了大范围的罢工，不仅在制造业，还包括铁路行业，后者与糖业的工人在卡马圭联手开展了一系列重大行动。无政府主义的坚定领导，以及1917年俄国革命使社会主义团体变得激进，加强了工会组织之间的联系。古巴还成立了哈瓦那联合会，随后在广泛举办的代表大会之后成立了古巴全国工人联合会（Confederación Nacional Obrera de Cuba），工会总会于1925年建立，且在全国各地都设有分会。随着社会主义团体力量的增强，共产党成立。在中间阶层里，运动最先由年轻一代发起。在1992年年底，哈瓦那大学——该国在当时唯一的高等教育中心，爆发了学生运动，他们要求实行大学自治并清除腐败的教师。受阿根廷科尔多瓦大学推行改革的鼓舞，该运动很快便扩散到中等教育领域，并在第二年成立了一个具有抗争精神的全国代表大会，在胡里奥·安东尼奥·梅利亚（Julio Antonio Mella）的领导下，它的主张后来已经超出严格意义上的学生需求，开始谴责美国的干涉、国家的腐败行径等其他重大弊端。在过去的十年里，女性也提出了享有选举权的要求，她们引领着一场更广泛的运动，这一点不仅体现在该运动的参与者构成上，还体现在其愿望中，最后这场运动以第一次全国妇女代表大会的成功举办告终,举办时间是 1923 年这个"奇迹年"①的 4 月。

在此前几天,一个由 13 名年轻知识分子组成的团体在司法部长——臭名昭著的腐败分子所主持的一场公开仪式上带头发起了一场令人瞩目的抗议运动。知识分子这一群体明显受到了欧洲先锋派的影响,其社会主张恰好是对语言和审美观念的重塑。由费尔南多·奥尔蒂斯(Fernando Ortiz)提出的找回民族文化中的非洲元素的主张,体现在了阿马德奥·罗尔丹(Amadeo Roldán)和亚历杭德罗·加西亚·卡图尔拉(Alejandro García Caturla)的音乐作品中,并在摩西·西蒙斯(Moisés Simmons)和埃莉斯奥·格雷内特(Eliseo Grenet)的歌曲中得以普及;同时,在文学上则体现在何塞·扎卡里亚斯·塔列特(José Z. Tallet)、埃米利奥·巴利亚加斯(Emilio Ballagas)以及再往后一些的尼古拉斯·吉恩的"黑人"诗歌中。利用诗歌体裁来揭露社会问题的有阿古斯丁·阿科斯塔(Agustín Acosta)的《收获季节》(*La zafra*),还有鲁文·马丁内斯·维耶纳(Rubén Martínez Villena)——即"13 人抗议运动"的首领创作的《民间抒情诗》(*Mensaje lírico civil*),

---

① 原文是 annus mirabillis,拉丁文,通常指有重大发明或发现的年份。

此外，在豪尔赫·马纳克的散文和著名的历史学家拉米罗·格拉（Ramiro Guerra）的作品中也有体现，与此同时，反帝国主义主张也毫无保留地反映在了埃米利奥·罗伊格·德·卢其森林（Emilio Roig de Leuchsenring）的作品中。知识分子运动所关注的问题最终促使"少数群体"的成立，并在杂志《进步》（Avance）上得到了最清晰的体现，这些问题也在一个流通量相当小的刊物，例如《社会》（Social）中的某些页面进行了传播。

动荡侵蚀着整个社会，这不仅体现在东部的佃农发起的抗议中，还体现在商会发表了某种不同寻常的宣言。由于这是社会共同关注的问题，很快发生了类似的事件。费尔南多·奥尔蒂斯、退伍军人、爱国者运动的创始人，以及像马丁内斯·维耶纳（Martínez Villena）这样的诗人都对共和党的衰落表示了谴责。这些社会运动相互融合，例如大学生联合会在梅利亚的倡议下为工人创建一所"民众大学"，以及梅利亚亲自参与建立共产党，这种融合的趋势导致国家长期处于动乱状态。然而对新面貌的渴望在当时并没有使得共和制度崩溃，这在很大程度上可以归功于萨亚斯总统处理状况的高超手段，他不仅采取了宽容的态度，还适度采用了行贿的方式。在濒临动乱时，政治领导人选择联合起来并提出一个"拯救"方案，方案的提出者是一名独立将军：格拉多·马查多（Gerardo Machado）。

作为何塞·米格尔·戈麦斯的内阁部长,马查多在这位旧首领去世后成为自由党的领袖。其充满活力的性格,一定的人际交往技巧,以及出色管理者的声誉——一家小型糖厂的主人,这些特性使他得到了商界和若干民众群体的支持,甚至帮助他在1925年获得选举的胜利。除去带有某种民族主义姿态和或多或少的煽动性承诺,马查多的方针是稳定国家的生活。从经济层面上看,形势非常复杂,在马查多最初上台的时候,由于糖在全球生产过剩,其中古巴还贡献了超过500万吨的甘蔗收成量,糖价大跌。市场信号以及美国日益加剧的保护主义表明,这次下跌并不会像1920年那次那么短暂,因此,政府不得不亲自介入。为了满足古巴地主和一批债务负担过重的美国公司的要求,马查多制定了一项维持糖价的政策,即通过一项国际协议来限制供应和实行行业内部管制,其中,后者所采取的方式是对所有大糖厂和佃农分配生产配额,以免弱势工厂被竞争对手取代。这个决定影响深远,实际上,因为糖业的扩张,古巴和美国之间的"新殖民条约"被认为已经终止,而该"条约"恰是共和国经济建立的基础。为了弥补这项政策所带来的衰退效应,马查多还启动了一项全面的公共工程计划,该计划通过扩大税收,向纽约大通国家银行连续贷款和进行关税改革来获得资金,其中关税改革方案于1927年通过——在不影响互惠承诺的情况下,古巴对多个能引资和创造就业机会的行业提供了一定的保护。

　　马查多任内的社会稳定有赖于"大棒加胡萝卜"[①]的老方法。政府在吸引高薪行业和改革派领导人往一个官方工会聚拢的同时，还实行了一种定向镇压以杀害或驱逐无政府工团的领袖，并瓦解那些最容易引起冲突的工会。为了使大学生复课，在建造或翻新教学楼和体育设施的同时，将梅利亚赶出大学——梅利亚被迫流亡，后来被谋杀，并对曾经支持过梅利亚的人实施监禁。政治上的稳定有赖于确保之前的领导人能够进入公共财政部门从而结束政治斗争，为此还设计出了所谓的"合作主义"。它指的是促进国会各代表党派之间和解，消除对立，让每个党派保持一定的影响力，同时，在国家庞大的官僚机构中实行工作地点的分派以及津贴发放。而不愿意"合作"的政客则被边缘化甚至被杀害，其中部分记者也是这些行动的受害者。由于政治上的稳定需要长久维持，而马查多曾经承诺不再当选，于是，他在1927年以宪法改革为借口来延长自己的任期，虽然这种操作遭到了学生团体和其他群体的抨击，但最终还是被强制实行，这个结果表明独裁政权的特征日益凸显。

---

① 又名"胡萝卜加大棒"，激励方式的一种，通常是指运用奖励与惩罚这两种手段来诱发所要求的行为或希望得到的结果。

超过 4 年的掌权时间，所取得的成果似乎应该归功于马查多总统领导的政府管理，但随后发生的一系列事件却显示出其成就是多么不堪一击。1930 年 3 月，在全球危机的冲击之下，古巴发生了一场 24 小时大罢工，参与者包括数万名哈瓦那和其他城市的工人，这显示出工人运动所具有的活力与战斗力。这场工人运动是由共产党领导的，而其领袖正是诗人马丁内斯·维耶纳。6 个月后，一场激烈的学生示威活动被警方暴力镇压，第一位大学生为此殉难。随着该国迈入革命进程，民众的革命热情日益高涨，抵抗也不断加剧。

革命之风

1929 年的大萧条使古巴陷入了经济衰退。在稳定糖价的努力失败之后，马查多政府便放弃了限制性政策，因此，在该岛的甘蔗收成量再次超过 500 万吨并堆满仓库的情况下，华尔街危机的发生令该岛为之一惊。糖价一落千丈，到了 1932 年价格甚至下降至每磅不到 1 美分。但这种通货紧缩并不是造成经济惨剧的主要原因。在危机到来前，美国通过了霍利－斯穆特关税法（Hawley-Smoot），规定了古巴糖的关税——每磅 2 美分，高于征税产品的价格。这造成的直接后果是古巴逐步失去了美国这个关键的市场。

古巴地主试图遏制这种趋势，于是与一些美国公司联合提出了所谓的"查德伯恩计划"，该计划后来列入了一项新的糖业国际公约以及一项适用于美国供应商并用以稳定供应的协定。该计划由马查多政府实施，其中涉及对行业进行更为严格的监管，这不仅体现在配额和其他生产细节上，还体现在采用卡特尔模式[①]。尽管对于全球市场而言，"查德伯恩计划"在某些方面是有效的，但它在试图阻止来自克里奥尔产地的糖进入美国消费市场这一点上，却彻底失败了。1933年，古巴的甘蔗收成量达到200万吨，而价值仅为4 200万美元，仅占1929年作物收入的五分之一。

古巴的经济结构中缺少可以弥补收入的行业，在拉丁美洲国家当中，古巴经济收缩最为严重。1933年古巴的出口量比1929年的出口量少了70%，进口额仅为4 200万美元，据估计，与危机前的水平相比，当年的国家收入减少了40%以上。尽管出台了税务应急措施，但国家财政收入依然迅速下降，在1933—1934年下降至4 370万美元。此次下降造成财政预算逐步削减，以及公共工程等其他业务的瘫痪，随之而来的是散工失业，而拖欠应支付给公共雇员的薪资长达数月。据估算，在经济萧条最严重的阶段，

[①] 卡特尔，垄断组织形式之一，通常是指生产同类产品的独立企业为了获取高额利润，通过对商品的价格、销售市场、产量等方面签订协议而形成的联盟。

该国三分之一的劳动力处于失业状态，而那些保住工作的人收到的薪资也有所下降。让人觉得寒心的是甘蔗切割工人的情况，其1933年的总薪资估计只略高于300万比索，仅占1929年甘蔗收入的15%。

在经济和社会层面，马查多的稳定方案已经失效，在政治舞台上也日渐式微。合作主义被打破，这不仅是因为民族主义联盟（Unión Nacionalista）的气势日益高涨，那些围绕在卡洛斯·门迭塔（Carlos Mendieta）——马查多在1925年的对手——身边的自由党持有不同政见，还因为马查多与独裁者米格尔·马里亚诺·戈麦斯（Miguel Mariano Gómez）——已故的自由党领袖的儿子关系破裂，以及与受到一大批保守派"合作伙伴"支持的马里奥·加西亚·梅诺卡尔的疏远。这些领导人通过与学生群体中的部分成员及其他小规模团体联合，推动了1931年夏天的一场起义运动。在这场起义中，有一支远征队在东方省着陆，同时，西部的好几个地方也发生了暴动，包括首都。尽管起义运动并不缺乏战斗精神，但起义还是全线失败，这一结果损害了前考迪罗——门迭塔和梅诺卡尔那所剩无几的声望，当他们试图加入起义时却在含耻受辱中被捕。随着传统反对派的力量不断消耗，新势力由此产生，尤其是ABC，一个由中产阶级组成的走温和改良主义路线的密谋组织——也有些人认为这是法西斯组织，其暴力斗争包括实施袭击等恐怖主义行为，独裁政权对此做出了回应，方式是再次升级对其早已相当残暴的镇压。

学生团体曾是反马查多斗争的先驱，他们以自身组织大学生指挥部（DEU[①]）为起点展开相关行动。DEU 在 1930 年 9 月的大规模示威后创立，得到了很多教学人员的支持，虽然当中曾有一个激进组织分离出来，组成了左翼学生组织（Ala Izquierda Estudiantil）——和共产党关系密切，暗地里它是大学的政治表达中心，大学仍然保持关闭状态。在工人运动中，许多无政府主义工团领导人被暗杀和流放，共产党为此竭尽全力地重建工会组织。共产党取得的首次胜利是 1930 年的大罢工运动，从此，共产党便将其工作扩展至无产阶级中缺乏组织的群体——特别是大糖厂。尽管共产党兵力不足，但他们仍然表现得相当积极，并坚定地发展出一个组织网络——国际工人护卫团（Defensa Obrera Internacional）以及左翼学生组织——这让他们能够影响到社会的其他领域。在第三国际的支持下，共产党宣布完成了"土地与反帝国主义革命"，并且通过群众斗争推翻了政权，但由于其热衷于维护无产阶级的政治独立性，使它沾染上了宗派色彩。

[①] DEU，是 Directorio Estudiantil Universitario 的缩写，这是一个对抗马查多政府独裁行为的学生组织。

到了 1932 年年底，共和政治体制已经处于崩溃边缘。受社会经济形势严重恶化的影响，罢工不断发生，甚至出现某个糖厂被工人短暂占领的现象，与此同时，破坏、袭击等叛乱行动又制约着独裁部队。独裁政权大肆镇压叛乱行动，而在经济上的重振工作却毫无成效。美国根据自身的利益，从一开始便扶持马查多政府，无论是总统卡尔文·柯立芝（Calvin Coolidge）前往哈瓦那参加第六届泛美会议，还是驻古巴大使哈里·古根海姆（Harry Guggenheim）一直以来提供的帮助，对于该政府，华盛顿在任何情况下都表示支持。然而，1933 年初，富兰克林·罗斯福成为总统，政策由此发生了变化。民主党政府的革新计划包括对古巴实行经济救济，但新政府则认为在实施这些措施之前，应先行解决岛上的政治危机。

为此，副国务卿本杰明·萨姆纳·威尔斯（Benjamin Sumner Welles）被任命为古巴大使。他一抵达哈瓦那，便召集政府与反对派组织会谈。这场"调解"，马查多心不甘情不愿地接受了，也得到了传统反对派——民族主义联盟（Unión Nacionalista）和梅诺卡尔等的支持，出席的还有 ABC 以及其他的小型组织，但"调解"却被 DEU 和其他革命团体否定，他们认为这是干预，同时会谈也遭到了共产党的拒绝。由于政府代表采用拖延战术，会谈被推迟，在此期间，国家形势逐步恶化，直到 1933 年 8 月初共产党组织了一场大规模的罢工，并慢慢席卷全国。独裁者走投无路，试图绝地反击，从在一场民众示威当中进行扫射，到向共产党人做出让步以结束运动——暂时接受提议，这些行为，除了导致局势恶化到难以为继的地步以外，没有其他任何成果。在体制基础受到冲击的情况下，威尔斯大使决定动用军队，并告知马查多他将不再提供支持，最终迫使马查多辞职。这位暴君逃亡，取代他的是一个由"调解"参与者组成的软弱政府，使国家陷入无政府状态，从而使得洗劫和秋后算账成为可能，而这种秋后算账的现象，在司法缺乏有效实施的情况下延续了数年。

-8-

共和国危机面面观

显然,把糖的生产当作经济增长的驱动力是不可行的,并且,随着马查多独裁政权的建立,到后期被推翻所反映出的政治制度的瓦解,这一切都使得共和国陷入了危机,寻找摆脱这个困境的办法无疑是一个巨大的挑战。一方面,为了维持经济的发展,为其开辟新的渠道势在必行,而受限于以糖的出口为导向的僵硬的结构框架,这项任务一点也不容易。另一方面,在政治领域,严峻的局势几乎导致重新建立国家的要求被提起,以克服国家在最初几十年的发展中所累积的缺陷和限制。此外,这两项任务也应结合起来,以满足在多元且复杂的社会中早已产生差别甚至相互对立的利益需求。因此,从马查多的逃亡开始到1959年革命期间的四分之一个世纪,是决定古巴命运的关键阶段。

改革的道路

威尔斯（Welles）大使挑选了一位外交官替代马查多，而这个替代者最大的资本就是他本人的名字——卡洛斯·曼努埃尔·德·塞斯佩德斯①（Carlos Manuel de Céspedes），他于1933年8月被任命为一个由不同政治力量组成的内阁的首脑，虽然这些政治力量已得到"调停"，但是他们各有各的野心。于是，国家陷入一片混乱，地方当局惨遭罢免，镇压力量也被解散，30多个大糖厂被工人占领，新政府的无能很快便显露了出来。1933年9月4日，在大学生指挥部和其他反对派组织的支持下，发起了一场由不同阶级以及军队士兵组成的运动，推翻了塞斯佩德斯，取而代之的是一支社团队伍——五人组——而仅在几天后他们便被另一个临时政府取代，临时政府首领是拉蒙·格劳·圣马丁（Ramón Grau San Martín），一名在学生当中享有广泛声望的医学教师。

新内阁宣称是"真正的革命"的领导者，新内阁包含了带有各种倾向的人物，从被任命为财政部长的保守派曼努埃尔·德斯帕涅（Manuel Despaigne），到安东尼奥·吉特拉斯（Antonio

---

① 古巴独立运动领导人塞斯佩德斯之子。

Guiteras）这样的激进革命分子——后者是前学生领袖，在马查多担任内政部和战争部要职时，是数次反马查多行动的主要人物。如此多样的人员组成，当中还包括富尔亨西奥·巴蒂斯塔（Fulgencio Batista），一名速记员军士官，他凭借出色的协调能力在军事运动中脱颖而出，于是五人组将他提升为上校并任命为军队总司令，然而和大多数的同僚一样，他缺乏清晰的思想意识。五人组的凝聚力取决于格劳的个性，而格劳是一个有着卓越谈判能力的中间派。

临时政府在行使职能的过程中表现出积极而坚定的态度，同时采取了一系列措施并以法令的形式颁布实施，以明确表明其改良的意图。其中，某些规定涉及社会层面，比如实施8小时工作制，承认工会的权利，实行《劳动国民化法》——要求公共和私人实体的雇佣劳工中50%为古巴人。而那些具有经济性质的实体也同样表现出一定的社会意向性，例如在分配生产配额时采取让小糖厂和糖业佃户受惠的决定，限制糖厂榨糖所使用的甘蔗比例，或是针对抵押贷款实施暂缓期法。在这些行动的基础上，政府还施行了其他的举措，比如撤销银行家托马斯·查德伯恩（Thomas Chadbourne）在糖业政策牵头机构的主席职务，暂停支付马查多与美国大通银行签订的债务，干预电力债券与股份公司的子公司，这些行动都直接影响到了美国的利益。此外，格劳总统还以一种具有象征性但同时意义重大的姿态，拒绝向 1901 年宪法宣誓，以此表示他对普拉特修正案所持的反对态度。

古巴新政府与美国的关系并不好。古巴新政府早已采取和解行动，但遭到了韦尔斯大使的反对，他对塞斯佩德斯被罢免一事感到愤怒，于是他采取措施阻止格劳的总统身份得到承认。虽然没有实行武装干预，但华盛顿政府却想尽了一切办法施加压力，并在古巴海岸部署了舰队，而大使则调动起此前权力被取代的政治力量，开始策划阴谋推翻政府。在右派的阴谋行动中，好战是他们最强烈的表现，他们以一种威胁的方式将过往的部队军官们集中在哈瓦那最大的酒店里，随后，ABC 组织又试图在首都夺取重要的军事设施，这两项行动都遭到了巴蒂斯塔军队的血腥镇压。而从另一个角度看，格劳的政府也受到了共产党的骚扰，后者推动罢工运动的开展，甚至在他们工人所占领的大糖厂里推行"苏维埃"宪法，他们不信任吉特拉斯为解决劳动冲突而实施的和解方案。胡利奥·安东尼奥·梅亚（Julio Antonio Mella）的骨灰从墨西哥运回来，而那些出席了埋葬仪式的人则被巴蒂斯塔野蛮镇压，这使他与左派的矛盾变得无法调和。

1934 年初，临时政府在一场持续的消耗中幸存下来。随着格劳的操纵力消耗殆尽，他失去了学生群体的支持，同时他再也无法制衡吉特拉斯和巴蒂斯塔之间的对抗。在与美国大使的非官方会议上，巴蒂斯塔，这位军事首领最终发起叛变，并且在发出最后通牒以后，成功迫使格劳辞去总统职务。1月15日，由卡洛斯·门迭塔（Carlos Mendieta）领导的新政府成立，由此，在9月4日政变中被取代的政治力量随着卡洛斯·门迭塔的上台重掌政权，他们得到了富尔亨西奥·巴蒂斯塔——该运动的主要人物之一的坚定支持。这种复辟足以表明，过去的寡头政治是不可行的，因为其政府的治理工作在某种程度上延续了前一届政府的改良措施，虽然大大加强了镇压的力度，却无法稳定国家的秩序。国民生活继续遭受接连不断的罢工以及武装行动所带来的影响——其中许多武装行动都是由吉特拉斯创建的"青年古巴"（Joven Cuba）组织主导的，政府也连续多次分崩离析，特别是ABC组织的退出——这次退出的代价是沉重的。尽管反对派很活跃，但他们还是没有表现出更强的凝聚力；罢工运动以大学为中心，引发人们去思考类似于如何结束马查多独裁这样的问题。为此，各种力量并没有采用调解的方式，而是逐步汇集起来。当中的力量包括ABC组织和古巴革命党（真正党），即PRC(a)，这是由支持格劳总统的学生及个人所创立的一个组织。"青年古巴"、古巴共产党以及古巴全国工人联合会，虽然都对此持保留意见，但最终也决定支持这一运动。1935年3月初举行的一场大罢工构成了具有关键意义的对抗。在这次对抗中，强行使用了冲突中最团结也是最骁勇善战的势力——军队，一直以来，巴蒂斯塔上校都在高效地开展军队训练的工作。随着一项紧急立法的展开，军方暗杀了反对者，监禁了数百名工人和学生，解散了工会，同时部署了一支镇压力量，并最终杀害了吉特拉斯，当吉特拉斯试图离开这个国家时被告发，沦为受害者。

于是，巴蒂斯塔成为该局势下真正的仲裁者，此外，他还取得了新任美国大使杰斐逊·卡弗里（Jefferson Caffery）的全力支持。卡弗里认为，武装部队是维持现状的主要也几乎是唯一的有效支撑。自 1934 年以来，罗斯福（Roosevelt）政府采取了他们所认为的可以促进古巴稳定的必要措施，正式放弃干预权，这源于 1934 年 5 月两国签订的一份新的永久性条约（tratado permanente）。该条约废除了普拉特修正案，但同时也保留了当中的一些条款，比如与关塔那摩（Guantánamo）海军基地相关的条款。3 个月后，美国还另外更新了一份贸易互惠条约，批准了糖的关税优惠，并对 30 多种古巴产品提供优惠，从而为 400 种美国产品换取 20% 至 60% 的优惠。此外，该条约还涉及一项给古巴经济带来更大影响的措施：针对美国糖市场采用配额制度。虽然给予古巴的配额所占的消费比例比以往比例低得多，但此次分配结束了古巴食糖被逐渐取代的局面，特别是它还可以让古巴获得比世界市场价更高的价格。得益于贸易互惠政策，这份额外的收益得到了保障。这些措施所带来的效果从 1935 年起变得明显，当时古巴的出口额比 1933 年这一关键年份的出口额高出将近 50%。1.28 亿美元这个数字，虽说几乎只是危机发生前几年里正常情况的一半，但却呈现出了相对的稳定性。

随着改革的不断深入，古巴对美国的依赖主要在于经济，当然也在于古巴为美国创造的利益。在新殖民关系的维护上，克里奥尔精英发挥的作用加强，尽管人们同时也能看到武装部队在维持秩序方面所肩负的重大责任。华盛顿政府试图改善巴蒂斯塔麾下镇压军的粮食供应和训练状况，但与此同时，在面对古巴政府当局时，他们却坚持由配额制度产生的经济效益必须流向人民群众，因为这是唯一一个能真正起到稳定作用的方法。这一方法有助于巩固马查多政府所倡导的国家干预主义，并使得在格劳临时政府下的管理规定也能继续具有社会意义。从监管的角度出发，在为完善这些规定而做出的重大决定中，糖业是主要的目标对象，并被委托至一个半官方机构——由美国和古巴的企业家，以及佃户参与——以制定糖业相关的政策和行业组织结构。同时，在劳动领域设立了最低工资标准以及一些补充权利，如产假和规避冲突的仲裁机制。巴蒂斯塔上校怀有显而易见的政治野心，他通过增设与军队直接相关的健康和教育服务，借机扩大其在国家活动中的影响力，而这些行动导致其和米格尔·马里亚诺·戈麦斯（Miguel

Mariano Gómez）总统发生冲突——后者在 1936 年举行的几乎不具代表意义的选举活动中胜出，而这场冲突以元首职务被解除而告终。尽管副总统费德里科·拉雷多·布鲁（Federico Laredo Bru）取代了这一职位，但巴蒂斯塔的权威仍是毫无争议的，巴蒂斯塔决心制定一项经济和社会计划，旨在为他本人赢得社会基础。在这项雄心勃勃的计划中，《糖业协调法》是最为突出的一项，该法律保护了小佃户，并将糖的收入分配与糖所能达到的价格对应起来，这项措施结束了对第一产业的监管，而实际上这也是该计划中唯一一个必须实施的方案。民众的持续不安和政治利益的匮乏，使得军队总司令采取了具有社团主义灵感的措施，并且促使他重新审视自己的态度。对于该改变，美国意在加强制度建设使古巴局势得以稳定的措施无疑发挥了作用。

1938 年年初，巴蒂斯塔搁置了他的计划，以优先成立一个制宪议会，而召开议会会议则成为反对派提出的基本要求。在 1935 年罢工中被击败的组织已经重整旗鼓，尽管他们并没有消除分歧，尤其是那些对抗共产党的组织，它们与聚集在古巴革命党（真正党）中的前总统格劳的支持者联手。民主开放使得反对党的合法化成为可能，工会重组也得到了允许，这一进程由共产党领导人主导，并最终在 1939 年建立了一个新的劳动中心：古巴工人联合会（Confederación de Trabajadores de Cuba，简称 CTC）。受到这些进展的鼓舞，再加上最终仍无法与格劳达成一致意见，共产党开始着手接近巴蒂斯塔，这项冒险的举措很可能会导致共产党和其他左翼团体的关系变得疏远。在制宪议会代表的选举上，各政治团体最终合并成了两大联盟，其中一个是由自由党（Partido Liberal）、民族主义联盟（Unión Nacionalista）以及其他与巴蒂斯塔结盟的传统组织所组成的民主社会主义联盟（Coalición Socialista Democrática），后来名为共产主义革命联盟（Unión Revolucionaria Comunista）的组织也加入其中；另一个是以古巴革命党（真正党）为首的反对阵营，参与者有ABC组织、梅诺卡尔（Menocal）将军的追随者以及其他一些小党派。

随着30年代的革命进程步入尾声，1940年7月颁布的《宪法》开始试图协调迄今为止依然处于对抗状态的社会力量的利益，并对他们的共存予以制度化。广泛承认公民的民主权利，宣布私有财产的社会功能，用大篇幅规定工人的权利——8小时工作制、法定最低工资、成立工会、带薪休假等，使《宪法》体现出社会先进性，而这个特征，毫无疑问是受到了世界反法西斯斗争的局势以及在大选前夕召开议会会议，并将其在全国进行广播的这些情况的影响。部分条款，比如禁止大庄园制、宣布设立中央银行，以及关于国家职能的规定——意图遏制行政机构的扩张，显然为《基本法》提供了一份纲领性计划，而该计划理应通过补充立法来实现。宪法所体现的微妙的政治和社会平衡要求对各方利益进行持续且复杂的协调，而这种协调的可行性很大程度上取决于国民经济的动态表现。

民主的兴衰

新宪法颁布以后，古巴便举行了普选。普选掌控在富尔亨西奥·巴蒂斯塔手中，民主社会主义联盟的支持使他得以实现成为共和国总统的理想。他的政府（1940—1944年）被卷入第二次世界大战（在政府成立的前一年爆发），当美国一参战，古巴便加入"盟友"的阵营。

虽然战争从一开始就造成了经济紧缩，欧洲和亚洲的糖业区都遭到了破坏，海上运输实际上已被中断，但这却使得古巴的糖产量呈现出持续增长的态势，甚至接近于大萧条发生前的水平。糖的价格也得以恢复，但并没有达到预期的水平，这是因为为了对盟国事业表示支持，古巴决定将全部的甘蔗以预定价格出售给美国。巨大的国际冲突使古巴经济摆脱了长期的危机，然而，也因为冲突本身会造成社会动荡、物资缺乏，古巴的经济并没有因此马上变得繁荣。比如，运输队在德国潜艇的护送下，通过哈瓦那港口开展所有的出口业务，但这导致该岛的其他港口出现了瘫痪，而进口限制则引发了通货膨胀，尽管政府试图调控价格，但反而使黑市变得繁荣起来。物资短缺也促进了农业和工业替代品的发展，由于条件和规模有限，很难获得必要的设备，这就决定了工农业的发展仍旧依靠现有的旧设备。

由于大范围地施行了有效的劳动法规，战争环境给生活水平带来的负面影响或多或少地得到了抵消。而随着共产主义者加入政府联盟，并在工人联合会中占据领导地位，同时，凭借工资的连续增长——既有普调也有小范围调整——以及在工作条件上的其他改善措施，共产主义者能够以相对和谐的方式解决问题，这与工会所做出的承诺相结合，很好地避免了罢工的发生，从而对"战争行动"造成冲击。通过这样或那样的方式，人们的收入得到了提升，甚至政府税收也有增长——包括如今能使财政制度走向现代化并具有进步意义的直接税。因此，公共预算的增长有助于维持一个随着国家机构的激增而发展的官僚体制，同时也能推动工程建设，从而扩大就业，以弥补因战争而变得萧条的领域。然而，国家管理腐败，如今更与投机倒把相互交织，使巴蒂斯塔的政府处于一个不利的环境当中，此外，政府里甚至充斥着暴力行为，甚至利用这些暴力行为来清算马查多独裁统治时悬而未决的旧账。公众的批评以及某些立法管制都是因民主的实行而引起，这引起了大众不满，并暗示了政府的政治消耗。这一点十分明显，在 1944 年的大选中，古巴革命党（真正党）的总统候选人拉蒙·格劳·圣·马丁（Ramón Grau San Martín），以压倒性的优势击败了官方总统候选人。

随着"真正的"[①]胜利而爆发出的热情，表达了人们对这位代表着 1933 年失败革命的人物上台的巨大期望。与巴蒂斯塔相比，格劳政府（1944—1948 年）在更大程度上得益于战争局势，因为冲突战争已然接近尾声，迎来的是战后重建所带来的经济繁荣。在政治舞台上，纳粹主义的失败营造出了一种民主氛围，而新古巴政府也懂得从中获益，特别是在与华盛顿就甘蔗的全球销售条款展开重新谈判一事上。在该目标的实现过程中，工会的参与具有决定性的意义，这多亏政府和共产党人之间达成了协议，因为当格劳在国会中属于少数派时，他曾接受过共产党的支持，如今共产党被称为人民社会党（Partido Socialista Popular）。在 1945 年甘蔗的采收价格稍有改善以后，政府通过了糖业工会领导人赫苏斯·梅嫩德斯（Jesús Menéndez）的方案，即根据美国消费者价格指数的演变来调整下两个收成季的糖价。在该项条款被纳入协议以后，古巴获得的收入持续增长，其中一部分流到了佃户和工人

---

① 这里作者使用了双引号，一语双关，一方面是指字面意义上的胜利，另一方面是指古巴革命党（真正党）的胜利。

的口袋中。随着世界经济形势日益正常化，部分物资短缺的问题也得以解决，那些磨损的设备也得以更换。

1947年，古巴的甘蔗收成接近600万吨，出口额达到7.46亿美元。在经历了多年贫困以后，这个国家重新进入了繁荣时期。格劳总统保证"人人都有甜头"，果不其然，他颁布加薪法令，同时还推动公共工程建设，将政府机构的工资翻了一倍，到他的政府任期结束时，政府雇员已经达到12万人左右。像往常一样，执政者都会给自己留一些好处，只是这些"真正党人"[①]的腐败程度达到了惊人的水平。"格劳派"的中高级官员表现得贪得无厌，他们从所有的官方行动或项目中获取资金——无论是工程特许权、彩票利润还是学校早餐。在不到3年的时间里，教育部长获得了5 000万比索的财富，而格劳总统本人在任期结束时，则面临着超过1.4亿比索的贪污指控。这些资金一部分用于兑现各种各样的承诺，特别是与所谓的"行动组"订立的契约，这些小组由反对马查多和巴蒂斯塔的战斗者组成，他们早已转为强盗黑帮，在真正党周围活动，并经常为该政党服务。政府除了满足这些行动组的要求，让他们获得美差，还在警务和其他安全机构给他们安排职位，以便为他们的活动提供庇护，因此也引发了一些血腥冲突，这些

---

① 即古巴革命党（真正党）人。

冲突不断地动摇着公众的立场。很多时候，这些行动组驻扎在大学，被称为"教友会"，它们受雇于真正党人，用以控制工会。古巴革命党（真正党）拥有一个工人分支机构，人数众多，但相比于无产阶级组织中的共产党人，他们始终是少数。由于急于想将工会机构纳入真正党的政治阵营，格劳趁着"冷战"开始，便发起了一场激烈的反共产主义运动，并通过操纵选举、恐吓和杀害劳工领袖赫苏斯·梅嫩德斯等人，最终成为古巴工人联合会（CTC）的领袖。

在1946年的补选中，古巴革命党（真正党）赢得了议会的多数票，但是它已经臭名昭著，特别是在以参议员爱德华多·齐巴斯（Eduardo Chibás）为首的一个重要的领导小组分裂之后，该小组便开始揭露政府管理的丑闻。尽管如此，真正党人知道如何利用自己作为执政党的优势，操控了1948年的大选，即便是通过加强对传统政策的承诺来实现的。新总统卡洛斯·普里奥·索卡拉斯（Carlos Prío Socarrás）（1948—1952年）是一位已被贪污侵蚀的前学生领袖。普里奥宣布了他政策的"新方向"，他决定与前任总统保持距离，将一些技术人员纳入其内阁，并推动国会的活动。从一开始，国家的预算就由立法机关审批——这一要求之前被前几届政府舍弃——并且建立起多个宪法规定的机构，比如审计法院、宪法和社会保障法院、国家银行；而在拉斯维亚斯省（Las

Villas）和东方省（Oriente），则建立了新的公立大学，并且批准设立私立大学。某些决定，例如成立农业和工业发展银行，则试图直面经济问题，其中一些是旧问题，另一些则是随着战后局势的消退而产生的新问题。

1948年，美国重新实行了糖配额制度，其中古巴的分配额度并没有像预期那样增加，从而让克里奥尔生产商产生了失望的情绪。另外，糖的价格呈现出下降趋势，由甘蔗收成产生的收入也随之减少。进口产品的涌入，往往是以低于国产货的价格进入的，这给战争期间古巴国产商品带来了压力，生产力低下使得这些商品无法与其竞争。普里奥政府随后试图采取关税保护的措施，希望通过交涉在联合国系统内建立起世界贸易组织，其中一场成立会议在哈瓦那举行。然而，美国供应商，尤其是纺织行业的反对变得越发明显，古巴政府被迫进行谈判并缓和其主张。古巴社会状况呈现出明显的恶化迹象，因为许多企业家试图通过降低工资来增强竞争力，这些措施因生活成本高而遭到了工人的抵制。政府已经不能动摇在工会中得以强化的"黄色"领导[①]的地位，于是颁布了许多对公司进行干预的政策，以面对持续不断的劳资冲突，

---

① 指擅长通过灵感来发挥领导力的人，这类人通常善于交际，有说服力。

但这无疑是杯水车薪，反而还使国家治理处于更加窘迫的境地。在濒临不得不削减预算的边缘时，普里奥尝试与世界银行商定贷款，这项提议受尽抨击，人们除了认为贷款是不必要的以外，还怀疑政府存在更大范围的腐败。只有在朝鲜战争爆发之际，糖的需求及其价格上涨，在如此脆弱的情况下才给古巴带来了一个喘息的机会。

真正党的第二届政府虽然比格劳政府更为积极和有凝聚力，但是也患有非常相似的恶习。政府已经采取正式措施去制止黑帮，但它依然活跃，而由于某些官员政要的仁慈，黑帮继续进行着血腥的谋杀。另外，腐败丑闻屡见不鲜，甚至总统身边的人也参与其中，同时，各种违法行为明显不受法律约束。这使得记者和反对派政客批评不断，特别是爱德华多·齐巴斯（Eduardo Chibás），如今已成为真正党政府真正的威胁，他对政府的批评逐步削弱了该政府本来就很低的可信度。齐巴斯不断展开行动，他有效地利用了广播进行宣传，发起了一场强有力的公民运动，围绕的核心是他所创建的古巴人民党（正统党）。尽管在1951年，他因陷入政治陷阱而自杀，但正统党地位继续上升，即便它由不同的成员组成，也可能在1952年的总统选举中胜出。只是选举未能如期举行，因为在数月前，巴蒂斯塔就发动了政变。巴蒂斯塔在1948年回到国家政治舞台并当选参议员之前，就已经创立了一个小党派，这个党派提名他担任共和国总统。由于成功的可能微乎其微,他转而领导了一场军事阴谋,散播普里奥政府的过失与恶习,并最终在1952年3月10日发动政变。总统对此几乎毫无抵抗力——他倾向于流亡海外,大多数传统党派屈服于政变,而广大民众则表现出漠不关心的态度,由此表明,在经历了十多年的民主历程以后,共和国的危机远未解决,反而加深了。

共和国的衰落

1952年,即所谓的共和时期的最后一个阶段,巴蒂斯塔所施行的暴政集中体现了古巴社会累积的问题。军事政变发生时,该国正处于大丰收时期,尽管市场已经出现了明显饱和的迹象,独裁者却仍然不敢加以限制,最终导致的结果是糖产量超过700万吨,这直接导致了糖价格下跌。与以往一样,这种情况使得人们签订了一份新的国际糖业公约,鉴于此,古巴再次被迫限制收成量,产量于1955年已降至450万吨的最低值。由于糖类仍然是古巴国民经济的引擎,对于呈现出的负偏差,独裁政府试图通过半官方性质的金融机构网络来调动战后积累起来的货币资源,为公共工程和其他经济活动提供资金,以缓和这种形势。这一政策将国家的经济管理从管制转向推动,最终缓解了因出口紧缩而带来的经济衰退，但是却引发了古巴的外汇储备枯竭，而且还进一步扩大了腐败的范围。

由世界大战所催生出的短暂的扩张周期结束了，反映出古巴对糖和美国的高度依赖是限制其经济增长的重要原因。自殖民统治结束以来的60年间，古巴的出口总额已经有所增加，其中，糖仍然占总额的80%，但是按人均计算，其平均值从20世纪20年代的150美元下降到了20世纪50年代的约100美元。然而，进口额的情况并非如此——同期增长了20%，贸易顺差额呈现出惊人的下降趋势。在美国，这种现象更为严重，当古巴的糖在美国市场的份额受到限制以后——份额在1956年再次减少，古巴与该国的贸易差额从1948年开始变为负值，因此古巴必须利用它在其他市场的收入来支付从霸权国家进口的商品的费用。在财政方面，处境则变得更加困难，因为贸易和服务账目上的赤字找不到资本流来补偿，而自大萧条以来，美国人已逐步撤出糖业——在20世纪50年代，仍在运营的大糖厂只有36家，贡献了略高于三分之一的甘蔗收成量——而他们在矿业和其他领域的投资并不足以抵消糖业的损失。

虽然一些面向国内市场的生产领域发展迅速，但是其生产的产品并没有替代进口产品。重要的消费产品，如鸡蛋和土豆，其增长非常稳定，而这也不过是一个特例，因为通常农产品的产量是具有波动性的。事实上，除了咖啡、一些水果和蔬菜以外，农业上几乎没有新的出口产品。这种现象是多重因素造成的。首先，农村土地所有权呈现出两极分化的迹象：1946年，60%以上的农田集中在超过450公顷的土地上，尤其集中在大约3 600个大型农庄上，而这些大型农庄中有一半是不具有生产力的，另外，三分之二的农场所开发的土地都不足27公顷，其中大多是那些生产效率低下的小型农庄。其次，商业化也面临着困难——商业化通过中介和信贷限制来实施管控，尽管国家建立了一家半官方性质的银行，即上面提到过的农业和工业发展银行，来负责促进商业化的发展，但对于信贷的限制依然存在。工业生产的进步最为明显，因为工厂的数量——不包括糖厂——从大萧条时期的大约700家增加到了20世纪50年代中期的1 840家，而工人的数量也翻了4倍——略高于10万人。与30年代相比，工业的产值翻了一番，啤酒、香烟、炼乳、鞋类和其他消费品的增长也非常显著，尽管它对进口的影响更多地反映在组成结构的变化上——相对于成品而言，原材料的总值呈现下降趋势。除了以糖业为基础的经济结构的限制，进口替代品因与美国的特殊关系而受到影响，如纺织品和大米，这两个特别具有活力的行业，随着古巴进口额的持续减少，都受到了美国供应商对糖业的反击所带来的威胁，即增长停滞。另一种替代性的活动是旅游业，它是巴蒂斯塔计划中最优先推广的行业，这使得酒店网络呈现显著发展的态势，但是在国际收支中并没有产生同样的影响，因为古巴游客的数量也在增加，尤其是前往美国的古巴游客，因此，旅游业做出的最大贡献是刺激了建筑行业的发展。毫无疑问，建筑业是20世纪50年代古巴经济中最具活力的产业。

一旦糖的生产受到干扰，且替代性产业的发展又受到限制，经济增长的速度就会放缓，如果将20世纪前30年与随后的30年进行比较的话，这种情况显而易见。1956年，古巴人均收入约为307美元，而自共和国成立以来，年增长率约为1%，增速愈发趋向缓和，尤其是在大萧条之后，并最终使古巴在拉丁美洲国家中的排名落到第九位。诚然，收入分配更完善了，这多亏了1937年至1958年间的连续加薪，其中60%的收入为工作报酬。当然，不同的行业、部门和工作性质，报酬是非常不一样的。不平等现象在妇女和黑人群体中也表现得十分明显。针对这两个群体，古巴在法律方面的进步很大。为了保障妇女的权益，宪法禁止一切形式的歧视并规定其享有平等的自愿同居权利，还消除了非婚生子女不合法的观念。不过在社会经济层面，进展就没那么显著了。当时妇女仅占该国劳动力的14%，且绝大多数的女性就业人员月收入低于75比索。黑人和黑白混血儿——1953年占总人口的三分之一——在交通、贸易行业和专业服务领域工作的人数有所上升，但是根据1943年的人口普查，该人群里有46.6%的人月收入低于30比索，而黑人就业人员的比例仅为4.9%，远低于白人。

然而，经济增长率低带来的最恶劣的后果是几乎无法创造就业机会。随着1933年8小时工作制的实行，大糖厂的就业岗位有所增加，但此后糖业的劳动力却没有显著的增长。在建筑业、服务业或"小型"产业等最具活力的领域，工人人数的增长相当可观，但是也远远不能提供足够多的工作岗位给每年进入劳动力市场的个体；尽管几乎没有人移民到古巴，但还是不断有古巴人移民到国外——主要是到美国。1953年的人口普查记录显示，在接近600万的居民里，人口增长速度有所放缓，然而，3年后进行的一项调查显示，大约有65万古巴人占该国劳动力的30%——每周的工作时间不足29小时，或者他们处于完全失业的状态。最严重的情况出现在农业，在一年当中不同的时间，其失业人口在劳动力中的比重，在三分之一到一半之间浮动，而关于年轻人，在14~24岁这个年龄段里，有41%的人在求职。结构性失业的出现，对社会生活和经济运行都产生了严重的影响。由于下岗可能是无法补救的，因此工会的要求主要聚焦在对解雇程序的监管上，因为某些领域的劳工实际上是不能被辞退的。出于同样的原因，一些创新的技术，如糖的散装装运或是烟草的机械卷接，都可能导致该岗位的工人被裁撤，因为所有这些都与生产力的提高密不可分。

然而，在当时的条件下，劳动力市场的僵化是很难克服的，这一点正如巴蒂斯塔独裁政府试图将1950年世界银行特派团所做的特拉斯洛（Truslow）报告中的提议加以应用，但依然以无果告终。

因此，古巴社会差异明显。必须留意的是，这些差异的可见性，既受到社会流动性和土地流转的影响，也离不开媒体的广泛传播和商业关系的普遍性，大量民众也直接感受到了这些明显的差异。与大多数拉丁美洲国家相比，古巴人民的生活水平相当高：该国的人均日消耗热量居拉丁美洲第三位，仅排在阿根廷和乌拉圭之后，文盲比例排在第四位，而且死亡率也相对较低。在其他不太广泛的指标中，古巴的成绩更为突出：每38名居民就有一部电话，每8名居民就有一份报纸，每6.5名居民就有一台收音机，每40名居民就有一辆汽车，更不用说在1955年，古巴的人均电信接收器数量还超过了法国。古巴现代化已经存在，并且是令人愉快的，没有人能否认这一点，哪怕并不是每个人都能受益，因为在这些平均值和百分比的背后，隐藏着复杂的社会现实。

现代生活的主要受益者是富人：大商人、地主、实业家、高收入专业技术人员，当然还有糖种植园主，后者的地位随着购买美国公司出售的大糖厂而得到加强。此外，广泛的中产阶级、来自制造业和服务业不同部门的工人、一部分贸易职员和国家官僚都获得了现代化带来的一些好处，只是这些好处非常多变。例如，自 20 世纪 40 年代以来，中产阶级经历了一次重要的变革，成千上万的小商人、工匠等，基本都被受薪员工——包括家庭服务人员和专业技术人员所取代。在这一趋势中，低技能工作似乎已经占据了主导地位，这也在收入上有所反映，最下等阶层的收入甚至比技术工人的收入还低。

工人之间的差异也很明显。饮料、烈酒、雪茄、电话和电力等行业，由于利润高，这些行业有能力支付与那些专业技术人员群体收入相当的工资，与建筑工人、从事各类轻工业的工人和来自制糖业的工人所处的情况非常不一样。当然，最大的差异体现在全体城市工人和农村工人之间，后者人数超过了 50 万，构成了无产阶级中最庞大的队伍，但是他们当中有四分之三的人每年的工作时间不到 6 个月，实际上，尽管他们加入了工会，但还是不能享有与城市里的工人同等的若干权利。

无论是城乡人口之间，还是首都居民和其他城市的居民之间，在空间上呈现的差异比阶级出身所体现的差异更为显著。农村的收入较低，不仅包括工人，还有小农庄农民——大部分是佃农或租户，以及小型自耕农。这些人群的预算中，70% 用于食品支出，此外，天主教大学联合会（Agrupación Católica Universitaria）在 1957 年进行的一项调查结果让公众大为震惊，即在一个屠宰约 80 万头牛用于消费的国家里，只有 4% 的农村工人能规律地吃上肉。沿着哈瓦那海堤建造的摩天大楼，或首都里比尔特莫风格的奢华住宅区和乡村俱乐部，又或是古巴圣地亚哥的维斯塔阿雷格里（Vista Alegre），都与农村住宅的悲惨境况形成了鲜明对比，其中 74% 的农村住宅处于破损或是快要倒塌的状态，而且只有 9% 的住宅是有电供应的。20 世纪 50 年代中期，约有 20% 的古巴人集中在哈瓦那，1958 年，全国 80% 以上的建筑都在哈瓦那，哈瓦那的工资收入占了 60%，享受一半的商业服务，拥有 65% 的专业人员以及全国 62% 的治疗床位，里面只有一家医院被列为"乡村"级别。然而，就在这个城市，建起了像里维埃拉（el Riviera）或希尔顿（el Hilton）那样奢华的酒店，热带风情歌舞厅（cabaret Tropicana）的音乐不绝于耳。与此同时，有 2 万人聚集在拉斯亚瓜斯（Las Yaguas）区破败的棚屋里，其中大多数是贫困人口，而其他人则在街道上流浪，尽管在那里行驶着比世界上任何其他城市都要多的凯迪拉克汽车。失业和有限的受教育机会等因素使相当一部分人陷入边缘化，而另一部分人则受到商店橱窗和报纸广告的吸引[①]，购买着最时尚的服装和最现代的家用器具。由于受到排斥或自身被吸引，一定数量的古巴人被迫从事有辱人格的工作。

---

① 在这里指的是那些在夜总会、赌场等场所从事表演或性服务的人。

赌博就是一个例子，赌博是这些年来在古巴人生活的岛国社会里取得蓬勃发展的旧陋习。根据国家经济委员会（Consejo Nacional de Economía）的数据，1958年共有26 710人以此为生，这个数量超过了纺织业和服装业的工人总人数。赌博的独特之处在于它能够渗透社会的各个阶层，从斗鸡场到贵族赌场，这种恶习的形式多种多样，每一个人都有可能接触。

古巴社会因多种原因而变得支离破碎，又被难以捉摸的现代化魅力所吸引。关于该社会的特征，主要靠旅游广告从业者的宣传，并在这些年来造成一种假象。瓜拉恰舞、跳伦巴舞的黑白混血女郎、朗姆酒和无尽的狂欢气氛，掩盖了人们对现实的感知，而在该现实中，人们也在努力肯定国家身份认同的真正价值。

文化是在矛盾的环境中发展起来的。民主化和国家改革无疑倾向于加强制度框架，为交流创造更广阔的空间。教育是一个很好的例子，教育在公共预算中有着更好的资源，但是也很容易遭受腐败的侵害，特别是在中等教育中，直到20世纪40、50年代，古巴教育的覆盖面仍然非常小，小学只覆盖了处于学龄期人口的45%。地区和教育方式的限制使得私立教育得到并行发展，然而私立教育的特点和影响力引起了激烈的争论，特别是宗教院校。在高校领域，教学组织的变化和教师竞聘上岗提高了教学质量，同时，文化推广力度显著，但经费限制了科学活动，科学活动虽然拥有杰出人才，但是几乎没有可以支持研究的机构。尽管资源同样稀缺，教育部文化局——好几年来一直由著名的知识分子所领导，如何塞·玛丽亚·查孔·依·卡尔沃（José María Chacón y Calvo）和劳尔·罗阿（Raúl Roa）——还是围绕艺术和阅读的传播提出了有效的举措，而对于阅读，国家图书馆（Biblioteca Nacional）也做出了贡献，国家图书馆最终有了一栋专属的大楼。

重要杂志的出现，如《源头》（Orígenes）、《加勒比公报》（La Gaceta del Caribe）和《飓风》（Ciclón），证明了艺术和文学创作是具有活力的，也烘托出激发知识分子群体的氛围，但是这些举措——正如一些书籍的出版一样——必须由作者自己出资或有赞助人的支持，这导致这些举措在不确定性中勉强维持着。文化活动的其他方面也同样依赖私人团体和机构，类似于西班牙－古巴文化研究会——由费尔南多·奥尔蒂斯（Fernando Ortiz）推动，学园或音乐艺术学会，这些都代表了对艺术和思想发展至关重要的支持，但是其社会影响力十分有限。在"三十年代革命"后的几年里，出现在这场革命前夕的数个知识分子运动得到了落实并多样化。先锋派绘画在某些人物的支持下得以巩固，比如爱德华多·阿贝拉（Eduardo Abela）、卡洛斯·恩里克斯（Carlos Enríquez）、维克多·曼努埃尔（Víctor Manuel）、雷内·波托卡雷罗（René Portocarerro）、阿米莉亚·佩莱斯（Amelia Peláez）和维夫里多·拉姆（Wifredo Lam），而阿马德奥·罗尔丹（Amadeo Roldán）和亚历杭德罗·加西亚·卡图尔拉（Alejandro García Caturla）在音乐创作中所付出的努力则在创新音乐组中得到了延续，后者的一些成员倾向于研究恢宏大气的音乐形式，像何塞·阿尔德沃尔（José Ardévol）的《钢琴和管乐音乐会》（*Concierto para piano y orquesta de viento*）和哈罗德·格拉特马格斯（Harold Gratmages）的《瓜希拉钢琴曲》（*Guajira para piano*）就是很好的例子。文学经历过正典①时期，出现的作家有恩里克·拉布拉多·鲁伊兹（Enrique Labrador Ruiz）、阿莱霍·卡彭铁尔（Alejo Carpentier）、利诺·诺瓦斯·卡尔沃（Lino Novás Calvo）、费利斯·皮塔（Félix Pita）和奥内略·豪尔赫·卡多佐（Onelio Jorge Cardoso），以及尼古拉斯·吉恩（Nicolás Guillén）、欧亨尼奥·弗洛里特（Eugenio Florit）、何塞·莱萨马·利马（José Lezama Lima）、维尔吉利奥·皮涅拉（Virgilio Piñera）、埃米利奥·巴拉加斯（Emilio Ballagas）和加斯顿·巴奎洛（Gastón Baquero）。在长期的危机之后，随着戏剧艺术学院（Academia de Artes Dramáticas）、大学戏剧院（Teatro Universitario）和大众戏剧院（Teatro Popular）的建立，戏剧重新

---

① 正典，即典范作品。

兴起，不仅如此，古巴剧作家如卡洛斯·菲利佩（Carlos Felipe）和维尔吉利奥·皮涅拉（Virgilio Piñera）的一些作品也成功地登上小型演出厅的舞台，这些小型演出厅在当时的戏剧演出市场中占据着主导地位。20世纪40年代的民主化创造出了一种有利于思想形成和对比的氛围，这些思想对应着不同的思想流派——自由主义、天主教、马克思主义、存在主义等。在哲学领域取得卓越成就的人物有豪尔赫·马纳克（Jorge Mañach）、梅达多·维缇尔（Medardo Vitier）和洪贝托·皮涅拉（Humberto Piñera）；在人类学领域，则有莉迪亚·卡布雷拉（Lydia Cabrera）和费尔南多·奥尔蒂斯（Fernando Ortiz）；在历史学领域有由拉米罗·格拉（Ramiro Guerra）、埃米利奥·罗伊格·德·勒乌切恩林（Emilio Roig de Leuchenring）和奥尔蒂斯本人发起的革新还有众多作家，比如赫米尼奥·波特尔·维拉（Herminio Portell Vila）、何塞·卢西亚诺·弗朗哥（José Luciano Franco）和劳尔·塞佩洛·博尼拉（Raúl Cepero Bonilla）。

寻求本质上的自我表达，在20世纪30年代倾向于对大众的探索，这种寻求依然是知识运动不变的因素之一，这在繁荣的20世纪40年代很容易感受到。但是由30年代革命失败而滋生的失控的腐败和犯罪行为，使得当时的社会氛围受到了破坏，而在这种氛围之下，对民族价值观的研究转向了抱团取暖和诉衷情。如今，古巴的情况更为复杂，而且更具普遍性，随着越来越多的人口参与这场运动，在某种程度上也扩大了"高雅文化"与流行文化之间的差距。

在媒体技术快速进步的推动下，"大众文化"很快获得了新的贸易形态。其中最具特征性的标志是无线电广播，它于1922年10月正式启用，自1956年以来迅速扩张，有150多个广播电台在运营，据估计，几乎70%的住宅都装有无线电接收器。流行音乐是第一个感受到新媒体力量的艺术类型；对于管弦乐队来说，广播电台也是一种有效的宣传手段，同时也有利于异域旋律的传播——比如探戈、狐步舞、爵士乐——在这些旋律的影响下，古巴音乐变得更加国际化。这刺激了博莱罗舞曲的复兴，相应的作曲家——奥兰多·德·拉·罗萨（Orlando de la Rosa）、奥斯瓦尔多·法雷斯（Osvaldo Farrés）、塞萨尔·波蒂略·德·拉·鲁兹（César Portillo de la Luz）等，在20世纪40年代，达到了像恩纳斯托·莱库纳（Ernesto Lecuona）这些才华横溢的作曲家从前取得的显著成绩。无线电广播和留声机促进了曼博舞和恰恰恰舞在国际上的传播，并由此向世界呈现了如达马索·佩雷斯·普拉多（Dámaso Pérez Prado）和班尼·莫雷（Benny Moré）这样的人物。它作为一种文化载体的力量在诸如《空中大学》（*La universidad del aire*）等节目中表现得淋漓尽致；而新闻广播节目则彻底改变了信息世界,"空中秀"反映出一种独特的政治影响力,爱德华多·齐巴斯很好地挖掘了这一点。媒体的巨大影响力促进了早期的商业化:大型的广播企业家"联合营业",以覆盖整个岛国;而大型广告商则垄断了演员和节目编排的集团。对于这种体系,最大的受害者是剧集节目和广播肥皂剧,这些节目的商业化程度甚至到了荒诞的境地,但这种情况没有阻碍有意思的文化现象的出现,比如由菲利斯·B.凯涅(Felix B. Caignet)创作的广播小说《出生的权利》(*El derecho de nacer*),在一年多的时间里,一直牢牢地吸引着数以百万计的听众。

  新闻界也经历了类似的现象,书页被精心地拆分出来,按寸出售。即使部分机构——像《波希米亚》(*Bohemia*)杂志社,以更诚实和开放的标准为傲,它们也离不开商业实践,以及通过熟练的交流方式操控舆论意见。当然,将媒体商业化推向高潮的是电视,在不到十年的时间里便拥有了七个频道,其中一个还是彩色频道。这样的潜力都被用来推动消费文化。在广告刺激着潜在客户感观的同时,信贷业务——一种刺激中产阶级消费的重要手段,也让广告业看到了自身增长的可能性。由此,《美国人的生活方式》(*American way of live*)中所涉及的习惯和行为模式逐渐被精英和其他阶层的人效仿。这个节目对人们日常生活的影响在那个年代的新闻中可以得到证明,那时除了杂货店和美容院的广告以外,还有迎婴派对、纸牌游戏派对和时装表演的新闻报道，特定的社会圈子因此得以填补他们的空虚。

在这个不平等且分裂的社会里，缓慢的经济增长并不能满足各方的利益，因而头脑最清晰的人认为，巴蒂斯塔的政变和由此产生的对共和党机制的不信任，是一场严重的价值观危机发展到顶峰的表现。而这一点实际上也不足为奇。

独裁与暴动

对军事政变的反应就是证明。以"从宪法上解决"为借口下，传统政党——古巴自由党、民主党等，最终都屈服于独裁，随后，古巴工人联合会（CTC）的领导层，即使大部分成员都是真正党人，也都采取了同样的态度，他们更愿意与巴蒂斯塔结盟，以确保其在工会中的地位。古巴革命党（真正党）已经丧失了原本就有限的号召力；而人民社会党——共产党，几乎没有回应"群众斗争"的老口号；正统党——政变发生的真正的受害者，则呈现出一种令人不安的支离破碎。阻力的主要焦点再次出现在大学里，大学生联合会（FEU）——曾向普里奥申请兵力以对抗军事叛乱，也组织了多次反对独裁的示威活动，并对地下阴谋活动进行报道。随着时间的推移，认为政权只能被暴力推翻的看法愈发获得认同。

于是，一条"叛乱路线"被制定出来，从前任教育部部长普里奥·索卡拉斯(Prío Socarrás)与数位反对马查多统治的同志共同创建的"三A"组织，到在大学校园里秘密进行军事训练的激进的年轻人，还有不同性质和影响力的群体参与其中。而一个被偶然发现的走私武器库，使得一场旨在引发军事反击和其他形式叛乱的阴谋活动流产，尽管这些都是敌对阵营交战的迹象，但并未撼动公民的意识。自此直到 1953 年 7 月 26 日，国家的第二大军事要塞——古巴圣地亚哥的蒙卡达（ Moncada ）兵营被试图攻陷，这则消息传出后才最终形成了冲击。

这项行动是在一场不知名的运动中进行的，参与成员大部分来自菲德尔·卡斯特罗(Fidel Castro)领导下的正统派青年组织。那时，菲德尔·卡斯特罗是一名年轻的律师，曾担任学生领袖，后来在未成功举行的 1952 年选举中成为正统派候选人。这场失败的进攻被认为是一场广泛的人民起义的导火索，并最终导致大部分袭击者被捕，其中许多人还遭到折磨和杀害。卡斯特罗和幸存下来的同伴一起被送进了监狱，他本人受审并被判处 15 年的监禁，当时他进行了自我辩护，阐明了行动的原因和目的。除了谴责独裁统治之外，菲德尔·卡斯特罗还利用这个机会痛斥现行制度的弊端和不足，并表明自己支持公共服务国有化，支持国家摆脱经济依赖，缓解失业状况，支持古巴人获得土地，这成为演说——后来以《历史将宣判我无罪》为标题进行发表——的纲领。虽然最后行动以失败告终,但是袭击蒙卡达军营所带来的影响使这项行动成为新革命一代接受洗礼的证明。

巴蒂斯塔巩固权力之后,决心使自己的执政合法化,为此,他在1954年要求举行大选。但此举远没有成功,因为"真正党"和"正统党"等重要政党的退避,加上反对党候选人——拉蒙·格劳·圣·马丁的退出,使得巴蒂斯塔在缺乏公信力和竞争者的情况下当选。无论如何,当独裁者试图让其政权获得合法性时,他必须对政治犯——其中包括蒙卡达兵营的袭击者——实行大赦,并尊重某些权利,比如言论自由,这样能让温和的反对派对找到一种"制度性"的解决方案继续保持希望。最有说服力的努力——"公民对话"于1956年3月展开,但是当其他人意识到该政权的真正意图在于让自己永远掌权的时候,这种努力便以彻底失败而告终。与"政治阶层"的徒有虚名不同,其他人群展示出了越来越高的战斗热情。随着何塞·安东尼奥·埃切维里亚(José Antonio Echeverría)当选大学生联合会(FEU)主席,学生团体的示威活动不断增加,他们公开反抗镇压力量,同时建立起革命指挥部,这是大学生起义过程中迈出的决定性的一步。1955年底,一场大型的糖业罢工震惊了以尤西比奥·穆贾尔(Eusebio Mujal)为首的古巴工人联合会的领导层,穆贾尔与巴蒂斯塔勾结,掌管着工会。在前总统普里奥短暂停留在古巴的时候，真正党似乎倾向于向巴蒂斯塔妥协，该党通过组织马坦萨斯市主要军营的武装袭击，出人意料地转而发动暴动起义，这一行动最终引发了一场真正意义上的大屠杀。1955年5月，卡斯特罗出狱，建立了"七·二六运动"组织，并且用各种行动证明，以和平的方式反对暴政是不可能的，之后他便选择了流亡国外，并承诺会回来发动起义。

卡斯特罗居住在墨西哥，依靠流亡到美国的古巴人给予的财政支持——包括普里奥的大量捐助，他积极筹备远征分遣部队，并以指挥部的名义与埃切维里亚缔结协议，两个革命组织决定在不同策略上协调他们的行动，指挥部赞成果断袭击政权首领以确保暴动的成功。在古巴，"七·二六运动"组织已经遍布整个岛屿，并发起一场起义，以支援远征队在东方省的登陆，而在东方省，则有年轻首领弗兰克·帕伊斯（Frank País）的有效指挥。这次配合行动由于天气原因以失败告终。此后"格拉玛"（Granma）远征部队——"格拉玛"是将远征队士兵从墨西哥运往古巴的船只的名字——于1956年12月初到达离目的地有点远的一个地方；3月份，远征军在前往马埃斯特腊山脉的路上碰到军队，并在一场造成了许多人员伤亡的灾难性行动发生后被驱散。在菲德尔·卡斯特罗的指挥、农民的拥护以及"七·二六运动"组织从城市提供的支持下，一小群幸存者在山区重新集结，并发动战争，拿下了拉普拉塔山区小镇上的一个小兵营。

由于叛军人数有限且位于偏远的马埃斯特腊山脉上，起义斗争的主要战场在城市。革命指挥部在对独裁政权的代表发动袭击以后，于1957年3月13日对总统府发动袭击，以消灭巴蒂斯塔。袭击最终夭折，造成约30人死亡，其中包括埃切维里亚本人。幸亏弗兰克·帕伊斯坚持不懈地开展组织工作，在7月26日前就已加强了指挥，成立起专门的分支部门——行动、金融、劳工等，在哈瓦那和圣地亚哥等城市展开一系列的破坏、袭击和起义配合行动。在与镇压军队的致命冲突中，他们当中的一些战士倒下了，而那些被俘的战士在死时被发现有受过酷刑的痕迹；帕伊斯本人也无法逃离这场可怕的冲突，他在圣地亚哥的一条街道上被暗杀，此事激起了民愤。在叛乱升级后，"七·二六运动"和海军的联合部队于1957年9月5日占领了西恩富戈斯市，但是在岛国其他地方的行动却都遭到了挫败，抵抗了数小时以后，起义军便已经淹没在血泊中了。

秘密运动损失惨重，使城市继续处于骚乱之中，这与马埃斯特腊山上游击队的逐渐强大形成了鲜明对比。菲德尔·卡斯特罗出现在山上的消息，在美国媒体发布的一篇影响力巨大的采访报道中得到了证实，他早就在逐步扩大革命军队的核心力量，聚集农民，以应对在该地区作战的军队；此外，多亏从古巴圣地亚哥派遣来的人员和武器增援,凭借这些力量,卡斯特罗得以拿下埃尔乌韦罗(El Uvero)兵营,这是暴政军事行动的一个重要后勤据点。这一行动,旨在分散科林蒂亚远征队(Corinthia)——一支由真正党武装起来的分遣队所承受的压力,该队伍最终在东北海岸登陆后被歼灭,这是敌对行动展开以来的一次失败。随后,独裁政府的其他阵地也遭到了袭击——埃斯特拉达帕尔马(Estrada Palma)、布伊西托(Bueycito)和皮诺德尔阿瓜(Pino del Agua)以及机动部队,这些部队使独裁政府军队被迫从山中撤退。这不仅代表了游击队在军事层面有所加强,也代表了卡斯特罗政权得以巩固,这种情况随着两个重要的政治人物——劳尔·齐巴斯(Raúl Chibás)(已故正统派领袖的兄弟)和著名经济学家菲利佩·帕佐斯(Felipe Pazos)的到来而变得分外重要。革命军指挥官与他们签署了"马埃斯特腊山宣言"(Manifiesto de la Sierra Maestra),该宣言呼吁革命反对派要团结一致,并阐述了即将接任独裁政权的政府的某些纲领性基础。这份文件促使多方变得团结,并因此促使真正党派、正统党派、革命指挥部和其他组织签署了《迈阿密协定》(Pacto de Miami)。尽管在签署人当中已包含一名流亡在外的"七·二六运动"代表,但该协议还是遭到了菲德尔·卡斯特罗的抨击,他认为协议背离了先前宣言中的规定,比如,没有明确否定军政府或外国干预古巴政治冲突的可能性。事实上,如果起义领袖的立场足以使实现统一的努力付诸东流，那么也就清楚地证明了他的领导地位。

1958年初，"七·二六运动"通过冲击全岛的生产业和服务业扩大了革命范围，其确切的目的是要切断巴蒂斯塔从经济精英中获得的支持，同时发动"公民抵抗运动"（Movimiento de Resistencia Cívica），向那些虽不直接参与战争行动、却又愿意支持他们行动的人敞开大门。在城市中，那些震耳欲聋的袭击和新游击队伍的出现——尤其是在岛国的中心，以及埃斯坎布雷山区（Escambray）——革命指挥部的一支军队开始作战的地方，都使得气氛逐渐升温。根据城市秘密运动——"平原"①的惯用战略，起义行动必须在一场大罢工中集中起来。像1933年发生的大罢工那样，这场大罢工将给暴政以致命的一击。为给这关键时刻做准备，卡斯特罗决定开辟两条新的游击路线，一条在古巴圣地亚哥附近，另一条则在东部省份的东北部地区。1958年4月9日举行的罢工，由于准备不足以失败告终，失败主要是因为缺乏应对巴蒂斯塔镇压的手段，而正是巴蒂斯塔的镇压导致了秘密运动的惨败。"七·二六运动"的领导层在马埃斯特腊山上举行会议，对此次运动做了批

---

① "平原"（el "llano"），指的是在城市引发动乱，并与反巴蒂斯塔的其他政党、工会和学生运动团体联手的组织。

判性的评价，并制定了一项依靠革命战争来取得胜利的新战略，为此，他们决定将所有的军事和政治力量都集中到由菲德尔·卡斯特罗领导的起义军的麾下。

罢工运动失败后，巴蒂斯塔认为是时候扭转局势了，于是，他从两个方向开始筹划：一方面，对马埃斯特腊山上的游击队展开强有力的进攻，同时，举行总统大选。这一政治手段的目的是分散温和的反对派、民众组织以及天主教会的注意力，这些团体呼吁以一种和平的方式来解决国家危机，尽管他们的主要目标是使美国平静下来，但美国早已明显地表现出对事态发展的担忧。

从这场政变开始，华盛顿政府就一直在向巴蒂斯塔提供无尽的支持，他们认为巴蒂斯塔是冷战时期领导古巴的最理想人选，这种支持在美国驻哈瓦那大使亚瑟·加德纳（Arthur Gardnet）身上甚至发展成令人难以忍受的纵容。然而，面对古巴局势的恶化，艾森豪威尔政府决定谨慎行事，保持距离，并于1957年年中更换了其在古巴的代表，此后，美国还开始加大对独裁者的压力，甚至停止向其提供武器。但是这些措施只有很小一部分得以实施，因为在不久之后人们便知道，在关塔那摩海军基地，巴蒂斯塔的空军正在补给子弹和炸弹。

巴蒂斯塔的期望很快就落空了。虽然马埃斯特腊山脉被超过一万人的军队包围，巴蒂斯塔也投入了强大的纵队来攻打起义军的堡垒,但是菲德尔·卡斯特罗懂得调动其军队——这支军队无论在人数还是军备上都比巴蒂斯塔的军队少得多,军队分开行进,并在某种有利的情况下攻击独裁者的军营,其中一个军营在吉古埃(Jigüe)战役中被歼灭,造成数百人伤亡。在之后短短的两个多月内,军队便开始撤退,并留下了许多宝贵的武器装备,山脉因此变成了"自由地带"。从那时起,起义军不仅增加了其纵队的数量,并且在毫无争议的领土上增强了实力,随后还建立起行政机构,颁布了一项将土地交给农民的法令,建立税收征收制度,并阐明了国家的其他职能,这些职能在东部劳尔·卡斯特罗指挥的第二战线发挥得淋漓尽致。有证据表明,游击队越来越认同那些支持他们的农民和其他大众群体的利益,这项政策,加上有关起义的广播的播放,都增强了马埃斯特腊山的革命象征意义。巴蒂斯塔进攻的失败,在政治上产生了相当重大的影响,它帮助起义反对派最终实现团结,这一点反映在1958年8月初签订的《加拉加斯公约》上。尽管人民社会党曾改变过立场,不愿意进行长期的武装斗争,这一情况使其被排除在公约签订之外,但是该党还是决定派一名代表前往起义军的总部,并让其成员支持起义,而他们当中的一些人早已加入到了起义中。暴政政权的选举操纵和暴政的军事行动一样都很少成功。在1958年11月的选举中,正如预期的那样,巴蒂斯塔的一名部长,作为正式候选人赢得选举；由于政权被紧紧掌控在独裁者手中，独裁者打消了从政治上解决冲突的想法。

只是没过几天，这位新当选的总统的地位就遭到了削弱。从马埃斯特腊山脉派出的两支游击纵队，一支由卡米洛·西恩富戈斯（Camilo Cienfuegos）指挥，另一支由埃内斯托·切·格瓦拉（Ernesto Che Guevara）指挥，这两支队伍都进入了拉斯维亚斯省的中部，目的是把起义行动统筹起来——在革命指挥部的游击队被分裂以后，该起义行动就遭到了破坏。随后，他们还发动了进攻。在东方省，起义军纵队从山上下来，攻占了一个又一个城镇。12月底，当菲德尔·卡斯特罗结束对古巴圣地亚哥的围攻时，切·格瓦拉指挥的联合部队在占领了中央公路上的几个城镇后，便投入到攻占圣克拉拉市（Santa Clara）的战役中，由此古巴被一分为二。1959年1月1日黎明时分，由于独裁者已经认识到无力挽回局势，于是决定在一次军事行动的掩护下逃离，在最后时刻，这场军事行动还试图用诡计获得胜利。卡斯特罗并没有在通往城市的前进路上退缩，而是举行了一场大罢工，其呼声得到了整个岛国的关注，因而确保了革命的胜利。

–9–

革 命

1959年1月1日富尔亨西奥·巴蒂斯塔（Fulgencio Batista）的独裁统治被推翻，这是古巴历史上一个重要的转折点，由此，也开启了古巴一段新的历程——直到半个世纪以后依然能激起人们敌对的情绪和解读。古巴革命让全体人民投身到寻求国家独立和社会正义的事业中去，并且古巴不得不在非常复杂的情况下，决定需要解决哪些问题，以及打算实现哪些目标。随着革命的进行，国家陷入重大的社会冲突中，在这些冲突中，国家甚至起到了令人惊讶的主导作用；因此，很矛盾的是，想要去理解一场争取赢得绝对独立的历史运动，相比以往任何一段历史时期，需要更仔细地考虑其背景情况。

临时政府：行动和定义

革命的胜利给民众带来了真正的欢乐，最狂热的时刻当属菲德尔·卡斯特罗和起义军进入哈瓦那的 1959 年 1 月 8 日。5 天前，在古巴圣地亚哥成立了一个以曼努埃尔·乌鲁蒂亚·列奥（Manuel Urrutia Lleó）为首领的临时革命政府，曼努埃尔是"七·二六运动"时推举的行政长官，担任共和国总统一职，以认可他在面对独裁统治时所表现出的尊严。在内阁担任部长的有温和改良派的人物，如正统派的首领罗伯托·阿格拉蒙特（Roberto Agramonte）、国务部长何塞·米罗·卡尔多纳（José Miró Cardona）；还有"七·二六运动"的领导层，比如亚曼度·哈特（Armando Hart）、曼努埃尔·雷伊（Manuel Ray）、指挥官福斯蒂诺·佩雷兹（Faustino Pérez）和路易斯·奥兰德·罗德里格斯（Luis Orlando Rodríguez）。然而，起义军的主要领导人并没有担任政府职务，如菲德尔·卡斯特罗本人继续担任武装部队的总司令。

临时革命政府所施行的首批措施旨在废除被推翻的政权：共和国国会以及其中的代表政党都被解散，市长和省长被免职，独裁统治的合作者也被取消担任公职的资格，旧军队和巴蒂斯塔的镇压机构也同样被撤销。与此同时，设立了革命法庭，以起诉施刑者和战犯；工会领导层被解散，所有因政治原因被解雇的工人都得以恢复原职；一个新的部委，即腐败资产追回部，将负责从那些挪用公款的人手中，没收那部分因独裁腐败行为而获得的财产；部长理事会则承担起行政和立法职能，并根据一项基本法恢复了"1940年宪法"，同时对该宪法的文本进行了部分修改，其中包括扩大总理的权力。

执政一个多月后，政府团队与乌鲁蒂亚总统发生分歧，临时政府经历了它的第一次危机，米罗·卡尔多纳辞职。替代他成为总理的人是菲德尔·卡斯特罗，虽然当时卡斯特罗不担任政府职务，但是凭借个人的巨大魅力和领导风格，他被公认为革命的最高领袖。卡斯特罗凭借他直截了当且富有说服力的演说，且经常出现在媒体上——主要是通过参加大量的电视节目，不断地与工会大会的参与成员或来自国内任何一个偏远地区的底层人民进行对话，很快他就与群众建立了直接的联系，在关心群众的抱怨、请求和需要的同时，他还围绕革命的目标和革命自身的性质不停地进行宣传。在古巴社会局势的框架下，旧的政治制度处于危机之中，加上机构的涣散，卡斯特罗对于革命进程的巩固和发展起到决定性的作用。

政府管理前行的步伐很快便证明了任命卡斯特罗为首领所带来的效果：在不到一年的时间里，就颁布了1 500多项新法令和决议，试图改变国家的现状。其中一些法令提出了收入再分配，降低租金和电价,以及对不同行业加薪。为了防止因购买力的增加而导致的进口增加,国家开展了一场促进国民消费的运动,同时也进行了税制改革,提高了奢侈品的税收。在社会福利上,开放私人海滩,将社会保险的覆盖范围扩大到所有工人,决定由一所机构取代国家彩票,该机构将所得的资金用于支持改善低收入者的住房问题,并且新建 10 000 间教室——特别是在农村地区,以普及教育。在这方面最重要的决策无疑是 1959 年 5 月 17 日颁布的《土地改革法》,因为这意味着古巴进行了一次深刻的社会结构转型。

宪法禁止大庄园制,法律规定任何人最多只能拥有 402 公顷土地,不过对于某些高产作物,可准许拥有 1 300 公顷土地。基于土地为相应的耕种人所有的原则,土地改革将庄园的所有权判定给租户、佃农和占有贫瘠土地的人。如果是大地产,就将其转交给国家,通过工人合作社的方式统一进行开发。执行这些规定的机构是国家土地改革研究所(INRA),该机构由卡斯特罗主导,鉴于其规模和职能,该机构成为革命的引擎。尽管以前的某些措施曾引发一些相对孤立的分歧和批评,但是土地改革是革命进程中的一个分水岭,因为它影响了古巴最强大的利益集团。首先,美国企业面对大肆开发农牧业带来的损失,立即对这项措施的合法性提出了质疑。为表示拒绝的态度,所有这些美国企业都避免采取任何可能被理解为接受该法律的行动,并遵循大使馆的建议,拒绝接受国有化属性所规定的赔偿,这些赔偿将根据资产登记情况,通过发行20年分期偿还的国债进行支付。农村大地主——糖农、牧场主、稻农等——组成的联合会也有类似的反应,尽管最初在公众舆论对土地改革法的大力支持之下,他们选择了按兵不动,静待立法生效。

政府采取的措施所带来的好处使得卡斯特罗赢得了压倒性的民众支持,但是,随着改革的不断深化,反对的声音也越来越大,裂缝开始变得明显。报刊和其他大型媒体从赞扬转向日益尖锐的批评,这一趋势引发了记者、排字工人与编委会之间的对抗,并造成了冲突,导致国家开始对其中的一些国家机构进行干预。在政府内部,由于与乌鲁蒂亚总统的严重分歧,在菲德尔·卡斯特罗辞职的时候,一批部长已被替换,矛盾的尖锐性也因此被公之于众。由于自身缺乏民众基础,这个行政长官最终选择放弃自己的职位,取而代之的是他的一位部长——奥斯瓦尔多·多尔蒂科斯(Osvaldo Dorticós);而卡斯特罗在"七·二六运动"的纪念活动中重新担任职务,在这次支持土地改革的超大规模的群众活动中,整个哈瓦那都被农民围得水泄不通。

在群情激愤的氛围中,一些带有自由主义倾向的部长辞职或被替换,取而代之的是一些有着更激进设想的人物,例如分别被任命为国务部部长和农业部部长的劳尔·罗阿（Raúl Roa）和佩德罗·米雷特（Pedro Miret）；同时，第一批叛逃事件被记录在案，最轰动一时的是空军司令逃到了美国。在这一过程中，一个堪称里程碑的重要事件发生在10月，指挥官休伯特·马托斯（Hubert Matos）辞职的消息被公开。在革命军指挥官中，马托斯是一位具有一定地位的人物，他掌握着卡马圭的军事领导权，而卡马圭是一个拥有众多土地财产的省份。这位指挥官来自一个稻农家庭，他曾阻挠过土地改革，最终他决定在致菲德尔·卡斯特罗的一封信中公开辞职。在信中，他谴责革命正朝着共产主义的方向发展。为了应对发生骚乱的危险，卡斯特罗把军队司令卡米洛·西恩富戈斯派往卡马圭，然而，卡米洛·西恩富戈斯却在不久后的一场不幸的飞机失事中消失了。事件发生后，卡斯特罗立即开始着手逮捕马托斯，马托斯后来被审判，并被判处20年监禁。

内阁最后一批温和派部长离任的同时，革命军候选人在大学生联合会的选举中获得了胜利——大学生联合会的主席由一位天主教候选人担任，而埃内斯托·切·格瓦拉司令被任命为国家银行行长，一些与人民社会党关系密切的人物则出现在国家土地改革研究所（INRA）的领导层中，这些都证明，革命被进一步激化了。这种趋势在国际上也有体现，先是古巴与埃及、印度和印度尼西亚等倡导中立运动的非殖民化国家开始建立密切的关系，后来又于 1960 年 2 月在哈瓦那举办了一场"苏联科学技术成果展"，由苏联副总理阿纳斯塔斯·米科扬（Anastas Mikoyan）揭幕，并与之签署了一项贸易协定。

生存的挑战

对于在古巴所发生的事件的演变，美国政府并不是漠不关心。在巴蒂斯塔政权危机期间，华盛顿政府曾试图阻止卡斯特罗及其追随者上台。随后，在既成事实面前，美国国务院则保持着一种观望的态度。温和派人物开始出现在哈瓦那政府中，美国国务院希望这一趋势继续得到加强，此外，美国还任命了一位具有调解能力的外交专家为驻古巴大使。然而，古巴的政治决策受到了美国严格的审查，而这些决策可能引起的不满也无处可藏，就像美国在古巴岛上的军事顾问团被驱逐，或是对巴蒂斯塔战犯进行审判时所发生的情况那样。这些过程被认为是革命领导层的一次妥协，以防止类似于马查多倒台后的复仇事件再次发生；此外，由于审判迅速，被告人经常被判处死刑，由此还引发了一场声势浩大的新闻运动，显然，这注定会模糊美国公众对邻近岛屿的革命所持有的浪漫主义的看法。消除对古巴的不良印象，是卡斯特罗于 1959 年 4 月访问美国的目的之一，在这次访问中，美国当局对革命领导人的偏见是非常明显的，对他们来说，革命领导人的出现是难以理解的，而这种民族主义是烦人的。

土地改革法颁布之后，两国关系严重恶化。在这项措施给美国公司带来损失的情况下，美国国务院迅速要求古巴提供一笔"立即、适当、有效的补偿"，同时，一些官员还警告说，古巴的糖配额可能会减少。随着温和派成员从临时政府离开，出任要职的激进派甚至共产主义分子越来越多，华盛顿对操纵古巴的进程完全失去了希望，认为这对他们的利益来说是个威胁；11月，艾森豪威尔政府决定与古巴的反对分子积极合作，目标是遏制和推翻政府，甚至考虑谋杀菲德尔·卡斯特罗。

起初，革命的反对者只是巴蒂斯塔政权的代表，其中的许多人逃到了美国，并在美国建立起白玫瑰组织。由于缺乏基本的支持，这些人采取的行动非常有限，其中影响最大的行动，只是在特立尼达机场转交一批武器，但这批武器很快就被截获，这些武器是多米尼加独裁者拉斐尔·莱昂尼达斯·特鲁希略（Rafael Leónidas Trujillo）提供的。到了1959年年底，格局变得更加杂乱：无论是地主和其他受政府措施影响的群体，还是过往政党的人员——真正党、正统党等，都没有找到实现理想的空间。他们对反独裁斗争的发展方向感到不满，天主教活跃分子在面临共产主义危险的情况下甚至集结组成了军队，出现各种反对者武装。观点和特征所呈现出的多样性在他们的行动中是显而易见的：当一位来自美国的前空军指挥官在岛屿上空飞行并散发传单和投掷炸药时，经验丰富的阴谋家们却密谋要用类似对付巴蒂斯塔的方式来推翻政府。最受益的群体无疑是好战的天主教徒，他们在教会高层的鼓励下，积极地开展政治活动。他们试图自立门户，创建一个"基督教民主运动"的组织，即便该组织不怎么具有召集力，但是早在20世纪60年代，他们便开始公开反对革命；"天主教大学联合会"的领袖们在试图赢下大学生联合会但最终失败以后，也沿用了类似的方法。1960年3月，艾森豪威尔总统下令美国中央情报局对这些组织进行训练，以开展武装行动，其中许多组织先前已与美国情报特工取得联系。

革命运动本身也并没有袖手旁观。民众的支持必须有机地联系在一起，并迅速组织起来。在经历了严重的内部冲突之后，在古巴工人联合会及其工会中，占据优势地位的是最为激进的革命领导层，包括共产工团主义的老干部。各妇女组织于1960年8月联合组成古巴妇女联合会（Federación de Mujeres Cubanas），紧随其后的是青年团体，以及起义青年协会（Asociación de Jóvenes Rebeldes）的创立。在这几个月里，还成立了一个社区组织——保护革命委员会（Comités de Defensa de la Revolución），其目的是建立起地方性的调动机制和监视网络，以应对日益猖獗的破坏和恐怖主义活动。这些组织上的进步，与不愿意采用组建党派的形式——尽管形式可调整——形成了鲜明对比，例如孕育了革命的"七·二六运动"和革命指挥部，这表明政治进程的推进没有采取选举的方式，正如 1960 年 5 月 1 日，菲德尔·卡斯特罗在一片狂热的支持呼声中公开宣布的情况一样。做出这一决定的逻辑是非常清楚的：在革命岌岌可危的情况下，任何不利于团结统一的阴谋都将会造成革命的失败，正如 1933 年的状况所证实的那样。具有特殊重要性的事件是国家革命民兵组织的设立，它由工会和学生中心组织组成，用于对人民进行大规模的军事训练。它的设立是防御战略的一部分，该战略还包括重组武装部队——现被划分到劳尔·卡斯特罗所负责的一个部委，以及购买武器。购买武器被美国政府千方百计地加以阻挠，包括进行破坏，而正是这种破坏，导致在 1960 年 3 月，停靠在哈瓦那海湾的一艘法国货船拉库布（La Coubre）——当时正运载着比利时的武器，发生爆炸并造成数十人死亡。

古巴与美国的关系继续经历着一段不可避免的冲突时期。在冷战的背景下，一个融合了民族主义和社会主义倾向的拉丁美洲政府是不可能被接受的，如果后者的社会主义倾向是因为其中存在明显或可疑的共产主义成员，就更不可能被接受。古巴领导层早已知道五年前美国中央情报局是如何推翻危地马拉的哈科沃·阿本斯（Jacobo Arbenz）政府的，他们深信，美国政府绝不会对他们正在计划的结构性转型妥协，况且，其中的一些改革——例如土地改革，正在进行。由于矛盾已经不可调和，双方都做好了准备以应对最后的冲击。

在华盛顿已计划好的多项行动当中，采取可能引起民众不安与不满的经济措施是否合适被纳入了考量。因此，当古巴政府从欧洲的银行获得信贷的努力受到挫折的时候，艾森豪威尔政府指示美国石油公司根据最新的贸易协议，拒绝提炼从古巴获得的苏联石油。没多久古巴就有了应对之策：根据1939年的《矿业法》（Ley de Minas），哈瓦那把制糖厂国有化。华盛顿对此的反应是，除了取消古巴的糖所享受的关税优惠外，还缩减了糖的配额。1960年7月，古巴政府宣布将所有美国财产国有化。这种打击与反击的动态通过越来越激进的措施深化，比如古巴1960年10月颁布的对工业、银行和其他由古巴人持有的大型公司进行国有化的法律，使经济完全掌控在国家的手中。

为了实现打击古巴的目标，美国需要在国际舞台上孤立古巴。为此，美国对西欧的一些政府施加压力，但更重要的是，美国寻求美洲国家组织（OEA）中的成员国对古巴进行谴责和惩罚。美洲国家组织声称捍卫美洲大陆的民主，通过了反对多米尼加共和国特鲁基略暴政的决议，尽管该决议的真正目标是古巴革命。正如该组织在哥斯达黎加举行的第七次首脑会议所表明的那样,该会议通过了一项强烈谴责共产主义的决议,这实际上是一个警告,如果古巴继续其革命进程,它将被排除在美洲体系之外。古巴在外交层面受到困扰,在商业领域受到制裁且无法获得国防所需的武器,按照冷战的无情逻辑,古巴领导层选择了靠近社会主义阵营,该阵营意味着古巴糖业的消费市场可以向古巴提供其他国家拒绝给予的信贷,并能够向古巴提供必需的武器以维持生存。

革命的命运最终还是由武器来决定的,而武器是美国战略的一个方面,在这一点上,古巴的反对者发挥着至关重要的作用。然而,这些反对者组成了一个多元化且缺乏经验的联合体,而这个联合体是由美国中央情报局领导的。组织不断地在扩大,其中的一些组织还成功地汇集了一定数量的成员并更好地确定了其身份,比如革命复兴运动于20世纪60年代中期在哥斯达黎加建立。其中,最重要的一些组织在美国中央情报局的召集之下,在墨西哥组成了民主革命阵线,他们是反革命的代表,并负责协调反革命行动。该联盟非常不团结,因为——正如其中的一个创立者所承认的那样,除了改变革命所实施的法律以外,反对者阵线无法制定出其他的方案。这种无能——以及有些人将此归咎于卡斯特罗的恶毒阴谋——成了理解在古巴所发生的事情的一个根本性障碍,阻碍反革命运动与古巴社会建立联系。另一个障碍是与美国的结盟,该举措立即消除了反对派的身份，反对派为了在国家政治中占据上风，除了在实际上屈从于世俗强国之外，再没有其他的办法。在此情况下，不难理解为什么人民在菲德尔·卡斯特罗的领导下会把保卫国家与捍卫革命等同起来。

岛国上的反革命组织所开展的活动倾向于复制反巴蒂斯塔斗争的做法，其中，反巴蒂斯塔斗争的部分成员也参与到了这一过程中。焚烧甘蔗园，妨碍通讯，开展其他破坏经济的活动，在公共场所放置炸弹以震慑民众，对领导人发动袭击，加上一些农村地区出现叛乱团伙，这些情况在埃斯坎布雷中部山区最为严重，也发生得最频繁。然而，随着众多民兵营不断集中到该地区，到了1961年3月，该驻点几乎被消灭，同时，美国之前提供的大部分武器都落到了革命派手中。另一方面，革命派已经开始从社会主义国家接收战争物资，包括火炮和装甲车，对于这些武器的使用，民兵和革命军均接受了训练。这批武器具有关键意义，中央情报局为了效仿1954年危地马拉的经验，向古巴派遣了一支强大的远征队伍，而为了对其进行培训和指引——自20世纪60年代中期以来——古巴的流亡者，确切地说是在危地马拉的古巴流亡者便开始聚集起来。这个由艾森豪威尔政府发起的计划由他的继任者约翰·F. 肯尼迪（John F. Kennedy）负责和执行。

这些行动以轰炸古巴的主要军事机场作为开始。卡斯特罗很清楚这是入侵的前奏，于是，在1961年4月16日为袭击受害者举行的葬礼上，他宣布了革命的社会主义性质，参加战斗的人不仅是为了捍卫国家和革命，还是为了捍卫社会主义。次日，远征队开始在吉隆滩（Playa Girón）和猪湾（bahía de Cochinos）上的其他点着陆。猪湾是一个相对偏远的地区，被大量的泥滩覆盖，人们通常认为，在那里，一支由1 500人组成的全副武装部队可以很容易地巩固滩头阵地。被运往该地的是古巴革命委员会的成员——古巴委员会是一个取代了民主革命阵线的机构，他们组成政府，请求获得美国和美洲大陆上其他国家的承认和支持。但是现实与计划相差甚远。那支小型的革命空军，曾成功拯救了几架飞机，凭借其胆识和技巧，将中央情报局认为可以通过十几架轻型轰炸机来保障入侵特遣队的空中优势进行了打击。在陆地上，指挥官卡斯特罗负责指挥革命军和民兵的重要队伍，这些队伍不惜付出生命代价以穿过通往滩头阵地的两个入口，但仅在72小时内，对方就投降了。在战败的边缘，入侵军队的指挥部请求在远海的美国海军给予支持，但这并没有得到肯尼迪总统的授权，而如果肯尼迪总统愿意授权的话，恰恰就会暴露美国武装干涉古巴革命的目的。

　　这些行动所带来的后果影响深远。入侵者悉数被击败，数万名潜在团伙成员被捕，古巴几乎所有的反对派都被消灭了。美国的经济胁迫、外交封锁和军事侵略政策，都远远未能粉碎革命，反而巩固了革命，并且加强了古巴与社会主义阵营的联系。然而，华盛顿依然没有改变战略；在《敌国贸易法》的保护之下，美国与古巴的贸易关系全面禁止，其他国家也试图效仿美国；同时，美国公民被禁止前往古巴。1962年初，"猫鼬计划"开始实施，其中包括袭击古巴沿海地区以及对古巴进行渗透，加强流亡团体的行动，而在古巴，起义队伍也重新复活，导致在一些农民起义中出现了血腥的对抗。这一行动的圆满成功，需要得到美国的直接干预，而于1962年4月在波多黎各进行的大规模着陆演习似乎就在宣布他们即将进行干预。

在这样的情况下，古巴政府与苏联达成协议，在古巴部署核导弹。这项举措大大地加强了苏联在全球战略平衡中的地位，而对古巴来说，这意味着美国的侵略行为会立即升级为两大势力之间的冲突。核导弹的部署需要开展大量的工作，因为这不仅意味着要跨越大西洋运送弹道设备，还要运送保护它的大批空军和陆军部队。10月中旬，当古巴设立导弹基地的消息宣布后，肯尼迪总统下令，全部军队进行战备动员，随时准备发动攻击，同时下令海军严格封锁古巴。在世界面临核灾难威胁之际，美苏两个大国达成了一项协议。这项协议需要双方做出让步，其中包括检查苏联在古巴的设施拆除情况，这一点被菲德尔·卡斯特罗拒绝了，同时美国在协议中明确提出要为古巴提供特定的保障。尽管苏联倾向于忽视这一需求，"十月危机"——或"导弹危机"的解除，意味着美国默许放弃对古巴的军事干预。

当然，这并不意味着美国放弃了一贯的侵略态度。华盛顿政府不断扩大经济威胁，对停靠在古巴港口的船只实施处罚，并冻结古巴政府在美国银行的账户。尽管"猫鼬计划"失败，加上起义队伍的资金逐步耗尽，致使发动一场起义的期望落空，但暴力行动不但没有消停，如今还以闯入美国领土的形式继续着：自1959年以来，就有20多万古巴人流亡到美国，主要是到迈阿密。骚乱行动仍将持续进行，但是美国展开进一步侵略行动的可能性似乎微乎其微，古巴革命已经显示出了足够的抵抗能力。

建立新秩序

在20世纪60年代初期的复杂形势下，革命最终不但得以幸存，还为新的国家秩序建立奠定了一定的基础。古巴虽然在一场生死之战中宣布走社会主义道路，但社会主义似乎并非一个适时的选择，正如菲德尔·卡斯特罗在1961年5月1日所重申的那样，在同年的12月，他又宣称自己是马克思列宁主义者。这种社会主义缺乏预设的特征，对于道路怎么走，必须逐步界定。首先，必须打造一个政治体系,对此,与美国这个"巨人"进行对抗的必要条件早已呈现出一个基本特征:人民坚定地团结在菲德尔·卡斯特罗的周围。中央集权和禁止政治多样化对国家的生存至关重要,这个信念深深地刻在了人们的脑海之中。

领导与群众之间建立的独特关系,主要体现在大型集会上,并已被证实是一种有效的动员方式,但这还不足以维持政治体系以及确保施政。此外,组织也变得至关重要,这些群体或许是在青年运动中表现最突出的,最初他们组成起义青年联盟(Asociación de Jóvenes Rebeldes),从1962年4月起更名为共产主义青年联盟(UJC)。在"七·二六运动"的革命组织中,革命指挥部和人民社会党于1960年底成立了一个正式的协调机构,旨在促进一体化,而这一进程的推进,得益于人民社会党的总书记布拉斯·罗加(Blas Roca)将党派的领导权移交给菲德尔·卡斯特罗。1961年,革命统一组织应运而生,其全国领导层中出现了三大集团的代表人物。人民社会党干部的组织经验,以及进程当中必经的社会主义阶段,决定了新机制在中基层的管理机构主要由前共产主义军人组成,这为阿尼巴尔·埃斯卡兰特(Aníbal Escalante)——人民社会党领袖兼组织书记实施宗派政策提供了空间,这一政策对其他组织的成员进行罢免或放逐。而对这一政策的批评促成了广泛的改组,通过此次改组——1963年5月,古巴社会主义革命统一党应运而生。1965年10月，在古巴中央委员会的宣布仪式上，该组织更名为"古巴共产党"。

古巴就这样采取了苏联所实行的一党制模式，这些组织都将作为国家和全社会的领导力量。然而，古巴的情况呈现出一些特殊性，这么说不仅是因为——正如卡斯特罗所言——在古巴岛上，共产党是革命的结果，而不是革命的发起者，还因为其成员是由劳工群体提议而组成的，摒弃了依靠从属关系的传统操作，对国家管理的控制较少，至少在高层中是这样。尽管经验不足以及短期流动性问题仍然阻碍了中期计划的制定，但是政府的架构还是采用了社会主义的样式，中央规划的作用越来越大。广泛开展且步调加快的国有化进程，以及将政府的大部分职能分派给国家农业研究院（INRA），这早已使该组织变成"国中国"。因此，政府决定将其与农业相关的方案捆绑起来，与农业不相关的领域的方案转移给其他部门，尤其是工业部，该部由埃内斯托·切·格瓦拉司令负责。然而，国家机器仍然是高度集中的，由具有立法和管理职能的部长理事会领导。为了在领土范围内履行政府职能而设立的协调委员会——涵盖省、市和新"地区"，并没有必要的管理自主权，反而还促使公共行政机构几乎呈指数级增长，从而导致官僚化的出现。

吸收和应用其他社会主义国家的经验和组织模式，既不代表缺乏批判性意义，也不代表古巴缺乏对建立"古巴模式"的日益迫切的渴望。例如，在农业和工业领域，古巴实行了"经济核算"，这是在欧洲社会主义国家中实施的一种管理制度，它以盈利和利润为原则，承认公司有更大的自主权，对工作实行物质奖励，在经济运行过程中为市场机制留有可观的利润空间。切·格瓦拉并没有掩饰他对社会主义经验中某些经济现状的负面看法，他认为那些方法是不恰当的，他在工业区提倡和应用一种更为集中的预算制度，这项制度依赖于资源的分配、成本的控制和对工人士气的鼓励，因为他认为"靠资本主义那些老掉牙的手段来实现社会主义"是不可能的。几年来，两种制度都在实行，人们对此争论不休，但是1965年后——也就是在切·格瓦拉离开并奔赴游击战争以后，天平似乎更倾向于预算体系。该体系所带来的集中化被认为更适合实现高生产目标——正如我们将看到的那样——之后生产目标也确定下来了，尽管在事实上，切·格瓦拉的这套体系并没有得到完全的应用，因为它的一些基本原则被抛弃了，如成本控制以及本身的预算，而是应用了一个独特的、也是模糊的兼具有效资源和乌托邦式建议的混合方案。

另一个显示出独创性的领域是文化。鉴于苏联在这一领域的不幸经历，古巴知识分子对文化政策的关切，也就不足为奇了。20世纪60年代初，在自由派知识分子大量流亡到国外后，可以发现在古巴的知识分子有着三大核心组织和一个相对明显的特点：其中一个核心组织围绕着《革命星期一》（*Lunes de Revolución*），即"七·二六运动"的文化增刊，该组织本质上是具有民族主义倾向的，尽管它的一些成员曾接受过一定的马克思主义培训；第二个核心组织是人民社会党文化委员会，其成员表现出共产主义正统派的特点；还有第三个不太倾向于参与政治辩论的组织，在这个组织中，较为突出的是那些30年来一直推动《起源》杂志的人物。一部关于哈瓦那夜生活的纪录片被电影管理局评定为不宜播放，这一禁令引起了《革命的星期一》中一些成员的抗议，有些共产主义知识分子也掺和其中，他们对那样的夜生活提出指控，认为那是反社会主义的行为。辩论的基调，尤其是它的含义，促成了岛国最杰出的知识分子与革命领袖的会面，会面时，菲德尔·卡斯特罗提出了"参与革命，得到很多；反对革命，一无所有"的方针作为文化政策的基础。这一提议显然暗含着对文化的政治评价，但同时也否定了所有的美学信条和创作的自由。之后的争论——关于电影中的道德、革命小说，或是对马克思主义本身的教学——试图做得更加精确，然而，值得一提的是，切·格瓦拉在其著作《古巴社会主义与古巴人》中对社会主义现状的批判促进了创作自由，而这一自由在1968年5月前夕达到了顶峰，当时一场文化大会在哈瓦那举行，会上聚集了国际上最杰出的左派知识分子，而这些知识分子对"古巴试验"[①]非常着迷。

尽管古巴革命的经济和文化选择使其远离了苏联模式,但同时也使得古巴在国际政治中的立场更为矛盾。甚至在革命胜利之前,岛国的革命者就已经与拉丁美洲的革命者建立了牢固的联系,这种联系决定了对例如1959年6月反对特鲁希略暴政的失败行动给予支持。然而,在与美国的对抗中,这些革命者在新的层面建立了联系。1962年1月,即古巴被排除在美洲国家组织(OEA)的几天后,在哈瓦那有一大群人签署了一份声明,宣称每一位革命家的职责都是进行革命。当拉丁美洲国家与这个"共产主义岛屿"逐渐断绝关系——只有墨西哥没有这样做,拉丁美洲其他国家的左翼政党和团体纷纷得到了来自古巴的支持,并受到鼓舞进行起义。这种表现很难与苏联支持的和平共处政策相结合,而拉丁美洲共产党的立场也是如此,在这些党派中,大多是选举的支持者。古巴凭借其独立的立场,在第三世界形成了一股政治力量,并在哈瓦那举行的第一次三洲会议(1966年)上得到了体现,在这个会议上,卡斯特罗对一些共产党派进行攻击,批评他们是机会主义者,除此以外,他还批评了苏联在面对美国攻击越南时所采取

[①] 这里指的是古巴走社会主义道路的尝试。

的消极态度,这无疑会导致其与社会主义阵营的关系出现一定程度的恶化,包括与其有意见分歧的中华人民共和国——与该国之间的矛盾来自其他原因。自 1963 年以来,古巴的武器和战士也到过几个非洲国家,以支持他们的反殖民斗争,包括由切·格瓦拉亲自率领的一支分遣部队,于 1965 年加入到刚果的战斗中。然而,马埃斯特腊山脉游击战的成功并没有重演,特别是在拉丁美洲,革命随着杰出战士的丧生而宣告失败,包括司令官切·格瓦拉本人,他于 1967 年试图在玻利维亚发动革命战争时丧生。

与此同时,反官僚主义和小资产阶级价值观的斗争在大安的列斯群岛发生,其目的是通过唤起数十万名工人的意识并对之进行动员,以达到 1 000 万吨糖的生产目标,因为与所有的社会事业一样,为了使古巴的社会主义行得通,他们也需要在经济上取得成功。

经 济 建 设

对于古巴的经济来说,革命代表了一场真正的动乱。在短短两年的时间里,随着国家机构的设立,所有制的结构发生了根本性的变化,其中包括了绝大部分的工业、整个银行业、外贸、批发贸易和百货公司,以及大部分的农业。在农业中,随后的两项规定进一步增加了国家的财产：1962年8月，将最初交给合作社的大型甘蔗种植园转变为"乡村农场"——这代表着多达130万公顷土地的转让；此外，政府还在第二年批准了第二部《土地改革法》，该法律限制了土地所有权数量——每块地最多不得超过67公顷，此后，国家便拥有了四分之三的土地。对外贸易上的变化也不亚于此，随着美国取消糖配额，糖的销售便转向了社会主义国家，而由于美国的封锁，这些国家也成为古巴市场的主要供应国。华盛顿所展开的经济报复在技术领域产生了特殊的影响，因为古巴几乎所有的设备都来自美国，因此，想要替代这些东西是不可能的，况且美国的法令甚至还禁止岛国从第三国购买设备。因此，要保持国家的运转，就必须加速吸收社会主义阵营所提供的技术——而这些技术在过去并不是那么的先进——因而对克里奥尔群体的创造能力提出了挑战。出乎意料的是，这种创造能力成功地使汽车和其他交通工具，以及一部分的工业设备保持运转。除此之外，古巴还有技术人员方面的缺失，特别是专业技术人员的缺失。很多人由于生活方式受到影响，又或是不认同国家的发展方向而选择了离开，而他们的移民出境受到了美国当局的推动，特别是一些在非常敏感的领域里工作的专业技术人员，比如医疗健康领域。因此，古巴最终失去了一半的医生。

尽管发生了变化和动荡，但在1959年到1961年间，古巴的经济表现相当不错,前两年的增长率接近10%,而在1961年,糖产量达到680万吨——这是历史上第二大收成量。受这些结果的鼓舞,在那一年里制定了一项充满乐观主义的经济政策,其主要目标是大幅减少进口。该政策决定促进农业多样化,不仅包括食品,还包括如棉花等某些原材料。而最重要的是,古巴的工业化进程也加快了。为了支持工业化——其主要倡导者切·格瓦拉,将拉丁美洲经济委员会(CEPAL)的标准、社会主义发展给予拉丁美洲经济委员会的传统优先权,以及所获得的大量信贷融为一体,而信贷使得收购和建立数十家工厂成为可能。

然而,这些政策实施的结果与预期相差甚远。虽然制糖工业没有被边缘化,但是它的增长仍然不可预见,因此,国家开始对工厂进行更合理的安排,先是关闭了一些效益低下的小型糖厂,更重要的是,拆除了用于推动农业多样化的13万公顷的甘蔗园。这些举措在一个对糖业——几乎已成为剥削的象征——极不看好的情况下实施,而其发展是混乱的,并且导致了糖产量的急剧下降,到1963年,已经下降到了380万吨。在人员和资源都稀缺的情况下,工业化进程把重心放在了发展新产业上,忽视了如今已建立起来的产业,但这些新项目的投入运行,受到了经验和资质欠缺、组织缺陷以及采用低生产效率技术的影响。农业多样化是在没有选择适当的作物的情况下大规模进行的,它远远没有达到计划产量,甚至还加剧了产量的下降。出口量下降,而进口量并没有明显减少,这无论对于贸易差额,还是该国自身的生活条件,都产生了非常不利的影响。产量的下降引发了投机生意,而为了制止投机生意的发展,1962年3月,政府颁布了一项严格的消费品定量配给政策,虽然这是一项临时性政策,但是经济表现将会使之持续实施下去。在这种情况下,政府提出要彻底修订一贯遵循的战略。

1963年夏天,在结束对苏联的访问后,菲德尔·卡斯特罗宣布苏联已经决定提高购买古巴糖的价格,这为增加糖的产量以促进岛国的经济发展提供了可能。古巴与苏联还签订了一项新的贸易协议,苏联承诺在1965年至1970年间,以每磅6美分的价格收购2 400万吨糖,这对古巴新战略的制定起到了决定性作用。这项新战略试图依靠古巴作为制糖商所拥有的传统优势,并利用该行业产生的金融资源,加强与其他经济领域的联系,以促进多边发展。加速发展的核心是糖业,其目标是在1970年将甘蔗收成量提高到1 000万吨,尽管在牛肉、咖啡和其他产品的产量中也看到了可观的增长。为了实现这一目标,古巴制定了一项"前瞻性计划",即在5年内投资10亿比索,其中4.5亿比索用于工业领域——包括运输和仓储,在这一领域预计将实施超过两千个工厂扩建项目。这项计划要求克服一系列的障碍,包括提供必要且可用的土地以提高甘蔗产量，配备充足的劳动力；而革命带来的就业开放机会使得"专业"砍蔗工人的数量减少了将近一半。

该计划在开始执行时就迎来了良好的兆头，1965年，甘蔗收成量超过600万吨。但有效利用现有产能是一回事，在短期内达到几近翻倍的产量却又是另一回事。在随后的几年里，生产进程呈现出显著起伏的特征，计划于1966年和1967年进行的工业投资仅仅实施了68%，而为收割机械化所做出的努力，虽然一部分获得了成功，但却没有实现节省劳动力的预期目标，反而导致这些领域的工人数量也出现相似的增长。正如菲德尔·卡斯特罗自己所说的那样，这一局面之所以受到影响，是因为1 000万吨的甘蔗收成已经不仅仅是一个经济目标，而是一个关乎荣誉的问题。于是，国家的领导层把精力放在"意识"上，他们坚信简朴和高度的牺牲意愿将与经济发展并驾齐驱。随着劳动强度和时间的持续增加，城市工人、学生、妇女、士兵和其他社会群体都被召集起来，不仅要为达成每一次收成量目标，还要为实现咖啡等其他品类生产的增长贡献自己的力量。在"社会主义和共产主义并行建设"的口号下，古巴发起了一场"革命式进攻"，使多项服务变成免费，取消了工作时间的限制，取消了税收，还废除了被认为是具有官僚主义色彩的经济管制和经济诉讼程序，并将整个手工业及小型贸易国有化——大约有58 000家机构，包括餐馆、维修店、酒吧等,这将为人们提供所需的多样化服务的责任移交给了国家。当人们的劳动意愿不够强烈的时候,国家便开始采取军事化手段。"前线""指挥所"以及其他执行机构所组成的整个链条,旨在确保为行动提供最准确的协调,其中也不乏使用了某些强制性的手段,比如调动数千名有"越轨"行为的年轻人到有着严格规章制度的"军事单位"工作以支援生产,或要求想移民到美国的成年男子到农业领域工作一段时间。

尽管1970年的收成期延长了,但还是没有达到预期目标,这主要是因为受到了工业限制。古巴当年的糖产量为850万吨,是有史以来最高的一次,最终出口了700万吨,其中大部分是以与苏联签订的高价出口的。然而,将资源集中在甘蔗收成和制糖计划上,给整个经济带来了负面影响。不仅如此,由于在管理和工作组织上广泛采取自愿的方式,导致了无政府状态的出现,违反劳动纪律的现象非常普遍,生产力也显著下降。这一切的必然结果是加剧了人民的物质贫困,以至于危及革命所带来的不容置疑的社会进步。

社 会 变 革

古巴革命不仅发生在经济领域,还在社会政策上表现出了更大的独创性,也呈现出了它的最佳成果。国家对生产设备的管制是综合发展观的基础,该观念的首要目标是满足人们的基本需要。在革命的第二个周年纪念日到来之前,通过加薪、提供就业机会、分配土地等措施,古巴已然将国民收入的15%从地主手中转移到了劳动报酬上,尽管还没有大规模实现公司的国有化。10年后,工资在人口收入结构中所占比例超过70%。新就业机会的开放,办学的铺开,以及武装部队的增加,都使得失业率急剧下降,从1958年的约12.5%下降到1962年的9%,而到了1970年,失业率仅为1.8%;同时,季节性失业几乎完全消失。革命初期发布就业增长数据后,工资趋于稳定,而在1963年实行新的工资制度后,工资只是略有增长,约为3.5%。其他对收入有重大影响的决定是与社会保障有关的:先是在1959年将所有退休基金划入一家社会保障银行,并在次年,对所有工人实行强制保险制度,这意味着公共预算中用于社会保障的款项大幅增长。随后,国家还增加了疾病补贴,并向没有家庭赡养的残疾人发放津贴。这些措施使社会中最不受保护的阶层的收入大幅增加,其他具体的行动也有利于这一点。而从革命初期起,种族歧视就消除了,尽管在克服该问题上,后来过多地依赖于机会平等保障;至于性别不平等方面——对于这个问题的文化要素有了一个更清晰的认识——最初通过开放更大的工作空间以及学习来解决,因此女性劳动者的比例也有了显著的上升。

上述情况影响到了人口的流动。关于出生率，自20世纪初以来古巴一直保持着下降的趋势，而在1960年到1965年的5年间，则反弹至3.53%，尽管在下一个5年还是有所下降，但仍然保持在3%左右。在1970年进行人口普查时，出生率这一因素对于人口增加到850万起着决定性的作用，尽管离开古巴的人口已经超过40万。另外，城市人口持续增长，到了1970年，全国有超过60%的居民成为城市人口，只是这一现象不再集中在哈瓦那（哈瓦那的增长速度反而有所放缓），而是集中在中等城市和省会城市。在住房方面，国家大力推进群众住房建设；在城市，则通过乡村住房计划以改造贫民窟和农村地区，与此同时，《城市改革法》规定租用的住宅在租户每月支付一定数量的租金后，就可以变成居民的财产。

在社会服务方面，重点则放在了健康和教育上。古巴的健康指数在拉丁美洲是最高的，但是这些平均值背后隐藏着显著的差异，特别是城市和农村之间。尽管在卫生人员方面出现严重的短缺——这决定了优先开展卫生人员的培训项目，古巴还是为刚毕业的学生建立了强制医疗服务，扩大了医疗服务在农村地区的覆盖面，直到1970年，农村地区已有近50家医院和100家药房。预防脊髓灰质炎和其他流行病的疫苗接种活动，以及控制诸如肺结核或胃肠炎等传染病的行动，有助于延长预期寿命。体育活动的推广也有助于生活质量的提高，1961年以"运动换来健康"为口号的活动开始，国家开始设立专门培训田径运动员的学校，其结果是古巴运动员在国际比赛中的成绩逐步提高。

在教育领域，首要目标是消除文盲，文盲人数占六岁以上的人口总数的 23.6%。最初，国家着重于扩大学校网络，尤其是在农村地区，包括将数个营房和军事设施改造成学校。在这项措施之后是对一千多名志愿教师进行培训，让他们把教育带到山区和其他偏远地区，最后，发起了一场在一年的时间内消灭文盲的运动。为了开展这场运动，约有25万人加入到扫盲教师的行列，其中近10万人是接受过中等和高等教育的学生，他们动身前往农村并与学生一起生活。就这样，这项计划成为提高城市青年对农民困难生活状况认识的一种方法，同时，因为这些文化信使，也让农民接触现代化。在消灭文盲的目标实现以后，其他旨在使成人达到初级教育水平的计划也紧随其后。

1961年6月，所有私立学校都被国有化，保证学校全面覆盖的任务交给了国家。在不到10年的时间里，学校和教学人员的数量明显增加，因而用于维持整个体系的预算也就成倍地增加，从1958年的7 940万比索增加到1970年的3.511亿比索。这些支出还包括1960年在大学发起的一项广泛的奖学金计划，十年后，这个奖学金计划就覆盖了各教育阶段，影响 10 多万名学生。教学内容变得丰富且现代化。1962 年大学改革后，高等教育结构发生了变化，创建了大量新的大学专业——如生物学、经济学、机械与工业工程、历史以及心理学等；同时，现有的课程得到更新，中等教育也被分为两个阶段，使技术和职业教育培训变得相当多样化，包括创建了许多新专业，如艺术教师等，旨在在整套教育体系中实施艺术教育，以及促进兴趣爱好者积极参加活动。教育革命大大地拓宽了人们的文化视野。

在文化领域，最先进行的是关于创造性活动条件的调整；直到那时，这些创造性活动的开展仍依赖于对文学、艺术事业的有限资助，或是依靠来自一些公共机构的支持，而这样的支持几乎都是偶发性的。随着革命的进行，国家财政更多地扶持——无论是来自国家文化委员会还是其他形式的机构，使得古巴国家芭蕾舞团的创立成为可能，这也为艾丽西娅（Alicia）和费尔南多·阿隆索（Fernando Alonso）在此之前所做的不懈努力打开了一个新的局面。还有国家交响乐团、国家舞蹈团、抒情剧院团体的情况也是如此。在革命胜利之后不到三个月，古巴电影艺术与电影业研究所（ICAIC）成立，通过制作纪录片和故事片，以及一个以独特的美学方式传播信息和思想的新闻节目来规范电影活动。电视频道和广播电台被划分到广播研究所（Instituto de Radiodifusión），该机构削减了带有商业目的的节目,突出了其文化作用,尽管那些成本难以控制的领域经历了由技术恶化所带来的后果,还失去了那些最终选择移民的艺术家,移民也影响了某些流行音乐群体和表演者。流行音乐听众增加,部分原因是美国的音乐广播节目被禁止,在此后的一段时间内,古巴的音乐缺少了创作源泉。然而,创新的氛围在革命中那场真正的音乐运动——"新歌谣"(nueva trova)中可以感受得到,这场运动盛行于20世纪60年代末期,当中重要的作曲家和表演者有西尔维奥·罗德里格斯(Silvio Rodríguez)和巴勃罗·米兰内斯(Pablo Milanés)。

  国家对艺术创作和艺术教育的支持从一开始就带有重要的民主化色彩,这不仅是因为"高雅文化"的表现形式在大多数人可触及的范围内,还因为一些民间艺术的表现形式使其创作变得更为纯净——成立于1962年的国家民俗舞蹈团的舞蹈设计就是一个例子,它在创作中模糊了各种带有一定虚构性质的界限。新的物质条件也影响了文学活动,特别是随着1962年古巴国家印刷局(Imprenta Nacional de Cuba)的创建而兴起的出版业,在不到10年的时间里,古巴每年出版的书籍数量便翻了10倍,超过1 000万册,同时,书籍的价格也大幅降低。另一方面,随着文化类和其他类型专业期刊的不断铺开,期刊去除了商业性质,开始变得多样化,而在某种程度上,这些期刊占据了由日报期号的减少——

但其印刷量并没有减少——所留下的空间，这在一定程度上是单一编辑方针导致的后果。

　　随着阅读的普及和出版体系的发展，一些古巴作家的作品得以大量印刷，这促进了叙事性作品的创作。在一段时间内占据主导地位的是那些受到最近的革命壮举启发的作品，如何塞·索勒·普伊格（José Soler Puig）创作的《贝尔蒂荣166》（*Bertillón 166*），吉列尔莫·卡布雷拉·因凡特（Guillermo Cabrera Infante）创作的《和平像战争》（*Así en la paz como en la guerra*）和利桑德罗·奥特罗（Lisandro Otero）的《情况》（*La situación*），尽管在其他情况下，比如在阿莱霍·卡彭铁尔（Alejo Carpentier）的《光明世纪》（*El siglo de las luces*）中，关于革命对人类影响的反思也反映在历史层面。全国性的事件的进程逐步激发了各种各样的文学表现形式，如埃德蒙多·戴斯诺艾斯（Edmundo Desnoes）的《低度开发的回忆》（*Memorias del subdesarrollo*）——后来还被拍成电影，赫苏斯·迪亚兹（Jesús Díaz）的《艰难岁月》（*Los años duros*），甚至还出现了一部有着复杂特性且构思精巧的作品，即何塞·莱萨马·利马（José Lezama Lima）的《天堂》（*Paradiso*）。在诗歌方面，尼古拉斯·吉恩（Nicolás Guillén）依然光芒四射——如今他已是创立于1961年的古巴作家和艺术家联合会（Unión de Escritores y Artistas de Cuba）的主席，当然，人们也欣赏到了罗伯托·费尔南德斯·雷塔马（Roberto Fernández Retamar）、罗兰多·埃斯卡德（Rolando Escardó）、法亚德·贾米斯（Fayad Jamís）、赫伯托·帕迪亚（Herberto Padilla）、巴勃罗·阿曼多·费尔南德斯（Pablo Armando Fernández），以及一批新诗人的作品。

20 世纪 60 年代末，文化生活作为社会整体的反映，经历了由 1 000 万吨收成量背后巨大而卓有成效的努力所带来的冲击。当一些歌手声称其对音乐的热爱如同工人对甘蔗收割一般时，当一个著名的流行音乐团体从惯用口号中取出一个作为团体名称时，分散在全国不同糖区的记者、作家和其他知识分子收集了史诗般的证据和事件，米盖尔·科斯奥（Miguel Cossío）的小说《甘蔗人》就是一个例子。

糖业运动和其他生产运动中惊人而持久的动员，以及开展动员所需要具备的条件，都深刻地改变了人们的社会生活。民众对这些任务的参与，要求建立在"良知"的基础上，国家在唤起工人的热情和牺牲精神的同时，推广朴素节约，关闭了许多娱乐场所，并推迟休假和公共假期。所有这一切给打造"新人类"的运动带来了相当大的道德压力，尤其对年轻的一代而言，在很大程度上，这场运动的成功与否取决于集体意志。然而，随着运动开展而采取的许多措施，促使极端平等主义的出现，并触犯到劳动纪律，助长了旷工现象——1970 年，旷工比例达到 20%，在一些地区达到 50%；同时，商品和服务方面的供应减少，造成流动资金过剩，对工作意愿产生了非常不利的影响。1970 年 7 月 26 日，在"大丰收"结束以及经济濒临崩溃之际，菲德尔·卡斯特罗对形势做了深刻的批判性总结，事实上，他还宣布对政策进行调整。

  必要的条件不断成熟，特别是在国际层面。如果说切·格瓦拉在玻利维亚的牺牲对拉丁美洲革命的希望造成了毁灭性的打击，那么加勒比地区的几个英国殖民地的独立，以及智利、秘鲁、阿根廷和巴拿马的各种政治运动，则开始为古巴开辟新的空间，而这一空间早已被虎视眈眈。另外，美国在越南战争中代价高昂的妥协降低了对古巴直接发动侵略的可能性，尽管敌对气氛仍然存在。与苏联和社会主义阵营的关系也正在往有利的方向发展，正如尼基塔·赫鲁晓夫（Nikita Jruschov）所言，更重要的是，在 1968 年苏联对捷克斯洛伐克进行干预以后，哈瓦那最终支持了这项干预行动，苏联领导层的核心地位在莫斯科得到了巩固，而他们的政治利益有助于改善与古巴的关系。

-10-

社会主义经验

自 1970 年起,古巴革命缓和了其原本抱有的勇敢试验的态度,而走上了苏联模式的道路。变革最突出的表现形式在于通过采用一项政治制度来进行体制改革,在其组织的解决方案和国家架构中,该政治制度最接近当时所谓的"真正的社会主义"。而与社会主义阵营建立起的联系有利于古巴社会经济的发展,因而美国所实施的长期封锁的有效性受到了怀疑。经济的蓬勃发展以及政治意愿,都增强了古巴的国际地位,特别是在非洲的地位。然而,古巴的发展依赖外界支持,因为这些发展取决于安的列斯群岛与苏联之间关系的特殊性。当苏联在 1991 年解体时,古巴也经历了一场深刻的危机,要克服这场危机,必须进行一系列大大小小的变革,而直到现在,这些变革依然在进行中。

制 度 化

在革命前十年所付出的艰辛努力并没有取得理想的成果，其弊端之一在于制度不完善。所使用的组织手段大多是临时制定的，因此，它们超出了，有时甚至取代了现有的制度。"特别计划""小组""指挥所"等综合性机构也缺乏制度支持，而这在很大程度上是制约预期目标实现的因素。这种现象甚至影响到了工会这些重要的社会组织，在动员的紧迫性之下，工会被迫由"先进工人运动"等方案所取代。但这种动员，或多或少都受到一定的条件限制，它不能取代人们对新社会建设的系统性参与。自 20 世纪 70 年代中期以来，菲德尔·卡斯特罗本人在讲话中已经承认了将政党与国家的行政任务予以分离的必要性，并表示不惜以牺牲群众组织为代价来限制国家权力的扩大，而首当其冲的是要将这些组织从昏睡状态中唤醒。制度化，除了使公众参与政府事务成为可能以外，还有助于经济的恢复。

第一步，是恢复工会运动的性质和职能。按照传统的列宁主义思想，工会是党的"传动滑轮"中最重要的一个，因此政党优先承担了领导工会重建的工作。其出发点是在基地实现直接和秘密选举，并最终召开了古巴工人中央工会第十三次大会，在此次大会上，70%以上的工人领导层被更换。第十三次代表大会在"各司所能，各尽其职"的倡议下举行，它反对平均主义倾向，宣称支持引入生产规范、物质激励等措施和其他有利于提高生产力的资源。工会的主要任务是确保劳动集体参与到生产计划的制定之中，并与行政机关缔结了规定劳动条件的集体协议。类似的工作也在其他群众组织中进行，比如大学生联合会，这个组织在1971年恢复地位，在基本被纳入共产主义青年联盟之后，处于中层的学生也有了自己的代表团。1974年，古巴妇女联合会举行了第二次代表大会，指出仍然存在着影响妇女地位的严重的不平等现象，尤其表现在妇女在管理领域的人数较少，于是，会议决定给组织注入新的活力，以进一步提升女性的社会影响力。

　　国家机构也经历了同样的重组。有些机构通过职能的分割来重组，比如基础工业部（Ministerio de Industria Básica）于1974年被拆分成三个部委；有些则是通过创立新的机构，比如海事与港口部（Ministerio de Marina y Puertos），或通过设立新的政府机关，比如部长理事会执行委员会——成立于1972年——来协调各部委和机构之间的活动。中央行政机构也进行了重组，目的是为了提高效率。基于同样的目的，出现了一种权力下放的趋势，影响最大的无疑是赋予地方政府机构代表权，这项工作于1974年在马坦萨斯进行试点，在那里，省级和市级的政府机关首次由民众选举产生。

所有的这些行动都集中到了1975年举行的共产党第一次代表大会上。在前几年，巩固共产党这一组织是首要任务，在这几年里，其成员数量也有了大幅度的增加，甚至拥有超过20万名士兵。那些指导文件——比如纲领、论点等——先是在根据地进行讨论，然后在党的秘密会议上通过，在此期间，他们的领导机构也被选举出来了：政治局、秘书处和中央委员会，后者的组成更能代表复杂的古巴社会。菲德尔·卡斯特罗以第一秘书的身份向国会提交了一份报告，在报告中，他对前一阶段所犯的错误进行了批判性的总结，并且提出应该遵循的政策的基本要点。总的来说，该项政策在古巴经济的第一个"五年计划"中有所反映，同时也涵盖了意识形态和组织事务中的其他界定内容，既规范了内部工作，也能为国家和国民经济提供指导意见。如今，古巴共产党在其组织、宗旨和采用的工作方法上已经适应了这种欧洲社会主义国家的典型制度模式。

制度化的完成以全民投票通过为标志，1976年颁行了新宪法。这部新宪法将权力集中在全国代表大会上，这是一个立法机构，其行政权力由国务委员会——经内部选出——和部长理事会行使。新宪法还设立了一个新的国家政治行政分部，该分部在接下来的时间里由14个省和169个市组成，使得马坦萨斯在选举代表"人民政权"的政府机构方面的经验得以推广。大选每5年举行一次，中期必须更换市政机关；共产党没有候选人，这与苏联模式不同，候选人由民众在基层，或由群众组织在其余的机构提名，而不经过任何的选举活动。先选出基层代表并组成市级代表大会，再由市级代表大会选出省级代表大会和全国代表大会。而作为整个过程结束的标志，全国代表大会这个最高机构，于1976年12月2日举行了首次会议，并推选菲德尔·卡斯特罗为国务委员会和部长理事会的主席。虽然党没有正式参与选举过程，但是有略多于半数的当选代表是当中的成员，这一比例在政府高层中还有所增加——80%的国务委员会成员和65%的部长都是党的中央委员会成员。

党代会通过的经济指导与规划（Sistema de Dirección y Planificación de la Economía）是改革的一个基本组成部分，这是由规划总局（Junta Central de Planificación）制定的一套集原则、结构和程序为一体，用于规划、管理和管控经济活动的制度。该制度建立在"社会主义建设阶段的客观经济规律"的基础上，恢复了预算的决定性地位，并吸收了苏联大部分的经济工作经验；它通过强调与20世纪60年代末期实践之间的明显差异，承认了价值规律的作用，并且通过财政管控方法和提供更大的企业自主权，引入了经济效益指标，进行物质激励，将权力下放。然而，考虑到古巴经济中的资源短缺和生产力落后的情况，企业自主权融合了东欧国家所采用的自我管理方案。

规划发展和社会文化进程

在经济层面，最新采取的措施得益于一个特殊的时机，因为从 1973 年到 1975 年，糖价达到了 20 世纪的最高点——每磅 65 美分。1972 年，古巴就已经加入了东欧经济互助委员会（CAME 或 Comecon），一个由社会主义阵营组成的经济合作组织，这意味着古巴在市场、信贷和供应上得到了保障。同年年底，由于与苏联签署了一项新的协议，这种保障还得到了加强，该协议除了为贸易制定出优惠价格并提供技术支持（即为经济中的各行各业以及行政管理配备苏联顾问）以外，还把偿还信贷的期限推迟到 1985 年，而且提供了其他的免息贷款。虽然在糖价走高的三年，古巴出口的糖在世界市场中占据了很大的份额，但是与苏联达成的优惠条件促使其与苏联的交易越来越集中，到 20 世纪 80 年代，苏联已经吸收了古巴 60% 以上的外贸业务。

在某种程度上，加强与社会主义阵营的联系使十年（1975—1985 年）中古巴所采取的战略得以延续，糖的核心地位得到了承认，其生产也相应保持持续的增长。

不过，这一决定随后被纳入到一个广泛的工业化总计划中，总计划规定必须按照一个系统性的计划来制糖。制糖工业必须提高加工能力，扩大机械化收割的范围。为了提高加工能力，古巴要求40多家工厂扩建，并搭建了6家将在未来10年投入生产的新工厂，与此同时，在农业机械化方面，还建立了一家甘蔗收割机工厂用于组装古巴-苏联设计的设备。在20世纪80年代，三分之二的甘蔗是机械收割的，收割量约为800万吨，与糖业相关的十几家制造工厂为甘蔗业提供设备、零件和配件。

在1975年到1985年这10年时间里，国家对国营部门的投资超过了300亿比索，这使得柑橘和其他农产品的生产量显著提高，并且大大地拓宽了渔业、镍矿和工业厂房的规模，后者主要集中在纺织、机械和食品行业。这种显著的提高很大程度上是基于与苏联的特殊关系；高起的糖价——在20世纪80年代甚至超出世界市场价格的五到六倍，以及对许多物资那为数不多的投入——特别是石油，这些物资的出口成为一项重要的收入来源，这些收入都使古巴的经济得以继续发展，而其他拉美国家则遭到了"债务危机"的破坏性影响。古巴经济在1976年至1980年期间的增长率为3.5%，在随后的5年中的增长率为6.7%，古巴也减少了部分贸易逆差，同时降低了货币流动性，控制财政赤字，并根据人口增长程度保证相应的就业机会。

所有这些都对改善人民的生活水平产生了影响,在1976—1985年的10年中,社会消费以每年7%的速度增长,而个人消费则以每年2.8%的速度增长,后者得益于某些特定市场的开放,开放程度最大的市场出现在1980年,农民在该市场里能够以自由定价的方式来出售他们的产品。古巴的人均热量消耗量略高于2 700卡路里,联合国粮食及农业组织把古巴人定位为拉丁美洲热量消耗量最大的人群之一,同时,古巴在其他的生活条件方面也得到了提升,如电力——全国85%的家庭已经用上电,并用上了家用电器。在1976年至1985年期间,国家创造了100万份新工作,而数量与此相当的公民可以领取社会保障金,该项开支在1985年上升到11.15亿比索。5年前进行的一次全面的薪酬改革,加上引入补助和奖金制度,意味着该国的工资基金增加了7亿比索。

社会服务的显著扩大抵消了由收入差距带来的相对不平等。医疗服务,从10年前起便开始免费,到20世纪80年代中期已经耗费了约10亿比索,这有助于医院网络的大幅扩张,特别是在首都之外的地方。直到此时,全国约有300家医疗机构,比1958年的数量高出6倍,在此基础上,还有将近400个综合门诊部,这是广泛的初级保健系统的基础。1984年在岗医生人数为20 500人,即每名医生对应的居民数量达到490人,这一点在重要的健康指标中有所反映,例如婴儿死亡率。1984年的婴儿死亡率为1.5‰,

几乎是 10 年前登记的婴儿死亡率的一半。在教育领域,这些数字同样具有说服力。1983 年学生总注册人数为 330 万,比 1959 年高出 4 倍,这是由于初等教育有了显著的增长,但更重要的是中等教育,在 20 世纪 80 年代中期接受中等教育的人数上升到 100 万以上。这在很大程度上是因为义务教育扩展到初中(九年级),这一决定在 20 世纪 70 年代中期造成了爆炸性的局面,因为在 20 世纪 60 年代初期出生的人口已经进入读书阶段。针对这种情况,国家制定了一个紧急的教师培训计划,在农村建立数百所新学校。因为大多数的中学生,后来是全部的中学生都享受奖学金,为了补偿这个成本巨大的项目,学生被要求每天在学校所在的农业企业工作半天,这是相对有效且经济的解决办法,但政府还是会用新的方式继续培育"新人"。1976 年高等教育部成立的时候,大型的大学中心被拆分成各个分支——医学、技术、艺术等,再加上几乎所有省份都设立新的大学,由此形成了一个由 40 多个高等教育中心组成的网络。然而,社会发展也有一个弱点:住房。在改革开始(1953—1959 年)时,平均每年建造 17 000 套住宅,之后在 20 世纪 60 年代,这个数字几乎下降为 7 000,因此,随着 20 世纪 70 年代的政策发生变化,出现了严重的住房赤字。此外,由于建筑行业的工人人数也在显著减少,大部分的住宅建设工作被交付给劳工集体,而这些劳工集体在一段时间内拒绝使用一些以

"小队"形式从事建筑业的工人。

自 20 世纪 70 年代以来，人口增速放缓，年增长率从 20 世纪 60 年代的 3％下降到 1.1％，除去其他因素，这一趋势主要归因于妇女参与工作以及住房的短缺。然而，1981 年的人口普查显示，人口数量开始接近 1 000 万，即便古巴人口持续流向海外，其中所发生的马列尔事件（éxodo de Mariel），即 1980 年约有 125 000 人通过该港口离开古巴，总体而言，外流人口已经接近 100 万。此时，哈瓦那有将近 200 万居民，仍然是古巴人口最多的城市，但后来它在全国总人口数中所占的比例已低于 20％，在 1981 年则为 19.8％，这与各省市首府的情况并不一致，这些地方的居民总人数占全国总人数的 38.7％，这足以证明城市人口的持续增长。

关于社会地位提升方面，女性群体毫无疑问是最突出的主角。20 世纪 50 年代，女性仅占就业劳动力的 13％，而到了 20 世纪 80 年代，这一比例就已经上升到 30％以上，在卫生和教育等重要行业，女性占了大多数。这一进程还得到了进一步的巩固，女性在中学入学人数中占了多数，在大学里，女性数量几乎与男性相当。然而，随着女性的社会影响力不断增强，冲突也越来越多，因为在传统上，女性负责家务，而现在，"第二份工作"对家务造成了非常大的影响。1975 年颁布的《家庭法》，宣布在公共和私人领域，都要实行最严格的性别平等制度，这并不是一次改变这种状况的正式尝试，因为法律难以应付大男子主义。在种族的不平等方面也发生了类似的情况,从法律上看,种族不平等受到了打击,白人和黑人在寿命、收入水平或接受普通教育方面的差距得以消除,但其他差异依然明显,比如在大学教室里,黑人和黑白混血儿的比例较低,而黑人和黑白混血儿在犯罪人口中的比例则过高。另一种也许更微妙的不平等形式与宗教信仰有关。虽然革命和天主教会之间最初的矛盾在某种程度上已经解决,但其后遗症是显而易见的,特别是在1976年宪法宣布古巴为无神论国家以后,这种情况也对新教,甚至是非洲裔的信仰产生了不利影响,这些信徒在就业和选择大学专业方面可能会受阻。出于其他原因,歧视也影响到了同性恋者。

  文化上的进步同样显而易见。在1976年到1985年的10年间,大约有10 000种书刊出版,平均每年印刷5 000万册;而公共图书馆的数量翻了一番,构建了一个超过200家博物馆的网络;文化宫更是在所有城市投入运营,这些文化宫为各类兴趣爱好者提供了空间和支持;政府建立了国家艺术教育体系,最终还成立了一所高等教育研究院。此外,具有崇高声望的文学奖项的颁发,例如美洲之家文学奖,或大型的拉美新电影节的发起,都有说服力地显示出古巴在艺术和文学领域的进步。然而,这一切都不能掩盖文化政策上的过失,这些过失主要发生在20世纪70年代早期。

当时,对"真正的社会主义"模式所进行的调整,对意识形态和文化产生了极大影响,不仅因为教条主义的存在,还因为该国一些主要的文化机构曾经引以为傲的做法普遍都视野狭隘。对被认为是反对革命或是与革命无关的文学或艺术表达形式加以禁止的做法,带来了灾难性的后果,比如对诗人赫伯托·帕迪亚(Herberto Padilla)那轰动一时的起诉以及后来的公开撤诉,引起了西方学者的广泛谴责,他们认为这是斯大林主义在古巴革命的表现。当局政府面对这些抨击所做出的反应是于1971年举行第一届教育与文化大会,对西方世界的各种文化表现,包括社会科学等都普遍进行批判;禁止某些作品的出版,对古巴知识分子中的知名人物加以排斥,比如剧作家维尔吉利奥·皮涅拉(Virgilio Piñera)。这些扭曲的做法,学术界也感受得到,直到1976年这些做法才开始被摒弃,也就是在阿曼多·哈特(Armando Hart)被任命为新成立的文化部部长之后。

  尽管类似的倾向对创作产生了不可避免的消极影响,但创作依然保持着活力,并取得了杰出的成绩。不仅有当时有名的作家,如阿莱霍·卡彭铁尔(Alejo Carpentier)——作品有1974年的《巴洛克音乐会》(*Concierto barroco*)和1978年的《春天的献祭》(*La consagración de la primavera*),何塞·索勒·普伊格(José Soler Puig)——作品有1975年的《沉睡的面包》(*El pan* dormido），还有新一代才华横溢的故事讲述者，如雷纳尔多·冈萨雷斯（Reynaldo González）、安东尼奥·贝尼特斯·罗霍（Antonio Benítez Rojo）、米盖尔·巴尔内（Miguel Barnet）、雷纳尔多·阿里纳斯（Reinaldo Arenas）、米尔塔·亚内斯（Mirta Yáñez）、塞内尔·帕斯（Senel Paz），感性诗人南希·莫雷洪（Nancy Morejón）、丽娜·德·费利亚（Lina de Feria）、劳尔·里韦罗（Raúl Rivero）、路易斯·罗杰里奥·诺格拉斯（Luis Rogelio Nogueras）或劳尔·埃尔南德斯·诺瓦斯（Raúl Hernández Novás）。在造型艺术方面，著名画家，如雷内·波卡雷罗（René Portocarrero）、马里亚诺·罗德里格斯（Mariano Rodríguez）、劳尔·马丁内斯（Raúl Martínez）和塞尔万多·卡布雷拉（Servando Cabrera），他们在"70一代"里找到了延续者，如纳尔森·多明戈斯（Nelson Domínguez）、扎伊达·德尔·里奥（Zayda Del Río）、弗洛拉·方（Flora Fong）以及欧内斯托·加西亚·佩纳（Ernesto García Peña）等人，他们的画笔体现了早期的技巧。此外，虽然大型唱片公司受到美国的封锁，但一些音乐团体，如凡凡（Van Van）和伊拉克克（Irakeke），利用萨尔萨舞发展到顶峰的契机，再次将古巴音乐推向了国际舞台，同时又为拉丁爵士乐注入了创新元素。在七十年代中期，电影似乎回归到了历史主题，如托马斯·古铁雷斯·阿莱亚（Tomás Gutiérrez Alea）的《最后的晚餐》（*La* última cena）、塞尔吉奥·吉拉尔的（Sergio Giral）的《另一个弗朗西斯科》（*El otro Francisco*）。随着帕斯托·维加（Pastor Vega）的《特蕾莎的肖像》（*Retrato de Teresa*）（1979年）的推出，电影回到了充满活力的当代，在胡安·卡洛斯·塔比奥（Juan Carlos Tabío）的电影《塞佩尔穆塔》（*Sepermuta*）（1984年）里，开始对那些日常生活中时而荒谬的喜剧性进行探索。其他类别的作品，如曼努埃尔·莫雷诺·弗拉吉纳尔斯（Manuel Moreno Fraginals）的杰出历史研究《蔗糖厂》（*El ingenio*），罗伯托·费尔南德斯·雷塔马尔（Roberto Fernández Retamar）的极具争议性的文章《卡利班》（*Calibán*），也都证明了创造性人才能够战胜政治的猛烈攻击。

在这些年的古巴文化里，还可以看到两种新的现象。一种是那些对国家情况有所反映的文学和艺术作品在古巴之外发展，实际上，何塞·马利亚·埃雷迪亚或何塞·马蒂等人在国外创作的几乎所有作品，算不上多么新颖。只不过，因为革命，古巴移民达到了如此规模，以至于在国家文化中产生了一种外部维度。也许这种现象更多地反映出人口流动的连续性，而不单是数量，也正是这种几乎不间断的人口流动，把岛内和岛外进行的艺术创作以某种方式联系在一起，而对于这种艺术创作，政治势力无法触及。像诗人加斯顿·巴克洛（Gastón Baquero）、小说家塞维罗·萨杜伊（Severo Sarduy）或音乐家恩纳斯托·莱库纳（Ernesto Lecuona），他们几乎都是在革命胜利后才离开古巴的，而且很快就有人跟随他们，在这些人当中还包括《革命星期一》周刊组里的几个成员，这些成员的领导者是编辑吉列尔莫·卡布雷拉·因凡特（Guillermo Cabrera Infante），后来还有具有影响力的新诗人和叙事作家雷纳尔多·阿里纳斯（Reinaldo Arenas）、安东尼奥·贝尼特斯·罗霍（Antonio Benítez Rojo）和赫苏斯·迪亚兹（Jesús Díaz）加入，他们中的一些人开始创作的时间与革命完全同步。当然，如果把来自其他创作领域的人也包括进来的话，不管是歌手比如塞里奥·克鲁兹（Celio Cruz），还是音乐家如帕奎多·德·里维拉（Paquito D' Rivera），如果再加上儿童时期就离开岛国或在其他国家出生的作家和艺术家，比如安娜·门迭塔（Ana Mendieta）、克里斯蒂娜·加西亚（Cristina Garía）或古斯塔沃·佩雷斯·菲尔马特（Gustavo Pérez Firmat），这个榜单就更长了。在他们的作品中，无论融入了多少他们成长环境中的文化色彩，在主题和形式上，都或多或少地保持着与岛国的联系。在20世纪70—80年代，我们所指出的这种情况变得特别复杂，因为那时的政治环境不再仅仅是反对这些文学、艺术作品，而是强行使国内和国外的创作者相互否认。

另一个新现象出现在一个偶尔并不被看作是文化一部分的领

域：科学。历史上，古巴在这个领域并不缺乏重要贡献，只需提及卡洛斯·J.芬莱（Carlos J. Finlay）关于黄热病载体的革命性论文，或者植物学家胡安·托马斯·罗伊格（Juan Tomás Roig）和动物学家卡洛斯·德·拉·托雷（Carlos de la Torre）的贡献就已经足够，尽管后者的贡献并没有芬莱的论文那么为人所知。他们都是知名人士，但多少有点孤立，这是因为在革命开始之后，科学研究才有了制度基础，并定期获得资金以维持发展。1985年，科学行业有40 000名工作人员，其中约15 000名是受过大学教育的专业人士。最初，新的研究机构大多面向农业技术和科学，包括致力于研究瘟疫和流行病的研究中心，在某些情况下，这些瘟疫和流行病是由美国传入古巴的。到了20世纪80年代，生物医学研究开始取得进展，不仅体现在护理和实验室分析设备的设计上，还体现在可以通过现代化的生物技术程序来开发药物。

外交政策和国际主义

在对与古巴的关系上，尽管美国政府有一定波动，并使古巴政府的行为出现了微妙的变化，古巴与美国的争端却一直没有停止。因此，当越南战争接近尾声，且美国指责石油危机给它们带来影响的时候，一项反劫持飞机和船只协议（1973年）被签署了，一段时间后，福特政府便解除了美国的子公司在第三世界与古巴进行贸易的限制。在临近总统选举时，美国与古巴的缓和关系中断，新总统詹姆斯·卡特（James Carter）上台才恢复了这种缓和关系，他准许古巴商用飞机飞往美国，并取消了美国公民前往古巴的限制。1977年，他还就在两国首都开设利益代表处一事与古巴政府达成了协议，但这并不意味着美国与古巴政府重新建立关系。当美国在进一步改善关系一事上强加某些条件——比如古巴军队在非洲出现、与苏联结盟等，两国关系的正常化趋势就停滞了，最终在罗纳德·里根（Ronald Reagan）掌权后，两国的关系发生了转变。里根所在的共和党政府通过援引古巴在拉丁美洲进行扩张的证据，如在尼加拉瓜的桑迪诺革命，在小格拉纳达①的革命运动，萨尔瓦多战争，重新采取了最为激进的路线和措施，比如重新限制前往古巴，限制开通面向古巴的广播电台，实施轰炸威胁和开展其他军事行动，在这种情况下，古巴政府决定更新其防卫主张，

---

① 小格拉纳达，即如今的格林纳达，是拉丁美洲的一个小岛国家，位于加勒比海东部的小安的列斯群岛的南端。该国于1974年宣布独立，后来于1979年发生政变，成立了以原总理毕晓普为首的新政府，该政府加强了与古巴、苏联和其他社会主义国家的关系。但迫于美国的压力，毕晓普政府开始采取措施缓和与美国和其他西方国家的紧张关系，但却引起政府内部以副总理科尔德和军司令奥斯汀为首的亲苏联和古巴的"强硬派"的反对，于是"强硬派"在1983年10月发动政变并夺得政权。由此，美国以保护在格林纳达的美国公民人身安全为由，出兵入侵并最终控制了格林纳达。

并将数十万公民召集到民兵部队。即便后来美国与古巴达成了部分协议——比如在移民问题上，古巴和美国的关系在 20 世纪 80 年代仍然以对抗为主。

这方面的情况还反映在了其他关系上，这些关系从严格意义上来说并不属于对外关系，但又的确是在这种环境下发展起来的，那就是与在国外长期生活的古巴人，尤其是在美国的古巴人的关系。这种流亡最初是出于敌意和根深蒂固的政治对抗，流亡者主要定居在迈阿密，但随着打击古巴革命一事在美国政策中失去了优先地位，以及对古巴的敌对行动仅限于偶尔进行破坏，流亡开始呈现出新的细微差别。在那些流亡者中，极为激进的团体继续作战，它们甚至能够炸毁一架飞行中的古巴民航飞机，造成 73 名乘客和机组人员死亡，就像 1976 年发生的那样。但他们的行动越来越局限于国际舞台，尤其是在美国参议院揭露中央情报局曾多次企图暗杀菲德尔·卡斯特罗的丑闻之后，华盛顿政府就想与这些行动脱离干系。此后，在移民群体里，推动与革命政府的对话，以及将双方关系引向正常化的趋势便得到了加强。推动与革命政府的对话有不同的表现形式，但逐渐变得具体化，特别是在 1978 年流亡者对哈瓦那的访问中，近百名古巴人代表，受到了古巴国家最高当局的接待，并与之达成了数项非常重要的协议，如释放 3 600 名政治犯，在移民条例方面给予更大的灵活性，以及允许移民到访岛国,这有利于古巴重建早已严重破碎的家庭关系。

随着华盛顿政府和哈瓦那政府之间的关系恶化,这一演变过程对后期的卡特政府产生了不利的影响。1980年4月,成千上万的人闯入位于古巴首都的秘鲁大使馆,要求获得便利以离开古巴,由此引发了一场真正的媒体秀。面对这场媒体秀,古巴政府宣布开放马列尔港,这样一来,那些希望来岛国的人便可以乘船来寻找亲人和其他潜在移民者。没过几周,便有超过10万人离开了岛国,其中包括数百名被批准从监狱获释的罪犯——只要他们承诺会离开古巴,而愤怒的人群则对那些离开的人表示唾弃,当时的一些场面紧张得让人窒息。马列尔危机促成了迈阿密社会面貌的多样化,并导致迈阿密当地人与移民社群的关系无法正常化。另一方面,它对古巴和美国关系的负面影响则充当了里根制定激进政策的借口。总统及其新保守派随后与迈阿密的流亡者缔结了一种新型的关系,促使古巴裔美国人全国基金会中的强大利益集团占据主导地位,而该组织并没有完全脱离最好战的团体,甚至恐怖组织,它在美国政治生活中运用游说和其他惯用手段来施加影响。

除了与美国之间复杂关系的变迁之外,这些年来,古巴政府的国际地位也大大提高。自1975年美洲国家组织废除了禁止成员国与古巴建立关系的协定以后,古巴逐步恢复与拉丁美洲国家的联系，且联系还得到进一步巩固，到20世纪80年代末，岛国与拉丁美洲的大部分共和国都维持着外交关系。古巴与世界其他地区的联系也得到了加强，特别是与亚洲和非洲国家的联系；在非洲的团结行动中——我们很快就会进行探讨——所赢得的威望使这个安的列斯群岛中最大的岛在第三世界的领导地位日益增强，最明显的表现是1979年在哈瓦那举行的第六次不结盟国家首脑会议，由古巴担任该组织的临时主席国。国际舞台上的一个特殊篇章是古巴与苏联及社会主义阵营的关系，这种关系所具有的经济意义已经提过。在政治层面，这种联盟实际上促成了多项倡议，特别是在国际组织和相互支持上，相互支持在1980年达到了顶峰，当时古巴支持苏联军队进入阿富汗，这一决定对这个安的列斯岛国刚刚在不结盟国家运动中取得的领导权产生了非常不利的影响。

尽管美国发言人随后更卖力地声称哈瓦那政府是苏联的傀儡，但还是有充分的证据表明，除了达成协议和相互支持之外，古巴政治遵循着自己的路线，特别是在非殖民化国家和解放运动方面。受"无产阶级国际主义"的启发，古巴的外交政策可能在应对不同的动机时表现出细微的差别，但是随着时间的推移，其外交方向却一直保持不变。在反对殖民主义及其后遗症的斗争中，以及对革命运动的支持上，古巴政府不仅没有远远落后于苏联，还经常主动采取行动。事实上，这种行为很早就开始有所表现，甚至在古巴革命宣布自身具有社会主义性质之前就有了，并且很快就超出了拉丁美洲地域，比如1963年阿尔及利亚与摩洛哥发生边界冲突时，古巴向阿尔及利亚提供军事援助，以及支持非洲的葡萄牙殖民地解放运动。这种援助，从另一方面看，并不仅仅是军事援助，因为从一开始古巴就成立了以卫生问题为主的民间合作特派团。

无论从规模还是时间跨度上看，这些"国际主义"行动中最引人注目的一次，发生在1975年安哥拉宣布国家独立后。当葡萄牙人撤退后，当权的安哥拉人民解放运动（MPLA）——古巴在此之前曾对其战斗人员进行训练——同时面对敌对组织的袭击和南非军队的入侵，面对这种情况，古巴政府派出了一支36 000人的部队，协助应对这次攻击——尽管在安哥拉的战争持续了将近15年。在此期间，超过30万古巴人在安哥拉作战或工作，他们的参与在奎托夸纳瓦莱（Cuito Cuanavale）战役中达到顶峰，当时，苏联顾问的建议导致安哥拉军队的一次行动失败，这次失败行动引发了南非新一轮的入侵，为了挫败这场入侵，古巴对安哥拉进行大规模的军事干预是必要的。这场关键的战役为1988年的谈判开辟了道路，而谈判的直接结果是古巴军事特派团从安哥拉撤军，并且承认邻国纳米比亚的独立——纳米比亚是南非军队占领的侵略基地，但从长远来看，谈判将最终造成黑人大陆上的种族隔离制度危机。1975—1988年，古巴军队在其他非洲国家——几内亚比绍、刚果、莫桑比克等——也都采取了行动，尽管通常都是开展军事训练工作，但是在埃塞俄比亚却不仅如此，那时，索马里入侵埃塞俄比亚，古巴派遣了16 000人来制止这场侵略。

同样值得注意的是1979年桑迪诺革命取得胜利后，古巴与尼加拉瓜的合作。合作在军事上体现为该国训练军队以应对"反对派"，在其他方面也有体现，特别是在医疗和教育援助方面，在教育援助上，古巴组织了数百名教师在中美洲国家开展扫盲运动。1963年，56名古巴医生和护士前往阿尔及利亚，到目前为止约有5万名古巴的卫生健康工作者到其他国家开展救援工作，因其系统性的特点，这项活动被纳入到了古巴的医疗培训计划中。

即使在对苏联经济依赖性最强的年份里，古巴的国际主义行动都为古巴外交政策的自主权提供了证明。一些分析人士希望从中找到一种方法，以便在不利的情况下巩固革命成果，而这种行为也的确为古巴找到了朋友。这同时也代表了古巴领导层对革命者作用的一种特殊理解，这种理解有助于保持古巴革命自身的面貌。

整 改

1986年2月,菲德尔·卡斯特罗在参加共产党第三次代表大会时,就所讨论的几个问题——尤其是经济治理上的问题,用强烈的批评措辞发表了意见;并且为了达成一致意见,他将秘密会议的结束时间推迟到年底,这也有利于对1976年以来所遵循的政策进行彻底的审查。事实上,制定政策所处的形势已经发生了改变,但绝对说不上变好了。在里根总统的任期里,美国对古巴的侵略加剧,并且由于这位共和党政治家的再次当选,美国对古巴的政策没有任何变化是可以预见的。自20世纪80年代初期以来,糖价一落千丈,在1985年达到了大萧条以来的最低水平,因此,古巴的可兑换货币收入减少到不到之前水平的一半。菲德尔·卡斯特罗领导了一场关于发展中国家沉重外债的国际运动,他宣称这样的债务是无法偿还的,该评价在其他情况下可能或多或少是不准确的,但在古巴却是一个戏剧性的现实——正如中止偿还欠下西方银行的60亿美元债务,这个在1986年做出的决定使古巴失去了任何获得新信贷的可能性。鉴于贸易条件的恶化和资金的缺乏,古巴的对外贸易仍然倾向于集中在苏联和其他社会主义国家,但这个方向的前景也不乐观,因为米哈伊尔·戈尔巴乔夫(Mijail Gorbachov)升至苏联领导层以及苏联采取重建政策(Perestroika),

所有这一切都旨在让市场机制发挥更大的作用，从而减少补贴和价格优惠。

　　1985年经济指数的大幅度下滑引发了恐慌，古巴经济决策上的一些问题也确实明显。1976年采用的管理和规划体系虽然从未得到充分应用，但在物质化的过程中仍然出现了令人担忧的扭曲现象。确定劳动标准具有无政府的性质，引发了工资基金的不均衡增长，这种增长模式与生产增长不相符，而生产则受到了松散的纪律和生产力显著下降所带来的影响。由于投资过程一直出现延误，并不足以推动经济发展，而那些没有合理制定的预算或遵守预算规则的活跃公司反而抬高价格，从而造成计划得到履行的假象。其中一些异常现象可以追溯到很早以前，但是在审查这些异常现象时，菲德尔·卡斯特罗强调了他认为最严重的一点是社会主义建设依赖"盲目的法律"，忽视人的作用和道德手段，这些问题都表明了社会主义本质的变形。1986年12月，第三次党代表大会闭幕时，发出了"纠正错误和不良趋势"的号召，实际上，这意味着古巴又回到了对社会主义模式探索的道路上。

　　随着新政策的实施，古巴选择了与苏联启动重建以后所走路线相反的方向。新政策的本质目的是减少市场在经济运行中的作用，这导致了一系列措施的实施，其中包括关闭农村自由市场、严格限制自营就业、禁止房屋买卖和政治领导层决策的集中化，领导层决策的集中化实际上限制了规划的作用。它将借助道德论据和革命的国家基础,再次依靠意识和动员来实现经济目标。该阶段特有的组织模式是"分遣队",特别是在建筑业,他们以完成大型的基础设施工程,尤其是与旅游业相关的工程为目标。这些"分遣队"向工人提供特殊的条件,工人则需要承诺进行高强度的工作。在建筑业也重新兴起了"小队",20世纪80年代初,住房建设已接近每年3万套,但是住房赤字仍远未消除,在一些地方再次出现了贫民窟。同样地,这些小队也被派到了学校和卫生设施的建设和维护工作中,这些社会服务在国家预算中的空间日益扩大,与此同时,古巴还采取了措施以减少工资基金并加强劳动纪律。在农业方面,重点放在了"粮食计划"上,它旨在减少食品进口,为此,国家给一些农业公司配置了更好的设备。在所有这些工作中,再次采用了志愿工作的方式,工会和学生组织动员的人士参与其中。

对"革命意识"和简朴的呼吁,与该阶段一些引起高度关注的腐败案件形成了鲜明对比,其中涉及两名政府高级官员。其中,影响最大的一次发生在1989年,当时革命武装部队和内政部的几名高级军官因被指控涉嫌贩毒而被捕,审判结果为对其中的4人处以枪决,其中包括阿纳尔多·奥乔亚(Arnaldo Ochoa)将军。判决之所以迅速执行,不仅是因为事件的严重性,还因为这些与贩毒之间的关联，可能会给美国提供一个侵略的借口，就如数月后在巴拿马发生的那样。

对"整改"的结果进行评价并不容易，因为4年后苏联解体使这一过程中断。在经济层面，经济增长率非常低，介于1%和2%之间，1987年，社会产品方面也出现了显著的下降，其他变量则显示出财政赤字重新抬头，以及贸易逆差加剧。虽然很难确定"整改"在多大程度上是对导致苏联解体的政策的回应，但正是在这个短暂阶段所创造的条件之下，古巴革命不得不面对这个关乎存亡的最为艰难的关头。

特殊时期

苏联解体以及东欧社会主义阵营的瓦解使古巴陷入了历史上最严重的经济危机。岛国的对外贸易（贸易额于1989年上升至约140亿比索），转眼之间便失去了其主要的出口目的地——涉及63%的糖、73%的镍和80%的柑橘类水果——以及最大的燃料、食品和原材料来源，因此，仅仅3年不到，古巴贸易额就减少到40.94亿比索，同时失去了用于投资的信贷和其他资源。严重的经济收缩——其中1992年国内生产总值下降了24%，致使古巴决定实施一个"特殊时期"计划，最初，它是应对美国入侵的应急计划，其目的是进行抵抗以及确保可用资源的公平分配。份额配给的新措施影响了上百种产品，同时，燃料供应也大幅减少，并开始出现频繁停电的情况。近一半的工业陷入瘫痪或减少生产的状态，与此同时，公共交通几乎都被停用，而自行车的大量销售则有望减轻这种情况的影响。大约50万名国家政府工作人员"停止工作"——处于失业和拿补贴的状态——等待着日子变好。

随着社会条件的明显恶化，这场危机呈现出浓重的政治色彩，苏联社会主义的破产——这被认为是无法改变的——也投射到了意识形态层面。借助民族主义的价值观，菲德尔·卡斯特罗呼吁捍卫社会主义，他那不妥协的态度与安东尼奥·马塞奥（Antonio Maceo）在1878年面对西班牙时拒绝投降的态度一样，此后，全国到处都是宣传古巴将是"永恒的巴拉瓜"的广告牌和海报。意识形态上的重申，对牺牲精神的再次呼吁，以及把革命意识作为动员手段，并不意味着古巴对于在政治体制中引入变革这一需要的忽视。"呼吁"共产党第四次代表大会——于1991年召开，成为广泛的民众辩论的契机，而在此次会议上做出的若干决定都必须以辩论的结果为基础。当然，也有一些内部做出的决定，例如那些旨在通过向国家转移某些职能来限制党派官僚的政策；另一些决定则提出了经济治理方面的改革建议，这些决定意味着要对政治制度实施重大改革。那些后期经全国代表大会审议的措施无疑是最重要的，因为当中包括直接选举全国代表大会代表，以及在省和市设立"行政委员会"的决定，以便更清楚地区分行政职能和规范各部门的职能，还包括了其他引发 1992 年宪法改革的规定。这项改革当中有一项变革是宣布古巴变更为世俗国家，而非当时的无神论国家，从而制止了任何基于宗教原因的歧视。

在经济领域，重申简朴原则、提倡英雄主义和其他道德手段明显是不够的，且不说扭转局面，就连国家状况的日益恶化都无法遏制。1993 年，古巴糖的产量仅为 4 年前的一半，却必须按照全球市场价格进行出售，远低于早已不存在的苏联时代的优惠价。在 1989 年到 1993 年期间，国家预算赤字已经增加到 50 亿比索，货币流动性也从 40 亿比索上升至超过 110 亿比索，商品的缺乏引发其价格在日益壮大的黑市里不断攀升。1993 年年中，由于缺乏进口饲料，导致人们没有蛋类可以消费，同时因燃料和化肥的短缺造成的农业生产严重萎缩所带来的影响也加剧了。居民的人均日消耗热量减少到 1863 卡路里，而蛋白质的消耗量则从 75 克减少到 46 克，由此出现了令人担忧的营养不良状况，更是出现了多发性神经炎等多种病症。社会生活在无休止的匮乏中进行着，人们的衣服和家用器具都早已磨损，却没有更换的可能。所有这一切的后果很快便开始显露出来，首先是犯罪率的上升，例如偷窃家畜和持械抢劫，但更严重的是非法移民到美国的人数显著增加，这得益于美国的一项法律，该法律给予所有古巴难民合法身份。出境最先发生在沿海地区，有时这些人会劫持船只，引发暴力活动和死亡，这一情况在 1994 年夏天达到了白热化，当时有传言说古巴即将允许大规模的人员离境——就像 1980 年的马列尔事件一样——这在首都商业区内引发了骚乱，尽管骚乱被迅速制止，但还是影响了非法出境管制的解除。几天之内，成千上万的古巴人登上船只——很多都是简易的小船，奔向大海前往美国佛罗里达州，这造成了许多危机，并迫使华盛顿下令拦截和遣返移民——超过两万名古巴人——被退回关塔那摩海军基地。这次"木筏漂流者危机"（crisis de los balseros）[①]——正如之后所看到的——导致古巴和美国签署了一份移民协议，也最终推动了古巴对经济政策的修订。

在引入的改革中——其中一些自 1993 年便引入了，包括对美元持有和流通的合法化，允许汇款，以及给海外家庭回国探亲更大的灵活性，这些决定使出售可兑换货币的连锁店和新的可兑换的古巴比索（CUC）大幅增加。自由农业市场的重新开放有助于

[①] 这里指的是当时古巴人为寻求更好的生活，通过各种简易木筏或改装小船渡海前往美国。"balsero"意思是乘坐木筏、木排等简易船只的人，因而此次事件被称为"木筏漂流者危机"。

减轻危机对家庭经济的影响，也扩大了自主就业，包括为私人提供旅游住宿等服务，但是主要的改革大多指向经济的复兴。这些改革包括将 70% 的国有土地转让给合作社等生产的基本单位，这些单位对工人有更大的激励作用；颁布新的外国投资法，扩大了 1982 年所制定的法律的优势；采取其他措施，如削减补贴、增加公共服务的费用和设立某些税收，以减小预算赤字和降低货币流动性。

这些改革的成果显而易见，使经济得以度过最危急的时刻。1994 年至 1998 年期间，古巴国内生产总值以每年 2.2% 的速度增长，货币盈余也逐渐被重新吸收，比索再次升值，到 20 世纪 90 年代末，年度预算赤字率下降至 3%。毫无疑问，改革对某些行业，特别是对旅游业的影响十分显著，游客接待量从 1990 年的 35 万人上升到 1998 年的 140 万人，当年的报告称旅游收入超过了 18 亿美元。旅游业的扩张对外国投资产生了很大的吸引力，同时外国投资也被引导至其他行业，比如矿业、柑橘类水果的生产、瓶装水和软饮料、纺织品、医药产品和石油勘探，其中石油勘探的增长使国家用自有燃料便可满足国内 80% 的电力需求。经济复苏虽然还远未达到 20 世纪 80 年代的指标水平，但也足以使社会和文化生活恢复生气。国家推动哈瓦那旧城的修复，重新开放过往的娱乐场所，并建立新的娱乐场所，主要用于旅游业，同时还推动公共表演、戏剧演出、音乐会和其他文化活动的开展，这得益于古巴与拉丁美洲国家、欧洲国家和美国，包括与古巴移民之间日益密切的联系，这一状况也使学术界有所受益，因为它促进了知识的更新。随着1998年1月教皇胡安·保罗二世（papa Juan Pablo II）访问古巴，这种开放模式的发展到达了顶峰。

这次变革，被认为是"拯救社会主义支持者"的必要条件，它无疑对社会服务产生了有利影响。在公共卫生领域，婴儿死亡率从1989年的1.1%下降到1999年的0.64%，这是一个很明显的改善，还有居民人口与医生的配置比例也下降到了175∶1，这也是一个很明显的改善——尽管医院暂时还没有配备所有必要的设施来确保其服务质量。除此以外，教育指标也出现了回升，在研究生教育上取得了相当大的进展，获得硕士和博士学位的人数也有所增加。值得一提的还有古巴运动员在国际比赛，特别是在巴塞罗那和亚特兰大奥运会上取得的罕见的成功。当然，给予市场更大的经济空间和采取的其他措施也扩大了社会差异，例如卖淫和腐败等现象凸显，该受谴责的行为——种族歧视——也重新出现（种族歧视原本已经消除）。那些本已不断缓和的地域不平等现象也更加突出，这反映在向首都迁移的人数明显增加上，而首都也试图通过法律手段限制迁移。国家所有制，以及古巴将其国内生产总值的20%用于社会服务——在这一领域古巴依然处于拉丁美洲的领先地位，表明古巴一直以来所经历的变革并不是通往资本主义，但毫无疑问，也因此产生了新的问题，美国财政部旨在阻止古巴以美元交易的行动就证明了这一点。

东欧社会主义阵营瓦解后，许多人认为古巴社会主义很快就会垮台，但是华盛顿政府在任何情况下都不满足于保持观望态度，并且决定加紧对古巴的经济封锁。1992年，美国国会通过了《托里切利法案》，旨在加强对古巴的封锁。该法案禁止在第三国的美国子公司与安的列斯群岛进行任何贸易，并授权总统对向古巴提供援助的国家，暂缓或取消经济援助和贸易优惠。这项名为"古巴民主"的法律设立了一条"第二通道"以促进古巴国内主张"民主变革"的团体进行非正式联络，并予以财政支持，从而鼓舞了几年前出现的新反对派。这些反对派由一些小型的团体和组织构成，他们把公民抵抗和谴责侵犯人权的行为作为他们活动的重点。而民主党总统比尔·克林顿（Bill Clinton）尽管在形式上没有那么激进，但是他也没有偏离这个行动方案，并于1996年颁布了《赫尔姆斯-伯顿法案》。该法案加强了现行的禁令，并扩大了禁令的范围，包括对古巴进行投资，或者进行涉及国有财产交易的公司和机构予以处罚，这公然提出的治外法权的条件，导致欧盟、墨西哥和加拿大通过了一系列反制措施。除此以外，新法律还将许多与禁运相关的总统权力移交给了立法机构，并阻止古巴与邻近共和国的关系走向正常化，直到国会否认哈瓦那现任政府符合立法规定的要求。然而，在其他领域，克林顿政府却试图采取某些措施以达成谅解，例如在1994年危机之后在移民问题上达成的协议，根据协议，美国每年将接纳大约两万名合法移民，但是美国也会把在海上拦截的非法移民遣送回古巴，而哈瓦那政府则承诺将尽其所能避免非法离境的发生。此外，只要古巴使用现金交易，美国就批准开通从美国机场到古巴的包机，以及开放食品和药品的出口。到了20世纪90年代末，两国关系因一个事件发生逆转，一个名叫埃利安·冈萨雷斯（Elián González）的5岁男孩——一次非法移民海难事故中唯一的幸存者，他的母亲在事故中去世，其监护权理应属于他的父亲，但监护权却被交给了在迈阿密的亲属，于是他的父亲决定夺回孩子的监护权。这场冲突激化了人们对流亡的情绪，并导致人们在哈瓦那掀起了大规模的示威活动，最终，美国司法部出面解决此事，让孩子随父亲返回古巴。

苏联社会主义阵营解散后，古巴明显变得孤立，克服这种孤立状态成为古巴生存的必要条件。对外资的开放，以及对外加强文化和学术联系，有助于巩固古巴与加拿大、日本和几个西欧国家，尤其是与西班牙的关系，这种充满活力的关系获得了这些国家和许多其他国家的支持，它们对古巴政府定期在联合国对美国封锁进行的谴责表示赞同。由于地理位置相近，与拉丁美洲和加勒比地区各国的关系对安的列斯群岛中的这个大国来说至关重要，在这方面，有两个事件具有重要意义：第一是古巴参加了自1992年起每年举办的伊比利亚美洲国家首脑峰会——其中1999年的峰会在哈瓦那举行；第二是古巴与加勒比共同体（Caricom）建立了一个协调机制，而加勒比共同体为古巴加入洛美协定（Convención de Lomé）奠定了基础。为了巩固国际关系，特别是与非洲的关系，古巴在卫生、教育和体育方面继续与之合作具有重要意义，虽然受到危机的影响，但是合作仍然呈现不断扩大的趋势，特别是在派遣医生和卫生人员的数量上，古巴提供的免费服务在20世纪末扩展到13个国家，其中包括几个拉丁美洲国家。1998年，乌戈·查韦斯（Hugo Chávez）选举获胜，开启了委内瑞拉的"玻利瓦尔革命"，并在很大程度上加强了古巴的国际地位，因为这个南美洲国家不仅与古巴保持着密切的政治和经济合作关系，还确保了古巴重要能源的供应。查韦斯的当选，以及中国作为世界大国的崛起，都给古巴政府提供了有利的时机。然而，随着乔治·W. 布什（George W. Bush）上台担任美国总统，紧张形势日益升温。

新总统——佛罗里达州州长的兄弟，与流亡在该州的古巴人保持着密切的联系，这些古巴人为自己在共和党候选人取得有争议性的胜利这一事上所发挥的决定性作用而感到自豪。布什上台后，不仅公开表示他对古巴政府的敌意，还开始采取相应的措施，如扩大对该国的广播和电视转播、限制出行、帮助政治犯家属等行动；而在"9·11"事件以及后来美国入侵伊拉克以后，行动便往非常危险的方向发展。美国的举动再一次成为重新审视古巴政治的一个因素。这一变化最直接的表现是古巴当局对某些持不同政见者的活动不再容忍，这些活动的75名成员于2003年3月被监禁，并因"与外国势力勾结，损害祖国利益"被判以重刑。新政策由菲德尔·卡斯特罗以"思想战"的名义发起，其根本目的在于动员人们起来抗议，以要求美国当局归还非法移民海难事故中唯一的幸存者埃利安·冈萨雷斯。在这项政策中，一批迅速晋升的年轻领导人所扮演的主导角色非常突出。毫无疑问，强调意识形态工作是新方案的重点，但重点还包括许多旨在重振社会服务的行动，特别是在教育领域，如对教师的培训、扩展大学教育、社会工作者培训等，以及推动能源合理使用的一些经济提案。采取的其他措施，如对外贸易的再次集中化，或是在中央银行这家必须以可兑换货币进行存储的银行只能开设一个账户，并规定公司向银行申请资金以进行国际交易等，这些举措似乎都与前十年的经济发展方向相违背。在这些措施的基础上，还有针对自营就业实施的某些限制，包括关闭许多私人餐馆，以及加强对自由市场的控制，显然是意在扭转20世纪90年代中期发起的行动，因此而带来的社会影响使这些行动被看作是对资本主义的让步。

在不确定的国际环境下，社会差异所带来的政治风险日益扩大，古巴领导层决定限制经济自由化，集中资源，并在那些他们认为有助于增强社会凝聚力的领域优先投入资源。

这种转变在很大程度上是可行的，因为古巴与委内瑞拉建立了特殊关系，并向委内瑞拉提供大量的专业服务——主要是在卫生领域——这些服务最终成为古巴的主要国际收入，这种机遇自2004年"玻利瓦尔联盟"（Alba）——一个由众多拉丁美洲国家，包括古巴组成的以一体化为宗旨的联盟成立以后，得以进一步扩大。往"服务型经济"发展——包括不断增长的旅游业，以及在教育、体育等领域的外部合作，同时也伴随着对生产行业，特别是农业的明显疏忽——农业的倒退在糖业中表现更为明显。由于糖价在国际市场上持续走低，古巴超过一半的糖厂不得不关闭和拆除，大部分的甘蔗土地只能另作他用，因此，这个前"第一产业"的产量下降到了200万吨以下。2005年，古巴国内生产总值呈现了显著而短暂的增长，还有其他一些积极的结果，但这并不能掩盖某些令人不安的趋势，比如通货膨胀的加剧和货币流动性的加强，预算赤字的扩大，以及贸易中出现的创纪录的负增长——原因是古巴受到了粮食进口增长的影响，这些迹象都明确表明古巴的经济可能正走向新的紧缩。

变 革 时 代

2006年夏天,菲德尔·卡斯特罗因突然病发,暂时将职权移交给第一副主席,也就是他的弟弟劳尔·卡斯特罗(Raúl Castro)将军,古巴社会对这一消息感到震惊。至于病情如何,这永远不会公之于众,但是两年后,这位古巴老将辞去了所有职务,并只出现在报刊发表的临时文章和一些政府决策的建议中,由此可见,他的病情相当严重。一个发生概率曾被多番推测的事件,在发生时既没有引起惊恐也没有引起冲突,就像一次简单的权力交接。然而,这是一个意义重大的事件,因为总司令的离任表明以前领导层的生命周期已接近尾声,随之而来的是又一个重大变革阶段的开始。

劳尔·卡斯特罗的掌权给人们带来了很多期望,因为这位将军本人对国家机器的缺点提出了批评意见,还提出了克服这些缺点所需要做出的转变,关于这些事项,他在2007年举行了新一轮的全国性辩论。尽管最直接的措施通常是加强劳动纪律、消除官僚障碍和更新政府团队,但是他们并没有忽视"结构和观念变革"的必要性,这旨在更广泛地对社会经济的现状进行变革。一些决定,比如允许古巴人在旅游地留宿和开放购买移动电话,并没有对经济产生真正的影响。而稍晚一些做出的决定则对经济产生了积极影响，特别是将空置的国有土地的收益权转让给提出申请的个人的法令。到 2010 年，国家已经向小农户转让了超过 100 万公顷的土地。

变革的实施引发了不止一次的争议。2007 年和 2008 年，古巴连续遭受毁灭性的飓风袭击，造成的损失超过 100 亿比索，加上 2009 年的全球经济危机，这些无疑都是导致古巴经济增速放缓的因素，但不得不说，决策的制定确实过于谨慎，这是劳尔·卡斯特罗基于国家所经历的特殊情况，特别是面对与美国的长期分歧采取的做法。从他上任的那一刻起，这位古巴新总统就表达了与这个邻近的超级大国的关系走向正常化的意愿，而 2009 年巴拉克·奥巴马（Barack Obama）入主白宫似乎预示了更好的兆头。事实上，这位民主党总统在任期开始时便取消了布什政府建立起来的针对古巴裔美国人社区与古巴关系的限制，并在文化层面促进其接触。然而，这一政治进程并没有进行很长时间就被停止了，更确切地说是美国再次采取了惩罚性措施，体现在将古巴纳入恐怖主义国家名单，对与古巴的银行交易加以阻挠。

无论是什么情况限制了改革的进程，不争的事实是，严重的问题继续影响着古巴的经济活力和社会生活，而解决这些问题需要坚定的政治决策的支撑。最近有消息称，古巴 150 万名国家工作人员必须在较短的时间内进入私营部门，这让我们意识到了即将发生的变革的重要性,这些变革是根据古巴共产党第六次代表大会通过的社会经济指导方针概括出来的,这一方针文件在没有制定出战略或设计好经济政策的情况下,总结了振兴国家发展的最迫切的任务。业已启动的变革的性质和范围仍然是未知的,只有时间和古巴人自己才能拨开迷雾。

后　记

　　本书所做的简要概述,建立在大量参考文献的基础之上,然而由于篇幅有限,这些参考文献未能在文中深入展开叙述。这份简短的参考文献说明仅仅收集了其中的一小部分,主要是于近期出现的全部或部分历史概述,以及一些对深入某些时代和主题特别有帮助的重要著作。简言之,这是从著作的内容及其自带的参考书目中筛选出来的集锦,可以让读者进一步了解他们特别感兴趣的阶段或问题。

　　古巴史学中的综合文献并不多,手法与其类似的两部作品,即何塞·坎东·纳瓦罗(José Cantón Navarra)的《古巴历史——

枷锁与星辰的挑战》[1]和弗朗西斯卡·洛佩兹·西维拉（Francisca López Civeira）、奥斯卡·洛约拉（Oscar Loyola）以及阿纳尔多·席尔瓦（Arnaldo Silva）的《古巴及其历史》[2]，从这两部作品中可以找到关于某些问题的更为详细的信息，但是，还有另一部传播范围更广的综述，即古巴历史研究所出版的《古巴历史》[3]，全书共五卷，其中只有前三卷出版了，历史只记载到1940年。此外，还有其他一些被认为是综合概述性的作品，虽然随着时间的推移变得不甚全面，但仍旧具有某些实用性，其中包括古巴革命武装力量的政治领导豪尔赫·伊瓦拉（Jorge Ibarra）等人所著的《古巴历史》[4]，卡洛斯·马尔克斯·斯特林（Carlos Márquez Sterling）的《古巴历史：从哥伦布到卡斯特罗》[5]，埃梅特里奥·桑托维尼亚（Emeterio Santovenia）和劳尔·谢尔顿（Raúl Shelton）的《古巴及其历史》[6]，还有费尔南多·波托万多（Fernando Portuondo）的《古巴历史》[7]，这是当时古巴撰写的以国家历史为题材的最好的中等教育教材。

---

[1] *Cuba, el desafío del yugo y la estrella*，哈瓦那，SI-MAR 出版社，1996 年。
[2] *Cuba y su historia*，哈瓦那，Gente Nueva 出版社，1998 年。
[3] *Historia de Cuba*，哈瓦那，政治出版社，1994—1998 年。
[4] *Historia de Cuba*，哈瓦那，社会科学出版社，1981 年。
[5] *Historia de Cuba, desde Colón hasta Castro*，纽约，美洲出版社，1963 年。
[6] *Cuba y su historia*，迈阿密，Rema 出版社，1966 年第 2 版。
[7] *Historia de Cuba*，哈瓦那，Minerva 出版社，1953 年第 5 版。

有一定数量的综述性著作是非古巴籍作者写的。休·托马斯（Hugh Thomas）的《古巴，为自由而战》[1]曾一度被视为经典之作，但就当下来看，它的受众非常有限。在最近的著作中特别实用的是理查德·戈特（Richard Gott）的《古巴，一段新的历史》[2]、康苏洛·纳兰乔（Consuelo Naranjo）主编的《古巴历史》[3]，尤其是小路易斯·A.佩雷兹（Louis A. Pérez, Jr.）的《古巴：改革与革命之间》[4]，提供了广泛而准确的书目指南。

关于殖民时期最完整的综述，应该是下面两部作品：其一是爱德华多·托雷斯·库瓦斯（Eduardo Torres-Cuevas）和奥斯卡·洛约拉（Oscar Loyola）的《古巴历史，1492—1898年：国家的形成与解放》[5]，其二是曼努埃尔·莫雷诺·弗拉金纳斯（Manuel Moreno Fraginals）的《古巴/西班牙，西班牙/古巴——共同的历史》[6]，后者充满了启发性的观点，但是缺少参考书目。拉米罗·格拉（Ramiro Guerra）的经典著作《古巴历史手册》[7]则能对殖民初

---

[1] *Cuba, la lucha por la libertad*，巴塞罗那，Grijalbo 出版社，3 册，1973 年。
[2] *Cuba, una nueva historia*，马德里，Akal 出版社，2007 年。
[3] *Historia de Cuba*，马德里，科学研究高级委员会，Doce Calles 出版社，2009 年。
[4] *Cuba. Between Reform and Revolution*，纽约，牛津大学出版社，2011 年第 2 版。
[5] *Historia de Cuba, 1492-1898: formación y liberación de la nación*，哈瓦那，人民与教育出版社，2001 年。
[6] *Cuba/España, España/Cuba. Historia común*，巴塞罗那，Crítica 出版社，1995 年。
[7] *Manual de historia de Cuba*，哈瓦那，古巴图书院，1971 年。

期的研究提供帮助，而罗兰多·罗德里格斯（Rolando Rodríguez）的《古巴，一个国家的建立》[1]则提供了十分丰富的关于整个19世纪的信息。不能不提及的是列维·马雷罗(Levi Marero)的《古巴，经济与社会》[2]，尽管它并非一部综述。更为独特的著作有曼努埃尔·莫雷诺·弗拉金纳斯（Manuel Moreno Fraginals）的《甘蔗园，古巴糖业的社会经济综合体》[3]，它对当时古巴经济和社会历史中的重要方面进行了探讨，而即将出版的一部作品，由恩里克·阿隆索（Enrique Alonso）等人所著的《古巴历史上的土著社群》[4]则提供了一份关于古巴土著社会近期情况的介绍。

对于所谓的共和国时期，赫米尼奥·波特·维拉（Herminio Portell Vilá）的《古巴共和国的新历史（1898—1979年）》[5]一书做了十分全面的概述，尽管它主要聚焦在政治事件上。而内容更丰富、同时也更基础的是胡利奥·勒·里弗恩德（Julio le Riverend）

---

[1] *Cuba, la forja de una nación*，哈瓦那，科学出版社，2册，1998年。
[2] *Cuba, economía y sociedad*，马德里，Playor出版社，15册，1972—1992年。
[3] *Ingenio, complejo económico social cubano del azúcar*，哈瓦那，社会科学出版社，1978年。
[4] *Las comunidades aborígenes en la historia de Cuba*（电子版），古巴人类学研究所，科学技术与环境部。
[5] *Nueva historia de la República de Cuba, 1898-1979*，迈阿密，现代诗歌出版社，1986年。

的《共和制、依赖性与革命》①，该作品到今天依然有研究价值。对于这段历史时期的某些方面和进程，值得推荐的书目有：豪尔赫·伊巴拉（Jorge Ibarra）的《古巴 1898—1921 年——政党与社会阶层》②，莱昂内尔·索托（Lionel Soto）的《1933 年革命》③，塞缪尔·法伯（Samuel Faber）的《1933—1960 年古巴的革命与反响》④，查尔斯·阿梅林格（Charles Ameringer）的《古巴的民主经历：真实的岁月》以及豪尔赫·I. 多明格斯（Jorge I. Domínguez）的《古巴：秩序与革命》⑤。在古巴建国百年纪念之际，有两期已出版的专刊杂志对该主题进行了补充与更新，分别是《主题》（哈瓦那）杂志的第 22、23 期（2000 年）和第 24、25 期（2001 年），以及《相遇古巴文化》（马德里）的第 24 期（2002 年）。

古巴革命是多份综述的探讨对象，但专门对此探讨的历史研究却并不多。其中有两篇短文，来自塞尔吉奥·格拉·维拉博伊（Sergio Guerra Vilaboy）和阿莱霍·马尔多纳多（Alejo Maldonado）

---

① *La república, dependencia y revolución*，哈瓦那，社会科学出版社，1973 年第 3 版。
② *Cuba 1898-1921. Partidos políticos y clases sociales*，哈瓦那，社会科学出版社，1992 年。
③ *La revolución de 1933*，哈瓦那，社会科学出版社，3 册，1977 年。
④ *Revolution and Reaction in Cuba, 1933-1960*，米德尔敦，卫斯理大学出版社，1976 年。
⑤ *Cuba: Order and Revolution*，剑桥，哈佛大学出版社，1978 年。

的《古巴革命史：概况与评论》(*Historia de la Revolución cubana, síntesis y comentario*)（基多，La Tierra 出版社，2005 年），以及阿尔纳尔多·席尔瓦·莱昂（Arnaldo Silva León）的《古巴革命简史》[1]，二者都对革命的总体情况做了介绍，其中第一篇还包含了书目指南。同属历史角度的还有安东尼·卡普西亚（Antoni Kapcia）的《古巴革命：五十年代以来的历史》[2]和阿维娃·乔姆斯基（Aviva Chomsky）的《古巴革命史》[3]，这些作品也对古巴革命的整体情况做了全面的介绍。玛里菲利·佩雷兹·斯特布尔（Marifeli Pérez-Stable）的《古巴革命：起源、发展与遗产》[4]则更具有社会学的特质，并对该主题展开了发人深省的反思。关于反对巴蒂斯塔独裁统治的斗争，安德烈斯·卡斯蒂略·伯纳尔（Andrés Castillo Bernal）的《当这场战争结束后——从山地到平原》[5]展现了革命战争发展的全貌，就城市起义这一主题而言，该文献可与茱莉亚·E. 斯威格（Julia E. Sweig）的《古巴革命的内

---

[1] *Historia de Revolución cubana*，基多，La Tierra 出版社，2003 年。
[2] *Cuba in Revolution: A History since the Fifties*，伦敦，Reaktion Books 出版社，2008 年。
[3] *A History of the Cuba Revolution*，奇切斯特，Wiley Blackwell 出版社，2011 年。
[4] *La Revolución cubana: orígenes, desarrollo y legado*，马德里，Colibrí 出版社，1998 年。
[5] *Cuando esta Guerra se acabe. De las montañas al llano*，哈瓦那，社会科学出版社，2000 年。

情：菲德尔·卡斯特罗与城市地下组织》①相互补充。菲德尔·卡斯特罗的个人证词是必不可少的,它详尽地收录在《伊格纳西奥·拉莫内特与菲德尔·卡斯特罗的一百小时对话》②。

关于古巴历史中特定领域的局部概况研究并不多见,尽管如此,将一些现有的综述列出来总归有些用处。在经济史领域,研究得最全面的依然是胡利奥·勒·里弗恩德(Julio Le Riverend)的《古巴经济史》③和何塞·阿尔瓦雷茨·迪亚茨(José Álvarez Díaz)的《关于古巴的研究》④,尽管后者更像是一份资料汇编。该主题之下的概况可以通过下列作品得到延展,安东尼奥·桑塔玛利亚(Antonio Santamaría)和亚历杭德罗·加西亚(Alejandro García)的《经济和移民居留地,古巴经济以及与西班牙的关系,1765—1902年》⑤;奥斯卡·扎内蒂(Oscar Zanatti)的《共和国,经济与社会按语》⑥,卡梅洛·梅萨·拉戈(Carmelo Mesa Lago)

---

① *Inside the Cuban Revolution: Fidel Castro and the Urban Undergrond*,剑桥,哈佛大学出版社,2002年。
② *Cien horas con Fidel, conversaciones con Ignacio Ramonet*,哈瓦那,国务院出版办公室,2006年。
③ *Historia económica de Cuba*,哈瓦那,人民与教育出版社,1985年第2版。
④ *Un studio sobre Cuba*,科勒尔盖布尔斯,迈阿密大学出版社,1963年。
⑤ *Economía y colonia. La economía cubana y la relación con España, 1765-1902*,马德里,科学研究高级委员会,2004年。
⑥ *La República, notas sobre economía y sociedad*,哈瓦那,社会科学出版社,2006年。

的《社会主义古巴经济简史：政策、结果与展望》[1]以及何塞·路易斯·罗德里格斯（José Luis Rodríguez）的《古巴经济发展战略》[2]。至于那些描述一定时间内经济状况的专著，大家可以看到胡利奥·勒·里弗恩德（Julio Le Riverend）的《16 和 17 世纪古巴的农业发展问题》[3]，奥斯卡·扎内蒂和亚历杭德罗·加尔卡的关于铁路历史的《糖业之路》[4]，以及卡洛斯·塔布拉达（Carlos Tablada）和加利亚·卡斯特略（Galia Castelló）的《古巴银行史：移民时期》[5]。雷纳尔多·富内斯·蒙佐特（Reinaldo Funes Monzote）的《从森林到甘蔗地——古巴的环境史，1492—1926 年》[6]，则构建了一种有趣的途径来了解史学研究的这个新领域。

关于社会问题的总体看法的书也很罕见。富兰克林·W. 奈特（Franklin W. Knight）的《19 世纪古巴的奴隶社会》[7]描绘了 18 和 19 世纪古巴的社会特征，而豪尔赫·伊巴拉（Jorge Ibarra）的

---

[1] *Breve historia económica de la Cuba socialista: políticas, resultados y perspectivas*, 马德里，Alianza 出版社，1994 年。
[2] *Estrategia del desarrollo económico en Cuba*, 哈瓦那，社会科学出版社，1990 年。
[3] *Problemas de la formación agraria de Cuba, siglo XVI y XVII*, 哈瓦那，社会科学出版社，1992 年。
[4] *Caminos para el azúcar*, 哈瓦那，社会科学出版社，1987 年。
[5] *Historia de la banca en Cuba. t.I: La Colonia*, 哈瓦那，社会科学出版社，2007 年。
[6] *De los bosques a los cañaverales. Una historia ambiental de Cuba, 1492-1926*, 哈瓦那，社会科学出版社，2008 年。
[7] *Slave Society in Cuba during the Nineteenth Century*, 麦迪逊，威斯康星大学出版社，1970 年。

《1898—1958 年的古巴：社会结构与进程》①则讲述了共和党时期古巴社会的特征。相当一部分专著提供了一种更为有效的途径去了解那些独特的主题。关于人口的特征和种族构成，值得推荐的文献有：人口研究中心的《古巴人口》②，雷蒙多·纳维亚（Raimundo Navia）和格拉谢拉·凯尤（Graciela Chailloux）（出版者）的《古巴人来自哪里》③，尽管他们的侧重点并不完全是历史。卡洛斯·维尼加斯（Carlos Venegas）的《古巴及其人民》④精彩地介绍了殖民地的人口来源。关于移民这个关键问题的研究几乎涵盖了所有的著作，其中较好的著作有：乔迪·马鲁奎尔·德·莫茨（Jordi Maluquer de Motes）的《国家与移民——在古巴的西班牙人（19 和 20 世纪）》⑤和胡安·佩雷兹·德·拉·里瓦（Juan Pérez de la Riva）的《在古巴的中国苦力》⑥。

在社会阶层与其他社会群体方面也可以找到有用的调查信息，即使其分布并不均衡。卡洛斯·德尔·托罗（Carlos del Toro）的

---

① *Cuba 1898-1958. Estructura y procesos sociales*，哈瓦那，社会科学出版社，1995 年。
② *La población de Cuba*，哈瓦那，社会科学出版社，1976 年。
③ *De dónde son los cubanos*，哈瓦那，社会科学出版社，2007 年。
④ *Cuba y sus pueblos*，哈瓦那，古巴文化研究与发展中心，2002 年。
⑤ *Nación e inmigración. Los españoles en Cuba (siglo XIX y XX)*，科隆布雷斯，Júcar 出版社，1992 年。
⑥ *Los culíes chinos en Cuba*，哈瓦那，社会科学出版社，2000 年。

《古巴大资产阶级，1920—1958 年》[1]和吉列尔莫·希门内斯（Guillermo Jiménez）的《古巴的财主》[2]从相互补充的角度探讨了共和国资产阶级的情况。古巴共产主义运动和社会主义革命史研究所的著作《古巴工人运动史》（*Historia del movimiento obrero cubano*）（哈瓦那，政治出版社，1985 年）和马里奥·里埃拉（Mario Riera）的《古巴工人史，1574—1965 年》[3]对工人历史的各个方面进行了整合，对此，奥尔加·卡布雷拉（Olga Cabrera）的《那些靠双手谋生的人》[4]也做出了一定的贡献。种族问题的重要性可以在诸如托马斯·费尔南德斯·罗瓦伊纳（Tomás Fernández Robaina）的《在古巴的黑人，1902—1958 年》[5]和亚历杭德罗·德·拉·富恩特（Alejandro de la Fuente）的《一个属于所有人的国家：古巴的种族、不平等和政治，1900—2000 年》[6]等作品中看到，在新近的专著中这也是一个经常被提及的问题。有关女性的研究，同样十分丰富且分散，特别是在女权主义和妇女运动方面，有林

---

[1] *La alta burguesía cubana, 1920-1958*，哈瓦那，社会科学出版社，2003 年。
[2] *Los propietarios de Cuba*，哈瓦那，社会科学出版社，2006 年。
[3] *Historial obrero cubano, 1574-1965*，迈阿密，Rema 出版社，1965 年。
[4] *Los que viven por sus manos*，哈瓦那，社会科学出版社，1985 年。
[5] *El negro en Cuba, 1902-1958*，哈瓦那，社会科学出版社，1990 年。
[6] *Una nación para todos: raza, desigualdad y política en Cuba, 1900-2000*，马德里，Colibrí 出版社，2001 年。

恩·斯通纳（Lynn Stoner）的《从房子到街道：1898—1940 年古巴妇女法律改革运动》①，胡里奥·C. 冈萨雷斯·帕赫斯（Julio C. González Pagés）的《寻找一个空间——古巴女性史》②。关于宗教，无论是有关制度还是信仰都有大量的参考书目，但有关其历史的书目却相当零散。在一般性的研究中，应当提及的有伊斯梅尔·特斯特（Ismael Testé）为天主教教会写的《古巴天主教会史》③，以及马可·A. 拉莫斯（Marco A. Moras）的《古巴新教概览》④，这是关于该宗教流派各种不同名称的历史综述。

至于对外关系，尤其是与美国的关系，许多著作已根据其重要性进行了分析。进行"传统型"历史研究的是赫米尼奥·波特尔·维拉（Herminio Portell Vilá）的《古巴与美国及西班牙的关系史》⑤。后来，研究范围扩大，开始涵盖革命阶段。在这些研究中，应当提及小路易斯·A. 佩雷兹（Louis A. Pérez, Jr.）的《古巴与美国：特有的紧密关系纽带》⑥，拉尔斯·舒尔茨（Lars

---

① *From the House to the Street: The Cuban's Women Movement for Legal Reform, 1898-1940*，达勒姆，杜克大学出版社，1991 年。
② *En busca de un espacio. Historias de mujeres en Cuba*，哈瓦那，社会科学出版社，2003 年。
③ *Historia eclesiástica de Cuba*，布尔戈斯，El Monte Carmelo 出版社，4 册，1970 年。
④ *Panorama del protestantismo en Cuba*，圣何塞，哥斯达黎加，加勒比出版社，1986 年。
⑤ *Historia de Cuba en su relaciones con los Estados Unidos y España*，哈瓦那，赫苏斯蒙特罗（Jesús Montero）主编，4 册，1938—1941 年。
⑥ *Cuba and the United States: Ties of Singular Intimacy*，雅典，佐治亚大学出版社，1990 年。

Schoultz)的《那个烦人的小古巴共和国——美国与古巴的革命》[1]，以及弗朗西斯科·洛佩兹·塞格雷拉（Francisco López Segrera）等人所著的《从艾森豪威尔到里根，美国打击古巴革命的政策》[2]。胡安·J.索托·瓦尔迪西诺（Juan J. Soto Valdisino）涉足范围更广泛，他在《古巴革命的国际影响》[3]中收录了大量与革命最初几年的国际政治形势有关的文献，并与近几年迈克尔·埃里斯曼（Michael Erisman）和约翰·柯克（John Kirk）（编辑）的《重新界定古巴的外交政策：特殊时期的影响》[4]相互补充。皮耶罗·格雷杰斯（Piero Gleijeses）的《冲突中的使命》[5]记录了大量资料，全面介绍了古巴政治在非洲的概况。

在广阔的文化史领域，除了散文体裁的一些综述，比如弗朗西斯科·洛佩兹·塞格雷拉（Francisco López Segrera）的《古巴文化和社会》[6]以外，就只有"分支性"的概述了。其中，最为

---

[1] *That Infernal Little Cuban Republic. The United States and Cuban Revolution*，查珀尔希尔，北卡罗来纳大学出版社，2009年。
[2] *De Eisenhower to Reagan, la política de Estados Unidos contra la Revolución cubana*，哈瓦那，社会科学出版社，1987年。
[3] *Proyección internacional de la Revolución Cubana*，哈瓦那，社会科学出版社，1975年。
[4] *Redefining Cuban Foreign Policy: The impact of the Special Period*，盖恩斯维尔，佛罗里达大学出版社，2006年。
[5] *Misiones en conflicto*，哈瓦那，社会科学社论，2009年。
[6] *Cuba. Cultura y sociedad*，哈瓦那，古巴出版社，1987年。

突出的是文学与语言学研究所出版的与文学运动有关的《古巴文学史》①，和雷内·利尔（Rine Leal）的与戏剧相关的《古巴戏剧简史》②。阿莱霍·卡彭铁尔（Alejo Carpentier）的经典研究《古巴音乐》③，由索伊拉·拉皮克（Zoila Lapique）加以修订，形成《古巴殖民地的音乐、作曲家和表演者》④一书，拉德姆斯·吉罗（Radamés Giro）（编辑）的《古巴流行音乐概览》⑤，构成了一幅相当完整的古巴音乐制作演变的画卷。在建筑方面，《古巴殖民建筑》⑥依然占有重要地位，居伊·佩雷兹·希斯内罗丝（Guy Pérez Cisneros）的《古巴绘画演变的特点》⑦亦然，两者都被加以修订，形成诸如瑞秋·卡利（Rachel Carley）的《古巴，400年建筑遗产》⑧，J. L. 斯卡帕奇（J. L. Scarpacci）、罗伯托·塞格雷（Roberto Segre）和马里奥·科尤拉（Mario Coyula）的《哈瓦那，安的列斯大都市的两面》⑨，以及纳塔丽·邦迪尔（Nathalie

---

① *Historia de la literatura cubana*，哈瓦那，古巴文字出版社，2册，2003年。
② *Breve historia del teatro cubano*，哈瓦那，古巴文字出版社，1980年。
③ *La Música en Cuba*，哈瓦那，国家出版社，1961年。
④ *Cuba colonial. Música, compositores e intérpretes*，哈瓦那，Boloña出版社，2007年。
⑤ *Panorama de la música popular cubana*，哈瓦那，古巴文字出版社，1995年。
⑥ *La arquitectura colonial cubana*，哈瓦那，古巴文字出版社，2册，1979年。
⑦ *Características de la evolución de la pintura cubana*，哈瓦那，文化总局，1959年。
⑧ *Cuba, 400 Years of Architectural Heritage*，纽约，惠特尼设计图书馆，1997年。
⑨ *Havana, Two Faces of the Antillean Metropolis*，查珀尔希尔，北卡罗来纳大学出版社，2002年。

Bondil)(编辑)的《古巴:艺术和历史,从1868年至今》[1]等作品。在思想领域也发生了类似的情况,比如梅达多·维蒂尔(Medardo Vitier)的《古巴的思想与哲学》[2]和爱德华多·托雷斯·奎瓦斯(Eduardo Torres Cuevas)的最新研究《古巴思想史》[3]。佩德罗·M.普鲁纳(Pedro M. Pruna)等人的著作《古巴科学技术史》[4]也适当地介绍了科学活动的发展概况。

---

[1] *Cuba: Art and History, from 1868 to Today*,蒙特利尔,蒙特利尔美术博物馆,2008年。
[2] *Las ideas y la filosofía en Cuba*,哈瓦那,古巴图书院,1970年。
[3] *Historia del pensamiento cubano*,哈瓦那,社会科学出版社,2卷,2004年。
[4] *Historia de la ciencia y la tecnología en Cuba*,哈瓦那,科学技术出版社,2006年。